JN021481

ライブラリ 会計学 15講－④

原価計算論 15講

西居 豪・町田遼太・上田 巧・新井康平 編著

荻原啓佑・早川 翔・吉田政之・渡邊直人 著

Fifteen
Lectures on
Accounting

新世社

「ライブラリ 会計学 15 講」編者のことば

　「21 世紀も 20 年が過ぎ，経済社会の変化や IT 技術の進化の影響から，会計学は新たな進展をみせており，こうした状況を捉え，これからの会計学の学修に向け，柱となる基礎科目について，これだけは確実に理解しておきたいという必須の内容をまとめたテキストと，そうした理解をもとにさらに詳しく斯学の発展科目を学んでゆく道案内となるテキストの両者を体系的に刊行する，というコンセプトから企画した」と新世社編集部企画者のいうこの「ライブラリ 会計学 15 講」は以下のように構成されている。

　　　『簿記論 15 講』
　　　『財務会計論 15 講——基礎篇』
　　　『管理会計論 15 講』
　　　『原価計算論 15 講』
　　　『会計史 15 講』
　　　『財務会計論 15 講——上級篇』
　　　『国際会計論 15 講』
　　　『会計監査論 15 講』
　　　『経営分析論 15 講』
　　　『非営利会計論 15 講』
　　　『税務会計論 15 講』

　この手の叢書は，諸般の事情（？）により，必ずしも予定通りに全巻が刊行されるとは限らないため，最初に全巻を紹介してしまうことは，あとで恥を掻く虞がある，という意味において賢明ではないかもしれないが，しかし，あえて明示することとした。

　閑話休題。各巻の担い手については最適任の方にお願いしたが，大半の方（？）にご快諾いただくことができ，洵に有り難く思っている。

　上掲の全 11 巻の構成は会計学における体系性に鑑みてこれがもたされたが，ただしまた，あえていえば，各氏には本叢書の全体像には余り意を用いることなく，能う限り個性的な作品を仕上げていただきたく，期待させていただいた。個性的な作品，すなわち一冊の書として存在意義のある作品を期待させていただくことのできる諸氏を選ばせていただき，お願いした，といったほうがよいかもしれない。

　時を経て，ここに期待通りの，といったら僭越ながら，正に期待通りの作品をお寄せいただくことができ，その巻頭にこの「編者のことば」を載せることができ，洵に嬉しい。

友岡　賛

はじめに

　神奈川県は三浦半島の三浦海岸沿いに所在し，とろみのついたラーメンが有名な歴史ある人気ラーメン店の「ラーメンショップ城門」をご存知だろうか。この行列の絶えないラーメン店こそ，本書の15講のトピックの架空の解題事例の参照元である（そして，本書の編著者の一人である町田遼太先生のご実家でもある）。本書は，各講の冒頭に，このラーメン店を舞台とした解題事例を配置し，続く本文中には概念の説明だけでなく，多様な業界の事例，そして学術的エビデンスを紹介するコラムなどを設けたりすることで，体系的かつ学術的に原価計算の理解を深めることができる教科書となったと自負している。

　ラーメン店を事例として採用するなど，実務経験の乏しい初学者向けに原価計算の概要を説明しているのが，本書の最大の特徴だろう。原価計算の対象となる製品は多岐にわたるが，特に学部生などは，どうしても対象となる製品のイメージがつかないまま勉強を進めることが多い。その点，ラーメンは製品だけでなく製造工程についても，多くの学部生にとって想像がつきやすいものだろう。ある自動車会社の原価全般の社内勉強会向けの資料では，ラーメン屋に近い業態であるうどん屋の事例で説明しているものを見かけたことがある。自動車会社の従業員向けですら「うどん」を題材にしているということは，いかに初学者には原価計算の説明が困難なものなのかを物語っている。

　つまり本書が類似書に対して持つオリジナリティは，学部生などの製造業での勤務経験が乏しい初学者向けの管理会計目的の原価計算の教科書である点に尽きる。現在，原価計算の教科書や解説書，実務書は数多くあるが，多くは次の2種類であると思われる。一つは，日商簿記検定2級の工業簿記に対応した教科書である。初学者向けに書かれており，工業簿記の学習内容にいくつかの現代的なトピックを追加した構成がスタンダードだろう。もう一つは，工場経理や監査担当者などの実務家を対象にして，原価計算のシステム設計や工場における監査など，個別のトピックスを解説した実務書である。すでに現場実務への経験が豊富であり，しかしながら個別の具体的なトピックについての詳細

を知りたいという需要に答えた実務書たちだ。

　本書は，それらの2種類とは異なり，初学者を対象にしつつも，日商簿記検定の枠組みにとらわれずに，純粋に管理会計目的のための原価計算について書かれている。このような教科書は，日商簿記検定を意識せざるを得ない商学部などの大学のカリキュラムにおいては，教科書として採用されにくい可能性もある。それでも，例えば「4単位の原価計算の講義があり，前半に工業簿記，後半に本書の内容を行う」などの一定のニッチな需要が見込まれるだろうと判断し，本書の内容を決定した。そして何より，著者一同は，この教科書の内容を学部生などの初学者に届けることが，原価計算や管理会計の理解に有効であると信じて本書の構成を決定している。

　本書の構成は，次のような特徴を持つ。まず，第1講から第5講にかけては，管理会計の基礎となる考え方である固定費と変動費を軸とした原価計算や関連する分析を紹介している。これは，いきなり全部の原価を製品単位で計算しようとすると，計算内容が複雑になりかねないことと，変動費と固定費の区分がもたらす意思決定の有用性をわかりやすく紹介したかったからである。第6講から第10講までは，一般的に原価計算として想起される個別原価計算や総合原価計算などの全部原価計算を解説している。そこでも，計算自体よりも，全部原価の利用がどのような意思決定に有用となるのかについての説明を意識した構成がなされている。第11講から第15講は，原価情報を品質管理などの特定の意思決定に利用するための，特殊原価調査の計算手法が紹介されている。一般的には特殊原価調査とはみなされないABC（活動基準原価計算）なども，その利用実態に鑑み，特殊原価調査として位置づけて解説している。

　本書は，最初は新井が編者として打診を受けたが，0歳児と1歳児をかかえて育休に近い状況であったため，日頃から講義内容に関して意見交換をしていた西居先生にお声がけし，ケースなどの本書の基本構成を決定し全体の総括をお願いした。そのうえで，ケースの作成と原価計算に対する学術的，実務的双方の理解が深い町田先生と上田先生を誘って，本書のベースを作成いただいた。そして，各講の内容を具体的に執筆していく際に，さらに4人の専門性の高い先生方（荻原先生，早川先生，吉田先生，渡邊先生）のご助力をいただいたという経緯がある。新井の貢献は必ずしも高くなく，ただ単に初期のメンバーであったために編者に名前を連ねているに過ぎない点は申し上げておきたい。

　本書が，初学者が原価計算，ひいては管理会計に興味を持ち，ゆくゆくは実

務においてその実践を担う人材になるための一助となることを願っている。

　2024 年 3 月

編著者を代表して

新井　康平

謝　辞

　本書の出版に際して，以下の方々に多くのご支援をいただいた。

　何よりもまず，「ラーメンショップ城門」の現社長進藤雅弘氏，前代表町田雅俊氏ほか従業員の皆様に感謝申し上げる。本書のケースとして掲載することに同意くださるだけでなく，写真の提供も快諾いただいた。城門の方々の協力なくして，本書のケースの執筆はあり得なかった。

　また，友岡賛先生（慶應義塾大学），横田絵理先生（慶應義塾大学），吉田栄介先生（慶應義塾大学）には，「ライブラリ　会計学 15 講」における原価計算の編者として新井を推薦いただいた。さらには，横田先生と妹尾剛好先生（中央大学）には，同ライブラリの『管理会計論 15 講』の編著者として，本書との内容調整にあたっていただいた。特に妹尾先生には，調整作業に限らず，本書の中身についても具体的なアドバイスをいただくなど，惜しみない協力をいただいている。感謝する次第である。

　そして，清水孝先生（早稲田大学）の学恩に謝意を表する。本書の 8 人の執筆者のうち 4 人（上田，荻原，町田，渡邊）は清水先生の門下生にあたる。日頃から，清水先生はゼミや講義において原価計算の意義を示してくださった。そのエッセンスが少しでも本書に活かされていれば望外の喜びである。

　最後に，新世社の御園生晴彦氏と谷口雅彦氏には，企画段階から校了に至るまで大変お世話になった。心よりの御礼を申し上げる。

著者一同

目　次

第 15 講　効果的な原価計算に向けて　　260

＊各講末の練習問題の解答は，新世社ホームページ（https://www.saiensu.co.jp）からダウンロードできる（本書紹介ページより「サポート情報」欄を参照）。

第**1**講
原価計算とは

ケース（1）　ラーメン店「弥生」の事業承継

　コロナ禍（新型コロナウイルス感染症の蔓延）をきっかけに，孝太郎は湘南岬にあるラーメン店「弥生」を松下から事業継承することになった。ラーメン数種，餃子，チャーハンというオーソドックスな業態。先輩経営者である山村は，店の規模，原価情報，客単価，製品の収益性など，経営者として知っておくべきことを孝太郎に伝える。

　2020 年 5 月某日，湘南岬にあるラーメン店「弥生」。創業者である松下は，仕事終わりに深いため息をつき，「今日は一段と疲れたな。厨房の暑さに耐えられるのも，あと数年だろう」と，つぶやいた。最近は，店の心配事で頭を抱える日々が続いている。営業を終えた店内で，松下はビールを飲みながら，物思いにふけっていた。

（お客の数が目に見えて少なくなってきたなぁ。昨夜はお客さんが 1 人しか来なかったし，新型コロナの影響で今までのように店を開けられない。また，サラダ油の値上げか。先月，小麦粉やアルバイトの最低時給が上がったばかりだというのに。一体いつまでこの値段でお客さんに出せるのか…）

　この道 30 年，鋭い感覚と経験を武器に，松下は弥生を地元の人気店へと成長させてきた。看板メニューであるラーメンと餃子，チャーハンにはそれぞれ熱心なファンがおり，土日は観光客と常連で賑わっていた。だが，コロナ禍と松下の体力の衰えによって，弥生の経営は大きな転換期を迎えていた。そんな中，松下は孝太郎に電話をかけた。

松下　「孝太郎，元気か。最近どうだ。（中略）今日はちょっと相談したいことがあってな。実は，30 年この仕事をやってきたが，そろそろ身を引こうと思っているんだ。そこで突然だが，弥生をお前に任せたい。長い間アル

　　　バイトをして厨房にも立っていたから，店のことは一通りわかるだろう。
　　　どうだ？」
　孝太郎は 25 歳の会社員。営業の仕事をしているが，飲食店の経営には以前よ
り興味があり，松下に「いつかは自分の店を持ちたい」と熱く語っていた。仕事
に対する情熱も人一倍で，自分が築き上げてきたものを引き継がせたいと思わせ
る男だ。孝太郎は松下からの突然の連絡に驚きつつも，夢を叶えるチャンスとみ
て前向きな返事をする。

孝太郎「はい。松下さんには，学生のとき散々しごかれましたから（笑），なんと
　　　かなると思います。今の仕事の引き継ぎなどがあるので，3 ヶ月後から
　　　であれば是非やらせて下さい！」

松下　「ありがとう。こんな世の中だし，店も問題が山積みだ。これまで俺がそ
　　　うしてきたように，それらを自分の力で解決してこそ経営者だ。お前に
　　　全て任せるから，頑張れよ」

孝太郎「はい，よろしくお願いします！」

松下　「店の経理は息子の正史に任せることにするから，お前は経営と厨房の仕
　　　事に集中してくれ。よろしくな」

（正史か。あいつは中学の同級生だから，色々協力してくれそうだな。でもまずは，
山村先輩に相談だ）山村は高校時代の先輩で，大学卒業後，飲食店を経営してお
り，孝太郎も頻繁に通っていた。自分の店を持ちたいと考えていた孝太郎は，こ
とあるごとに山村に話を聞きに行っていたのだ。孝太郎はすぐさま山村に連絡を
した。

孝太郎「山村先輩，ご無沙汰しております。今お時間よろしいですか」

山村　「おー，孝太郎か。久しぶりだな。元気にしてたか。今，大丈夫だよ。何
　　　の話だ？」

孝太郎「実は学生時代にアルバイトしていたラーメン屋を任されることになりま
　　　して，先輩にアドバイスをもらいたいなと思い，連絡させてもらいまし
　　　た」

山村　「それは大変な仕事だな。どういうラーメン屋なんだ？」

孝太郎「どういうラーメン屋か，ですか。ラーメンと餃子とチャーハンが人気で，
　　　昔からそこそこお客さんが入っています。色々あって創業者が引退する
　　　というので，俺が経営を引き継ぐことになりました」

山村　「お店の規模は？　月商は？　客単価は？」

孝太郎「ええと…」

山村　「経営上の課題は？　コロナの影響で営業時間が短縮したり客数が減少し
　　　たりしているだろうし，原材料の多くも相当値上げされているだろう？」

　山村には理屈っぽいところがあり，わからないところがあると，すぐ質問攻め

にしてくる。孝太郎は，山村からの質問への返答に窮してしまった。

孝太郎 「創業者から少し聞いていますが，まだわからない部分が多いです。経理を創業者の息子が引き継ぐので，そのあたりのことを聞いておきます」

山村 「そうか。そいつからもらえる情報は大事にしろよ。孝太郎が色々なことを判断する材料になるから」

孝太郎 「そうなんですか？ 経理の情報は税理士に申告をお願いするために使うとばかり思っていました」

山村 「もちろん，それも大事だ。ただ，経営の判断に使える情報でもあるってことだ。事業を拡大したいと思うなら，自分の勘だけでなく，情報をもとに判断をする癖をつけた方がいい」

孝太郎 「経営の判断？」

　話を見失いそうな孝太郎に，山村は続けた。

山村 「たとえば，コロナの影響で夜の人出が少なくなったとき，夜の営業を続けるかを判断するのに『昼と夜の営業，どちらが儲かっているのか？』という情報はとても参考になる」

孝太郎 「はい」

山村 「じゃあ，醤油ラーメンを続けるべきかやめるべきかを判断しなければいけない場合はどうだ？」

孝太郎 「『そのラーメン 1 杯あたり，どのくらいの利益が出ているのか？』という情報があったらいいですね」

　孝太郎は，山村からの質問で思い出していた。(そうだ，山村先輩はこれで経営する飲食店の業績を回復させたんだった)

山村 「お前が，この先，そのラーメン屋にとって必要な判断をするとき，原価の情報が色々な場面で役立つと思う。だから，その経理の子には，必要な情報を作成して，すぐに見られる状態にしてもらえるよう，お願いしておくといい」

孝太郎 「原価ですか。利益だけじゃないんですね。わかりました。正史は昔からの友人ですし，創業者の息子ですから，協力してくれるはずです。他に何か確認しておくことはありますか？」

山村 「利益を計算するには原価の情報が必要だろ。それに，原価は事業活動状況を映し出す鏡みたいなもんだよ。あと，さっきも聞いたけど，お店の規模や従業員，モノやサービスの流れは確認しておいた方がいい。俺も相談に乗りやすいから」

孝太郎 「ありがとうございます。早速調べておきます」

　こうして，孝太郎の経営者としての道はスタートすることになった。

本書のケースのモデルとなったラーメン
店「城門」（神奈川県三浦市）の外観
（撮影：町田遼太）

　孝太郎の立場にたって，ラーメンの提供にどのような原価がかかっている
か想像してみましょう。また，醤油ラーメン（チャーシュー・卵入り）を想定
して，1杯あたり何円かかりそうか見積もってみましょう。

　この問いに答えるには，実にいろいろなことを考える必要があります。た
とえば，トッピングする自家製チャーシューについては，1本製造するのに
いくらかかるかも計算しなければならないでしょう。また，お店の冷暖房費
はどうすればよいでしょうか。ラーメンを1杯提供するための原価に含める
べきなのでしょうか。発生する原価として実に多様なものを想定できると思
いますが，それらを単純に合計するだけで1杯あたりの金額になるのでしょ
うか。そもそも，どの程度の規模のラーメン店を想定するかによって，見積
もり金額は異なってくるでしょう。

　一般的に，製品の製造やサービスの提供にかかった金額を計算する手続き
を原価計算といいます。本書では，孝太郎に求められているように，組織を
効果的・効率的に管理・運営するという視点から，原価計算の学習を進めて
いきます。専門領域としての原価計算は，大きくは会計学に含まれます。会
計学は財務会計と管理会計に大別されますから，**第1講**では，財務会計と管
理会計という2つの会計と原価計算の関連性を説明した後に，**第2講**以降で
学習する内容を紹介します。

1.1 管理会計と財務会計

　会計と聞くと，貸借対照表や損益計算書といった計算書類を思い浮かべる人もいる。こうした計算書類の作成ルールなどを取り扱っているのが財務会計である。企業に出資する投資家，資金を貸し出す銀行，支払能力に関心のある取引業者，各種の規制当局といった利害関係者にとって，企業の財政状態・経営成績を示す会計情報は有用である。また，こうした情報は特定の利害関係者だけに提供されるのではなく，広く外部に公開され，多くの人々が閲覧できるようになっている。企業間比較をする場合もあるので，こうした情報は，統一されたルールに従って作成されなければならない。会計ではこのルールを，一般に公正妥当と認められた会計原則（GAAP：Generally Accepted Accounting Principles）と呼んでいる。さらに，規模の大きな会社では，計算書類の監査を受ける必要がある。

　企業外部への情報提供を目的とした財務会計に対して，管理会計は企業内部に焦点を合わせている。ここで内部とは，企業の経営者，管理者，従業員などの組織構成員を指しており，彼らが直面する意思決定に有用な情報を提供することが管理会計の狙いである。孝太郎は「これから弥生をどのように経営していくのか」という意思決定に悩み，山村に相談した。これに対して山村は，意思決定においては原価をはじめとするさまざまな情報が重要になると強調していた。管理会計は，まさにこうした目的のための情報提供を意図している。

　では，なぜ企業外部への情報提供を目的とした財務会計とは別に，管理会計が必要なのだろうか。それは，財務会計が提供する情報は，GAAPによる規制を受けた企業単位の報告であるがゆえに要約されすぎており，情報の粒度が「粗い」からである。そうした縛りを解放したのが管理会計といえる。管理会計は各社が個別に実施するものなので，GAAPによる規制を受けない。データの集計期間や単位も，分析目的に応じて任意に設定可能である。たとえば，日次レベルで簡易的な損益計算書を作成したり，製品別，部門別，地域別といったように，より細分化された括りで収益性を分析できる。また，管理会計では，簿記に基づいて作成される財務情報だけではなく，顧客満足度や不良率などの非財務情報も取得・分析の対象とされる。このように多様なソースからデータを

表 1.1　管理会計と財務会計の主要な違い

	管理会計	財務会計
情報の主たる利用者	組織構成員	投資家，銀行，取引業者，規制当局など組織の外部関係者
情報提供の目的	組織目標達成に向けた経営者や管理者の意思決定を支援するため	組織の財務状況を上記の関係者に伝達するため
焦点と強調点	未来志向	過去志向
測定と報告の規制	GAAP による規制を受けないが，費用対効果を考慮する	GAAP に従って作成される必要があり，（大企業は）独立した監査人による外部監査を受ける必要がある
時間スパンと報告タイプ	財務情報と非財務情報の双方を含んでおり，報告単位も製品別，部門別，地域別，戦略別とあり，報告期間も 1 時間単位から 15 ～ 20 年単位までと多様	ほとんどの場合は，企業単位の年次・四半期の財務報告 ただし，近年は非財務情報も重要視されつつある

（出典）Datar and Rajan（2020, p.21）一部抜粋・改変，邦訳著者。

収集し，特定の意思決定問題にとって最適になるように，加工・修正を施すことで，財務会計が提供する情報よりも粒度の細かい情報を提供できるようになる。もちろん，データの収集や加工には手間がかかるため，それを超えるだけの便益が得られるかどうかが，管理会計情報の有用性を考える上で重要な要件の一つとなる。

　こうした財務会計と管理会計の違いをまとめると表 1.1 の通りとなる。これは，世界中の多くの大学で使用されている Charles T. Horngren の原価計算の教科書（Datar and Rajan，2020）にて示されたものを一部抜粋・改変したものである。

1.2　2つの会計と原価計算

1.2.1　財務会計と原価計算

　原価計算は，財務会計や管理会計とどのように関連しているのだろうか。まずは，財務会計との関連性について，VTuber グループ「にじさんじ」の運営などのサービス展開を事業としている ANYCOLOR 株式会社の提出書類で確認しておこう。表 1.2 ～表 1.4 は，2023 年 7 月 31 日に提出された有価証券報告書に含まれる，貸借対照表，損益計算書，売上原価明細書である。

　貸借対照表とは，企業がどれだけの資産をどのような形態で保有・運用して

表1.2　ANYCOLORの貸借対照表

（単位：千円）

資産の部	前事業年度 （2022年4月30日）	当事業年度 （2023年4月30日）	負債の部	前事業年度 （2022年4月30日）	当事業年度 （2023年4月30日）
流動資産			流動負債		
現金及び預金	5,860,698	12,483,413	買掛金	739,647	1,415,864
売掛金	2,069,605	3,577,975	1年内返済予定の長期借入金	246,742	159,325
商品	488,875	1,406,062	未払金	22,716	41,383
前払費用	65,712	80,606	未払費用	367,814	381,341
その他	12,888	24,386	未払法人税等	1,054,313	2,342,132
流動資産合計	8,497,779	17,572,444	契約負債	18,577	111,007
固定資産			預り金	70,401	92,513
有形固定資産			その他	204,281	515,213
建物	164,899	174,692	流動負債合計	2,724,494	5,058,781
減価償却累計額	△ 28,872	△ 57,561	固定負債		
建物（純額）	136,026	117,131	長期借入金	310,089	156,320
工具，器具及び備品	190,450	250,706	固定負債合計	310,089	156,320
減価償却累計額	△ 98,966	△ 158,258	負債合計	3,034,583	5,215,101
工具，器具及び備品（純額）	91,484	92,447	純資産の部		
有形固定資産合計	227,510	209,578	株主資本		
無形固定資産			資本金	104,120	225,986
ソフトウェア	8,410	38,603	資本剰余金		
無形固定資産合計	8,410	38,603	資本準備金	2,476,034	2,597,900
投資その他の資産			資本剰余金合計	2,476,034	2,597,900
関係会社株式	37,598	37,598	利益剰余金		
長期前払費用	963	0	その他利益剰余金		
敷金	458,481	408,309	繰越利益剰余金	3,734,957	10,433,668
繰延税金資産	121,275	206,419	利益剰余金合計	3,734,957	10,433,668
その他	1,306	890	株主資本合計	6,315,112	13,257,555
投資その他の資産合計	619,625	653,218	新株予約権	3,630	1,188
固定資産合計	855,546	901,400	純資産合計	6,318,742	13,258,743
資産合計	9,353,326	18,473,845	負債純資産合計	9,353,326	18,473,845

（出典）　ANYCOLOR株式会社第6期有価証券報告書 pp.68-69 一部改変。

いるのか，そして資産がどのように調達された資金によって賄われているのかという，企業の財政状態を示す報告書である。資金の調達源泉は，借金である負債と，株主からの出資や過去の事業活動を通じて獲得された利益の累積から構成される純資産に二分される。調達された資金は余すことなく運用されるということから，負債と純資産の合計額は資産の合計額と必ず一致する。**表1.2**でも，当事業年度における負債合計（5,215,101千円）と純資産合計（13,258,743千円）の合計額は資産合計（18,473,845千円）と一致していることが確認できる。貸借対照表にはもう一つ重要な特徴がある。それは上で示された金額は，会計年度の末日である決算日（ANYCOLORの場合，2023年4月30日）というある一定時点での財政状態を示しているということである。

　貸借対照表のなかで原価計算と主に関連するのが商品である。VTuberグループの運営を行っているANYCOLORではあるが，売上高の大部分をグッズやデジタルコンテンツ販売であるコマースが占めている。製造あるいは仕入れたグッズが販売されずに在庫として残った場合，資産の部の商品として計上され

表1.3　ANYCOLORの損益計算書

（単位：千円）

	前事業年度 （自　2021年5月1日 至　2022年4月30日）	当事業年度 （自　2022年5月1日 至　2023年4月30日）
売上高	14,164,140	25,341,711
売上原価	8,179,805	13,761,557
売上総利益	5,984,334	11,580,154
販売費及び一般管理費	1,793,259	2,170,135
営業利益	4,191,075	9,410,018
営業外収益		
受取利息	39	70
補助金収入	1,140	59,316
その他	312	845
営業外収益合計	1,491	60,232
営業外費用		
支払利息	5,293	3,503
為替差損	6,777	1,723
損害賠償金	27,000	–
株式公開費用	4,482	16,534
その他	–	0
営業外費用合計	43,552	21,760
経常利益	4,149,013	9,448,489
特別損失		
イベント中止損失	150,331	–
特別損失合計	150,331	–
税引前当期純利益	3,998,682	9,448,489
法人税, 住民税及び事業税	1,207,644	2,834,923
法人税等調整額	△ 2,025	△ 85,144
法人税等合計	1,205,619	2,749,779
当期純利益	2,793,063	6,698,710

（出典）　ANYCOLOR 株式会社第6期有価証券報告書 p.70 一部改変。

る。なお，製造業の場合には，製品として示されることが多い。いずれにしても，自社で製造した場合，いくらで製造できたのか計算しなければならない。

　次に，在庫ではなく販売された場合について考えてみよう。その経路を示しているのが，損益計算書と売上原価明細書である。損益計算書は名称の通り，損益，つまり企業の経営成績を明らかにするための計算書である。損益を示す利益は，収益と費用の差額から計算される。**収益**とは，資本の増加原因となるものであり，売上高，受取手数料，受取利息などを指すのに対して，**費用**とは，資本の減少原因となるものであり，売上原価，給与，広告宣伝費，水道光熱費などを指す。貸借対照表と異なり，製造や販売といった活動は継続されるので，そこから生じる収益や費用は，ある一定時点ではなく，一定期間（ANYCOLORの場合，2022年5月1日から2023年4月30日までの1年間）を対象に集計されたものとなる（**表1.3**）。

　ただし，計算明細書として，収益と費用は要因別に分類され，それぞれで金

表1.4　ANYCOLORの売上原価明細書

	前事業年度 (自　2021年5月1日 至　2022年4月30日)		当事業年度 (自　2022年5月1日 至　2023年4月30日)	
区分	金額（千円）	構成比（%）	金額（千円）	構成比（%）
Ⅰ　労務費	434,807	6.8	687,116	6.7
Ⅱ　外注費	3,437,839	53.7	5,706,370	55.7
Ⅲ　経　費	2,535,076	39.5	3,843,399	37.5
当期総製造費用	6,407,722	100.0	10,236,886	100.0
期首商品棚卸高	127,033		488,875	
当期商品仕入高	2,092,378		4,401,029	
合　計	8,627,134		15,126,790	
期末商品棚卸高	488,875		1,406,062	
商品評価損	41,546		40,829	
当期売上原価	8,179,805		13,761,557	

原価計算の方法：実際原価による個別原価計算を行っている。

（出典）　ANYCOLOR株式会社第6期有価証券報告書 p.71 一部改変。

　額集計を行うことで，段階的に5つの利益（売上総利益，営業利益，経常利益，税引前当期純利益，当期純利益）が計算される。ここでは，本業に深く関わる基本的な利益概念である売上総利益と営業利益について確認しておこう。

　「収益－費用＝利益」という計算をする際に重要となるのが，収益と費用の対応関係である。対応関係は，個別対応と期間対応とに分けることができる。**個別対応**とは，製品・商品を媒介として，直接的に収益と費用の対応関係を認識する考え方である（期間対応については後述）。売上総利益（＝売上高－売上原価）がまさに個別対応によって計算される利益となる。売上高とは，製品・商品の販売単価に販売数量を掛けて計算されるもので，損益計算書では一番上に示される。そのため，売上高のことをトップラインと呼ぶこともある。

　売上高に個別的に対応する費用は，販売された製品・商品の製造原価や仕入原価に該当する**売上原価**である。たとえば，1つ1,000円の製品を10個販売したときの売上高は，10,000円（＝1,000×10）となる。このとき，当該製品を15個製造し，その製造に要した原価の合計が7,500円だった場合，売上原価となるのは，販売された10個分の原価である5,000円（＝7,500÷15×10）となる。よって，売上総利益は5,000円（＝10,000－5,000）となる。ANYCOLORの当事業年度では，売上高25,341,711千円から売上原価13,761,557千円が差し引かれて，売上総利益が11,580,154千円（売上高の約45.7%）と示されている。売上原価の計算手続きを示しているのが，売上原価明細書（表1.4）である。

　売上原価明細書とは名称の通り，売上原価がいかに計算されたのかを示す書類となっている。読み方は上から順に見ていけばよい。当事業年度でいえば，Ⅰ労務費，Ⅱ外注費，Ⅲ経費の合計である当期総製造費用（10,236,886千円）に，期首商品棚卸高と当期商品仕入高を加算した合計（15,126,790千円）から，期末商品棚卸高と商品評価損を差し引いたものが，明細書の最下段に示される当期売上原価（13,761,557千円）となっている。

　当期総製造費用は名称の通り，当期の製造に要した費用である。これに加算されている期首商品棚卸高というのは，2022年5月1日段階での棚卸資産（在庫）のことであり，前事業年度（2022年4月30日）の，貸借対照表の商品あるいは売上原価明細書の期末商品棚卸高（488,875千円）として示されている。つまり，当期に製造された商品と期首段階の在庫を合計することで，当期に販売できる商品の総額を計算している。なお，ANYCOLORでは仕入れた商品をそのまま販売することもあるので，当期商品仕入高も加算されている。売上原価は販売された製品・商品の原価なので，この合計額から，今期売れ残り在庫となった期末商品棚卸高を差し引けば，当期に販売された製品・商品の原価である売上原価を計算できる。もちろん，この期末商品棚卸高は，当事業年度（2023年4月30日）の貸借対照表の商品（1,406,062千円）と一致する。もう一つの減算されている商品評価損とは，時間の経過や大量の在庫などが原因でその価値が低下した分である。

●コラム1　製造原価明細書

　ANYCOLORでは売上原価明細書となっているが，製造業の場合は，製造原価明細書という名称が用いられる。製造原価明細書では，費目別に示される当期総製造費用に，製造途中である仕掛品の期首棚卸高を加算，期末棚卸高を減算し，他勘定振替高（中身は各社各様）の調整を行い，当期製品製造原価を求める書類となっているのが一般的である。よって，売上原価の金額そのものは製造原価明細書では示されていない。ただし，当期製品製造原価と売上原価の調整表を追加で開示している企業もある。

　なお，以前は，財務諸表提出会社の単体（個別）財務諸表において，製造原価明細書の開示が求められていたが，2014年3月31日以後では，連結財務諸表においてセグメント情報を注記している場合には製造原価明細書の開示が免除されている。そのため，連結決算で複数セグメントを抱える大企業では，製造原価明細書が開示されていないことが多い。

　棚卸資産や売上原価の金額を評価するには，製品・商品の原価を計算する必要があるので，原価計算は財務会計目的で利用されているといえる。財務会計目的の原価計算では，首尾一貫した計算方法の適用が求められており，日本では，実践規範として参照される原価計算基準がある。

●コラム2　原価計算基準

　原価計算基準は，1962年（昭和37年）11月，企業における原価計算の慣習から，一般に公正妥当と認められる部分を要約して，企業会計原則の一環をなすものとして制定された。この基準は以降一度も修正を加えられることなく，日本の原価計算制度の実践規範として機能し続けてきた（諸井，2012）。基準の内容は，下に示す5章47項目から構成されている。このうち第二章が本書で主に解説している計算手続きとなる。なお，本書は基準に記載されていない内容も一部取り扱っている。

　　第一章　原価計算の目的と原価計算の一般的基準（一～六）
　　第二章　実際原価の計算（5節，七～三九）
　　　　　　第一節　製造原価要素の分類基準
　　　　　　第二節　原価の費目別計算
　　　　　　第三節　原価の部門別計算
　　　　　　第四節　原価の製品別計算
　　　　　　第五節　販売費および一般管理費の計算
　　第三章　標準原価の計算（四〇～四三）
　　第四章　原価差異の算定および分析（四四～四六）
　　第五章　原価差異の会計処理（四七）

　ただし，製造環境の大幅な変化やサービス業の台頭などを踏まえて，これまで何度か見直しや改訂について，学界で議論されている。特に，管理会計的な側面からの批判に基づいた改訂の主張が展開されることが多かったが，最近ではその現代的意義を認める論考も提示されている（片岡・挽・森光，2017）。また，東京証券取引所に上場している製造業を対象とした質問票調査の結果によれば，必ずしも多くの企業が基準の改正を積極的に要望しているわけではない（清水，2022）。

　さて，当期総製造費用は，製品の製造や商品の仕入に要した費用であり，費目別に分類された合計額として示されている。**第6講**では，費目別計算の方法について学習する。なお，製造業における費目の分類は，材料費，労務費，経費の3分類が最も一般的であるため，本書でもこの分類に従う。

　費目別計算を行うだけでは，売上原価を計算できない。複数の製品・商品を

製造・仕入するのが一般的であることから，最終的には，製品・商品ごと原価
を計算する必要がある。ANYCOLOR の売上原価明細書（**表 1.4**）では，表の下
側に原価計算の方法として，「実際原価による個別原価計算」を採用していると
説明されている。**個別原価計算**という原価計算の方法は，製品別に原価を計算
する方法の一つで，オーダーメイドといった受注生産の製品の原価を計算する
ためのものである。個別原価計算は**第 7 講**で取り扱う。なお，個別原価計算は
製品・商品単位のみならず，プロジェクト別に実施される場合もある（採用企
業例：スマホを使った POS レジアプリのクラウドサービス事業を行っているスマ
レジ）。なお，採用企業例は，下記のものも含めて全て，2023 年に提出された
有価証券報告書で確認したものである。

　製品別に原価を計算する方法は，個別原価計算だけではない。もう一つの代
表的な方法に総合原価計算がある。大量に連続生産する形態に適した**総合原価
計算**は，さらにいくつかの方法に細分化されており，本書では**第 9 講**で取り扱
う。本書で学習する総合原価計算は，**単純総合原価計算**（採用企業例：液体・粉
末スープやチルド食品，即席麺を製造・販売しているユタカフーズ），**組別総合原価
計算**（採用企業例：中華料理店を展開している王将フードサービス），**等級別総合原
価計算**（採用企業例：グミキャンディの原料であるゼラチンが主力製品の新田ゼラ
チン，なお同社のコラーゲンペプチドおよび食品材料製品は単純総合原価計算を採
用），**工程別総合原価計算**(採用企業例：シーチキンで有名なはごろもフーズや美容
室向けヘア化粧品が主力事業のミルボン）について学習する。

　製品別に原価を集計することが最終目的ではあるが，その際に問題となるの
は，製品の製造に直接的に関連づけることが容易ではない費目の存在である。
これらは製造間接費と呼ばれており，製品原価を正確に計算する上で重要とな
る。製品原価を正確に計算するために，費目別の計算の後に，部門別計算が行
われることもある。特に，個別原価計算を念頭に置いた部門別計算は**第 8 講**に
て学習する。

1.2.2　原価と費用

　原価計算と管理会計との関係に触れる前に，**原価**（cost：コスト）という概念
について説明した上で，費用との違いを確認しておこう。原価計算基準（「第一
章 原価計算の目的と原価計算の一般的基準」の「三 原価の本質」）によれば，「原
価とは，経営における一定の給付にかかわらせて，は握（原文ママ）された財

貨又は用役（以下これを「財貨」という。）の消費を，貨幣価値的に表わしたもの」である。この定義を示した上で，さらに，原価は，経営目的に関連した経済価値の消費であり，給付に関連づけて把握されるもので，異常な状態を原因とする価値の減少は含まないと説明が追記されている。すなわち，原価とは，製品（製造途中の未完成品も含む）の製造に関連づけて把握されるもので，材料などの有形資源や工員による作業といった人的資源などの利用を，財貨の消費として捉えたものである。なお，正常な活動状況下を前提としており，たとえば，自然災害による被災など異常な状態を原因として生じたものは原価に含めない。

　一方，**費用**は，前述したように資本の減少原因となるものであるので，原価と同義ではない。製品の製造に転嫁された価値を追跡し，当該製品の単位あたり製品原価を計算できたとしよう。この製品原価の金額は，当該製品が販売されて初めて費用として計上される。

　ただし，紛らわしいことに，販売された製品の原価は費用となるにもかかわらず，売上原価（cost of goods sold）という名称が与えられている。また，費目別計算の対象となる個別の費目を示す名称の多くは，材料費，加工費，労務費，減価償却費などのように「〜費」となっている。けれども，原価計算の対象となるこれらの費目は，すぐに費用計上されるわけではない。費用となるのは，製品原価の集計に含められ，その製品が販売されてからである。そのため，原価や費用という字面だけを見て判断せずに，文脈に合わせてどういう意味で使われているのか意識する必要がある。

1.2.3　期間対応と営業利益

　原価計算において，「〜費」となっている科目が多いことは前述した通りだが，その一方で，「〜費」という名称であっても，製品原価に集計されずに費用計上されるものもある。先ほど，収益と費用の対応関係には個別対応と期間対応という2つの方法があると述べた。**期間対応**は，製品を通じた直接的な収益と費用の対応関係が明確ではないときに適用されるもので，名前の通り，期間という間接的な形で収益と費用を対応させる方法である。たとえば，工場ではなく本社に在籍している経理担当者の給与は，直接販売される製品と関連づけることは難しい。そのような場合には，当期に発生した費用は，当期の収益に貢献したとみなして利益計算を行う。損益計算書にて，期間対応させた費用に該当

するのが，販売費及び一般管理費（略して販管費）（selling, general, and admini-strative expenses）と呼ばれる部分である。販管費のうち販売費は，名称の通り，製品・商品・サービスを販売するために発生した費用であり，販売員の給与，広告宣伝費，発送費などがある。一般管理費は，通常の一般管理業務に必要な費用全般を指し，経理や総務などの間接部門の人件費，消耗品費，役員報酬，製品原価に含めない建物の減価償却費や支払家賃など実に多様なものが含まれる。

　ANYCOLOR の当事業年度の損益計算書（表 1.3）で示される販管費は 2,170,135 千円となっている。販管費は，その主要な費目及び金額も開示される。ANYCOLOR の場合，損益計算書とは別に表を作成し，給与及び手当，法定福利費，賞与，支払報酬，地代家賃，減価償却費，広告宣伝費が主な販管費としてその金額と共に示されている。これら販管費は，発生した期間で費用計上される。

　こうして売上総利益から販管費を差し引いて計算される利益が，営業利益と呼ばれるもので，一般に本業での儲けを示す利益概念といわれている。なお，会計では企業の中心的な事業活動のことを営業活動と呼ぶ。売上総利益は，売上高から販売された製品・商品・サービスの原価を差し引いたにすぎない。実際にこれらを販売するには，販売費が必要であるし，一般管理費の多くは企業が事業活動を継続する上で欠かせない費用となっている。

　「1.1　管理会計と財務会計」で触れたように，管理会計では報告単位が財務会計よりも細分化されている。つまり，表 1.3 の損益計算書で示される営業利益は会社全体での数値ではあるが，管理会計では，製品別，地域別，顧客別といった単位で営業利益を計算するのが一般的である。こうした計算により，「ある製品は会社全体の利益にどの程度貢献しているのか」や「どの程度販売数量が落ち込んだら，赤字になってしまうのか」といった疑問に答えることができる。第 2 講では，原価，売上高，利益の関係性についての基礎的な分析手法について学習する。

　営業利益は管理会計にとっても重要な利益概念ではあるが，実は表 1.3 で示される利益計算では，上述した分析のためには都合が悪いことが知られている。第 3 講では，直接原価計算と呼ばれる原価計算の手続きを採用することで，経営管理目的のために，よりよい利益計算が可能になることを学習する。

1.2.4　管理会計と原価計算

　管理会計における意思決定は，日々の定型的な業務活動の中で反復的に繰り返されるものと必要に応じて行われる非反復的なものとに大別される。たとえば，毎月，製品原価の金額に異常がないかモニタリングし，目標とされる数値にとどめようと管理活動を行うというのは，反復的な意思決定問題の具体例である。こうした意思決定に対しては，複式簿記と結びついた経常的な原価計算制度により算出された原価を，目的に応じた形式に加工するのが有用である。

　一方，非反復的な意思決定問題では毎回検討すべき問題が異なることから，経常的な原価計算制度からの情報提供では不十分である。そのため，特定の目的のために，臨時で原価データを収集・整理・加工する必要がある。これは**特殊原価調査**と呼ばれており，反復的な意思決定問題とは区別されている。**第4講**では，特殊原価調査を行うための基礎的な原価概念について学習する。そして，**第5講**では在庫管理に伴う原価，**第12講**では品質原価といった製品ではない特定のカテゴリーに原価を集約し利用する，特殊原価調査目的の原価計算について学習する。また，**第11講**では，価格決定のために原価情報がどのように利用されるのかを学習する。

　非反復的な意思決定問題には，検討期間がより長期間におよび，構造的に大きな変化をもたらすものがある。こうした意思決定は戦略的あるいは構造的な意思決定と呼ばれており，一定の構造を前提としたなかで，常時展開される個々の業務活動に関連する意思決定とは区別されている。本書では，こうした意思決定問題の代表例である設備投資の経済性分析を，**第14講**にて学習する。

　正確な原価計算を行わないと，誤った意思決定をしてしまう場合がある。1980年代後半から90年代にかけて，製造間接費の計算における正確さに疑問が投げかけられ，ABC（activity-based costing：**活動基準原価計算**）と呼ばれる新しい原価計算手法が提唱された。原価計算を精緻化する試みは非常に手間がかかるため，制度として継続的に繰り返し実行するのではなく特殊原価調査として実施されることもある。**第13講**で，主に特殊原価調査としてのABCの適用可能性について学習する。

　このように，関連する原価情報を提供することで，原価計算は管理会計が志向する意思決定への役立ちに貢献できる。最終講の**第15講**では，情報特性や提示方法の観点から原価情報の有用性についてとりまとめ，原価計算担当者に求められる知識や能力を示す。「異なる目的には異なる原価を」という格言があ

るように，原価計算が対象とするフィールドは多岐にわたっており，目的に応じた多様な原価計算の手法・考え方が考案されてきた。本書では，こうした原価計算の多面的な側面について知識を深めることを目的としている。

●コラム3　原価計算の学習進捗度を知る

　資格検定試験は自らの学習進捗度を把握する手段の一つである。このコラムでは，初学者が目指すのに適切な原価計算関連の資格試験について紹介する。読者諸氏には，是非ともこれらの検定試験に挑戦してほしい。

　最も基礎的な試験内容といえるのが，日本商工会議所（日商）が実施している**原価計算初級**である。原価計算初級は受験資格に制限がなく，試験は全国の商工会議所ネット試験施行機関で受験できるため，比較的手軽である。試験内容は，原価計算の基本用語に関する語句回答問題や，原価と利益の関係についての基礎的な計算問題などである。100点中70点以上で合格が認められる。本書で学習する内容とも親和性が高いので，自身の理解度を確認する目的で受験を検討してほしい。

　また，全国商業高等学校協会が実施している**管理会計検定試験**は，名称は管理会計となっているが，その試験範囲の大部分が本書にて取り扱っている内容となっている。試験は年1回あり，試験時間は90分となっている。同試験の過去問と解答が，全国商業高等学校協会のホームページで公開されているので，自習にはうってつけの教材だろう。なお，一部の試験範囲（直接標準原価計算，最適セールス・ミックスの決定，企業予算の編成，予算統制，ライフサイクル・コスティングなど）については，別途学習が必要ではある。

　試験科目の一部に原価計算が含まれる検定試験としては，日本商工会議所が実施している**日商簿記検定**（2級・1級）と全国経理教育協会（全経）が実施している**簿記能力検定**がある。日商簿記の受験には，商業簿記・工業簿記・会計学の勉強が必要（1級は商業簿記・会計学，工業簿記・原価計算，2級は商業簿記，工業簿記（原価計算を含む））となるが，原価計算に関する過去の検定問題による演習は，理解度向上のよい機会となるはずである。なお，本書で取り扱っている内容の一部（特殊原価調査，価格決定，回帰分析法，業務的・構造的意思決定の分析，品質原価計算，ABC）は，1級の工業簿記・原価計算の出題範囲となっている。また，全経の検定については，2級の工業簿記が入門的な内容を扱っており，本書の内容で概ね試験範囲をカバーしている。

　本書は管理会計との関連性を重視し，紙幅をそのための記述に割いているので，工業簿記は取り扱えていないし，各種検定試験の対策に特化しているわけでもない。そのため，各種検定試験を受験する際には，試験範囲をよく確認し，関連書籍を用いて，各自自習をしてほしい。原価計算の手続き自体は，本書で解説しているため，比較的スムーズに学習を進めていけるはずである。

引用文献

Datar, S. M., and Rajan, M. V.（2020）. *Horngren's cost accounting: A managerial emphasis*（17th global edition）. Pearson Education.

片岡洋人・挽文子・森光高大（2017）「『原価計算基準』の再解釈とこれから」『原価計算研究』41(2)：13-25.

清水孝（2022）「わが国原価計算実務の現状」『早稲田商学』462：1-47.

諸井勝之助（2012）「『原価計算基準』制定 50 年」『LEC 会計大学院紀要』10：1-15.

● 練習問題 ●

次の正誤問題に答えなさい。

(1) 管理会計は財務会計の一分野である。

(2) 管理会計では，財務情報だけでなく非財務情報を取得・分析の対象とする。

(3) 会計学上，原価と費用は同義である。

(4) 原価計算は，財務会計目的のみに利用される。

(5) 管理会計では，財務会計よりも報告単位が細分化されている場合が多い。

【解答欄】

(1)	(2)	(3)	(4)	(5)

第2講

CVP 分析

ケース(2)　弥生の利益は？

　孝太郎が真っ先に心配したのは，弥生の利益である。コロナ禍の影響で売上高は急激に落ち込んでおり，赤字に転落する可能性があった。弥生は現金のみで取引を行っているので，日次の売上高と1ヶ月の費用は把握できているが，どのくらい売上があれば利益が出るのかはわからなかった。山村はCVP分析の考え方を導入して，売上増大や費用削減により黒字転換できるかを見極めることにした。

　孝太郎が弥生の経営者となって1ヶ月が経過した。新型コロナウイルス感染症の蔓延に伴う行動制限の拡大によって，売上は急激に減少していた。ある木曜日の営業終了後，厨房の片付けを終えた孝太郎と正史は，売上データが映るPC画面を前に話をしていた。

正史　　「今日の売上は 60,000 円か。先週木曜の売上が 85,000 円…思ったより
　　　　落ち込みが激しいな」

孝太郎「赤字になるのも時間の問題か…」

　学生時代以来の厨房仕事はなかなか大変だが，経営者となった今，売上の落ち込みはそれ以上に頭の痛い問題である。孝太郎は事態を打開すべく，山村に相談することにした。

孝太郎「山村先輩，今お電話大丈夫でしょうか」

山村　　「おお，孝太郎か。店の調子はどうだ？」

孝太郎「先週出た行動制限の影響で，売上が3割減です」

山村　　「まぁ仕方がないよな。3割減って，損益分岐点を下回っているのか？」

孝太郎「損益分岐点？」

山村　　「黒字と赤字をちょうど分ける，つまり利益がゼロになる点だ」

　聞きたかったことを自分が知らない言葉で説明されたので，孝太郎は多少戸惑

った。

孝太郎「わかりません。ただ，入ってくる売上が少なくなっていて，出ていく費用は多くなっているとは思います」

山村　「出ていく費用の構成がわかれば，どこまで売上が下がってしまうと赤字になるかが判断できるだろう。店に関わる支出は，全部現金で払っている？」

孝太郎「はい」

山村　「売上の方はどうだ？」

孝太郎「うちは，入りも出も現金のみです」

　孝太郎も正史も，QR決済をはじめとする便利なサービスが普及していることは当然知っていたが，導入に手間隙がかかることからずっと見送り続けていた。

山村　「そうか。それなら話はシンプルだ。1ヶ月の支出を変動費と固定費に分けられるか？」

孝太郎「変動費って，材料費とかのことですよね？　ラーメンとかを作った量に応じてかかる原価，みたいな」

山村　「そうだ。固定費は店の家賃とか毎月支払う火災保険料のような，ラーメンが売れるかどうかにかかわらず，かかる原価だ」

孝太郎「はい。それなら正史に頼めばすぐできると思います」

山村　「変動費と固定費がわかれば，CVP分析で損益分岐点売上高が求められる」

　また知らない言葉が出てきて，孝太郎は相変わらず小難しいなぁと感じつつも，早速，正史と話をして作業を始めることにした。

ケースのモデルとなったラーメン。このラーメンを構成する原価のうち変動費と固定費はどれくらいだろうか
（撮影：町田遼太）

　弥生での以下の支出は，ラーメンの提供数に応じて変動するかどうか考え
てみましょう。

- ・割り箸
- ・自家製チャーシュー用の豚肉
- ・水道代
- ・チラシ代
- ・調理場の定期清掃代
- ・アルバイトの給与

　また，山村が説明した損益分岐点売上高の金額が判明したら，孝太郎たち
は次に何を検討すべきか考えてみましょう。

　第 2 講では，山村が最後に触れた CVP 分析について解説します。山村も言
っていたように，この分析のためには変動費と固定費という原価の区分が欠
かせません。そこで，最初にこれらの原価の定義を示した後で，なぜこの区
分により損益分岐点売上高を求められるのかを解説します。また，「これだけ
の利益あるいは利益率を達成したい」と目標を持つ場合も多いので，特定の
利益額や利益率を達成するために必要な売上高を計算する方法についても学
習します。最後に，原価を変動費と固定費に分解する方法について解説しま
す。

2.1　CVP 分析

2.1.1　コスト・ビヘイビア

　CVP 分析の CVP とは，原価（cost），活動量（volume），利益（profit）の頭文
字をとったものである。ここでの原価は，原価計算上の厳密な意味での原価で
はなく，収益に対応させて差し引きされる費用全般を指している。そのため，
販売された分の製品原価である売上原価のみならず，販売費及び一般管理費に
該当するものも含んでいる。次に，活動量とは，企業が行う製造・販売活動の
程度を意味しており，実際には，生産数量，販売数量，売上高などにより測定

図2.1　コスト・ビヘイビアのグラフ

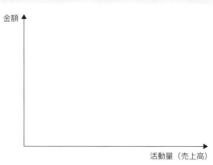

（出典）　著者作成。

される。CVP分析においては，分析の展開が容易になるという理由から，売上高を用いる場合が多い。本講でも，活動量には売上高を用いて議論を進める。最後に，利益とは営業利益のことを指す。

CVP分析では，全ての原価を，**変動費**（variable cost）と**固定費**（fixed cost）とに二分することで，以下のような疑問を明らかにできる。

- ちょうど利益がゼロになる，つまり，損益分岐点となる売上高はいくらなのか？
- 売上高がどの程度増えれば，赤字から脱却できるのか？
- 利益を10％増やすには，原価をどの程度削減する必要があるか？
- 売上高営業利益率20％を達成するために，必要な売上高はどの程度だろうか？

原価が活動量に応じてどのように変動するのかを説明する概念を，**コスト・ビヘイビア**（cost behavior：原価態様と訳されることもある）という。コスト・ビヘイビアは，グラフを描くことで理解が容易になる。**図2.1**のように，縦軸に金額，横軸に活動量（売上高）をとれば，売上高に応じて原価がどのように変動するのかを示すことができる。**図2.1**は空白となっているので，弥生で生じるさまざまな原価のことを思い浮かべて，どのようなラインを書き加えることができるか，想像してみてほしい。

それでは，変動費と固定費のコスト・ビヘイビアについて確認しておこう。まず，**変動費**とは，活動量に比例して増減する原価を指す。もちろん，原価が厳

図2.2　変動費のコスト・ビヘイビア

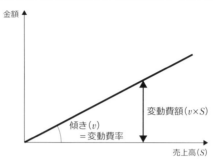

（出典）　著者作成。

密に活動量に比例することはあまりなく,「おおよその比例関係が見られれば変動費として扱う」ということである。弥生のラーメンの麺やスープに用いられる材料費は, ラーメンの売上高に概ね比例して増減すると想定できるので, 変動費として捉えることができる。変動費のビヘイビアを描いたものが, 図2.2となる。変動費は原点を通る直線で表現でき, 直線の傾き（図中の v）は, 売上高が1単位増加した場合に原価が v 増加することを示しており, 変動費率と呼ばれる。売上高を S とすると, 変動費は $v \times S$ となる。

　固定費とは, 活動量に応じて変動しない原価を指す。弥生では, 火災保険料や固定資産税などは, 売上高の変動に関係なく定額発生する。ただし, 金額が一定でずっと変わらないわけではない点には注意が必要である。あくまで, 一定範囲の活動量の変動に対して, 一定の値をとると仮定できるということである。固定費のコスト・ビヘイビアは, 図2.3 に示される通り, 売上高の変動に対して一定の金額をとるため, 横軸に平行な直線となる。この際, 直線の切片（図中の F）は, 固定費の金額を表す。

　変動費と固定費, いずれのコスト・ビヘイビアのグラフも綺麗な直線で描かれている。しかしながら, 実際には全ての原価がこのような綺麗な推移を示すわけではなく, このビヘイビアに近似していれば変動費・固定費として捉える。これは, 厳密な正確さを追求すると, 想定すべきコスト・ビヘイビアが非常に多様になってしまい, 分析が難しくなるためである。複雑すぎる分析結果は理解可能性を低めてしまうので, 分析が正確であるほど望ましいとは限らない。また, 分析に要する手間に鑑みて, どの程度の正確さを求めて原価を把握する

図2.3　固定費のコスト・ビヘイビア

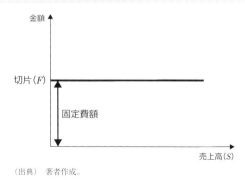

（出典）　著者作成。

図2.4　総費用のコスト・ビヘイビア

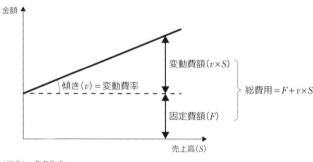

（出典）　著者作成。

か決定する必要がある。

　また，変動費と固定費の両方の要素を含む原価もある。たとえば，水道光熱費や電話料金での，基本契約料は固定費，使用・利用料は変動費となる。こうした原価は準変動費と呼ばれる場合もあるが，固定費と変動費に分解できるので，コスト・ビヘイビアの区分として二分を維持できる。

　全ての原価を変動費と固定費に二分できたら，総費用を求めることができる。変動費と固定費の合計である総費用のコスト・ビヘイビアは，図2.4で示される通り，$F+v\times S$という，切片 F，傾き v の一次関数で表現できる。

2.1.2　損益分岐点

　それでは，この総費用を表す一次関数を利用して，利益が活動量とどのよう

に関連しているのか確認しておこう。前述したように，ここでの利益は営業利益である。売上高から総費用を差し引きすればよいので，営業利益は $S-(F+v \times S)$ で求められる。この計算式を S で括ると 2.1 式のようになる。

$$営業利益 = (1-v) \times S - F \quad \cdots \quad (2.1)$$

損益分岐点（break even point）とは，損失と利益を分岐する営業利益が 0 となる地点を指すので，損益分岐点売上高は，2.1 式の営業利益が 0 となる際の S を求めればよい。よって，損益分岐点売上高を求める公式は 2.2 式のようになる。

$$損益分岐点売上高 = F/(1-v) \quad \cdots \quad (2.2)$$

2.2 式の中身を確認しておこう。分子は固定費であり，分母は 1 から変動費率 v を差し引いたものとなっている。変動費率は変動費を売上高で割ることで求めることができるので，「$1-v$」は，「（売上高 − 変動費）÷ 売上高」と書き換えることができる。この「売上高 − 変動費」で計算される利益は**限界利益**（marginal profit），そして，「（売上高 − 変動費）÷ 売上高」で計算される比率は**限界利益率**（限界利益が売上高に占める割合）と呼ばれている。以下に，関係性を整理しておこう。

変動費率 ＝ 変動費 ÷ 売上高 ＝ 1 − 限界利益率

限界利益 ＝ 売上高 − 変動費

限界利益率 ＝ 限界利益 ÷ 売上高 ＝ 1 − 変動費率

損益分岐点売上高 ＝ 固定費 ÷（1 − 変動費率）＝ 固定費 ÷ 限界利益率

たとえば，変動費率が 0.6（つまり限界利益率が 0.4），固定費が 1,200 円の場合，損益分岐点売上高は 3,000 円（＝ 1,200 ÷ 0.4）となる。これは，限界利益がちょうど 1,200 円になるときの売上高を求めているということになる。よって，損益分岐点売上高は，限界利益が固定費と等しくなる売上高である。限界利益率が 40% のときの損益分岐点売上高とは，売上高の 40% 分の金額と固定費額とがちょうど等しくなる点となる。

それでは，**図 2.4** の総費用のコスト・ビヘイビアのグラフに，損益分岐点売上高を追記してみよう。横軸の活動量は売上高なので，コスト・ビヘイビアのグラフに売上高を示す線を追記すると，縦軸と横軸が同じ値となるため，常に傾き 1 の直線となる。**図 2.5** は，総費用と売上高の直線の交点が損益分岐点売

図2.5　コスト・ビヘイビアと損益分岐点

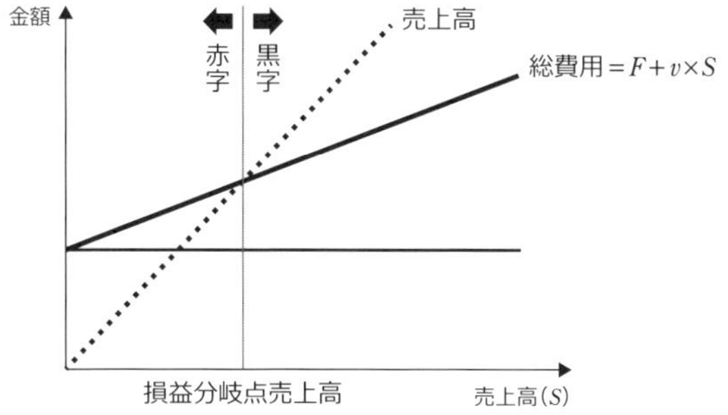

(出典)　著者作成。

上高となることを示している。この損益分岐点より左の領域では総費用が売上
高を上回るために営業赤字となり，右の領域では逆に営業黒字となる。

　数値例を用いて，損益分岐点売上高の求め方を再度確認しておこう。いま，
変動費は材料費のみで，おおよそ売上高1,000円あたり400円，固定費は1ヶ
月あたり600,000円であることがわかっているとしよう。固定費600,000円とい
う金額は把握しているので，変動費率 v を求めれば，損益分岐点売上高を計算
できる。上述したように，変動費率は変動費が売上高に占める割合なので，0.4
（＝400÷1,000）と計算できる。よって，損益分岐点売上高は，1,000,000円（＝
$600,000÷(1-0.4)$）となる。月間1,000,000円より多く売り上げることができれ
ば，営業黒字になることがわかる。

　それでは，来月の月間売上高が1,500,000円と予測されれば，その際の営業利
益がいくらになるのか予測してみよう。2.1式に関連数値を代入すれば，営業利
益は300,000円（＝$(1-0.4)×1,500,000-600,000$）になると予測できる。なお，
1,500,000円という予測売上高は損益分岐点売上高の1,000,000円よりも500,000
円多い値となっている。1,000,000円まで売り上げたときの利益は，損益分岐点
であるために0円である。よって，そこから追加の500,000円分の売上高から
300,000円分の営業利益が生み出されていることになる。これは追加の売上高
500,000円に（$1-0.4$）という限界利益率を掛けた金額に一致している。すなわ
ち，損益分岐点を超えた売上高に関しては，そこから変動費を差し引いた残額
が全て営業利益になる。

　なお，損益分岐点売上高ではなく，損益分岐点販売数量の場合，$1-v$ ではな

く，販売単価から単位あたり変動費を差し引いた単位あたり限界利益で固定費を割ればよい。たとえば，販売単価 100 円の製品の単位あたり変動費が 30 円/個で，月間固定費が 35,000 円だとしよう。損益分岐点となる販売数量は，500個（＝35,000÷(100−30)）となる。単位あたり限界利益 70 円（＝100−30）は，製品を 1 個販売するたびに固定費である 35,000 円の回収に貢献する額を示している。2 個販売すれば 140 円，3 個販売すれば 210 円と回収額が増えていき，損益分岐点販売数量の 500 個販売した際の限界利益総額は，ちょうど固定費の35,000 円となる。

2.1.3　特定の利益額（率）を達成するのに必要な売上高

損益分岐点売上高の計算式を応用すれば，特定の利益額や利益率を獲得するために必要な売上高も計算できる。固定費全額をちょうど回収し切った点が損益分岐点であるが，特定の利益額を達成するには，回収すべき額がその分だけ増えることになる。よって，目標とする営業利益を達成するのに必要な売上高は，下記の 2.3 式により求められる。

目標営業利益を達成する売上高
　＝（固定費＋目標営業利益）÷限界利益率　…　(2.3)

変動費率が 0.6，固定費額が 12,000 円のとき，営業利益 2,000 円を達成するために必要な売上高は，35,000 円（＝(12,000+2,000)÷(1−0.6)）となる。

目標が利益額ではなく，利益率（つまり，売上高営業利益率）で示される場合もある。特定の利益率を実現するのに必要な売上高は，下記の 2.4 式で求めることができる。

目標営業利益率を達成する売上高
　＝固定費÷（1−変動費率−目標営業利益率）　…　(2.4)

固定費を F，変動費率を v，目標営業利益率を t，目標営業利益率 t を達成する売上高を S とすると，目標営業利益（$S \times t$）は下式で示すことができる。

$$S \times t = (1-v) \times S - F$$

上式をさらに下記のように展開していくと，上記の 2.4 式が導き出せる。

$$S \times t = S - S \times v - F$$
$$F = S - S \times v - S \times t$$
$$S = F/(1 - v - t)$$

　最後に，数値例で確認しておこう。変動費率が 0.7，固定費額が 15,000 円の とき，売上高営業利益率 20% を達成するために必要な売上高は，150,000 円（＝ $15,000 \div (1 - 0.7 - 0.2)$）となる。売上高 150,000 円のときの限界利益は，45,000 円（＝$150,000 \times (1 - 0.7)$）となる。そして，限界利益から固定費を差し引きした 営業利益は，30,000 円（＝$45,000 - 15,000$）となる。よって，売上高営業利益率 が 20%（＝$30,000 \div 150,000 \times 100$）となることが確認できた。

2.2　固変分解

　原価を固定費と変動費に分けることを，**固変分解**という。固変分解には，下 記に示すいくつかの方法がある。

① 勘定科目精査法

　過去の経験に基づいて，費目ごとに変動費か固定費かを分類する方法である。 ただし，実際は，変動費と分類できる勘定科目を定義し，その他を固定費とす ることが多い。そして，費目ごとに，変動費率と固定費額を推定し，最後に合 計する。

　なお，材料費なら変動費といった機械的な分類判断は好ましくない。なぜな ら，こうした分類はあくまで一般的な例であり，企業の状況によって区別は異 なるためである。たとえば，材料をサブスク契約で定期購入している場合，材 料費は短期的には固定費となる。また，正社員をレイオフ（一時解雇）しやす い場合には，その給与は変動費として扱うことができるかもしれない。このよ うに，各費目の分類は状況に依存的であり，個別に判断が必要となる。

② 高低点法

　複数の実績データから，最大活動量時（高点）と最低活動量時（低点）の 2 つ のデータを選び出し，その 2 点を結ぶ直線から固定費と変動費率を導き出す方 法である。要するに，高点と低点の 2 点のデータを代入して，連立方程式を解

表2.1　2つの豆腐の会計データ

月	柔らか木綿豆腐		ハード木綿豆腐	
	売上高（千円）	総費用（千円）	売上高（千円）	総費用（千円）
1	342	255	293	279
2	256	233	258	258
3	231	226	290	282
4	198	215	301	283
5	188	214	300	287
6	125	190	284	277
7	120	192	309	290
8	98	184	311	297
9	134	191	321	303
10	155	198	327	305
11	280	236	319	300
12	292	239	331	311

（出典）　著者作成。

くということである。

③　回帰分析（最小二乗法）

　高低点法が2つのデータしか使用しないのに対して，過去の大量の実績データを加味できるのが回帰分析による方法である。具体的には，最小二乗法と呼ばれる統計的な手法を通じて，固定費額と変動費率を推定する。

　以下では，「柔らか木綿豆腐」と「ハード木綿豆腐」の2つのタイプの木綿豆腐の製造を請け負う製造専門の企業である六甲豆腐（仮）の数値例を用いて，高低点法と最小二乗法による推定方法を確認しておこう。

　2つのタイプの木綿豆腐工場を1つずつ持つ同社は，それぞれのコスト・ビヘイビアを把握して，売上高が増加・減少した際にどれだけ利益が変動するのかを把握することとした。ただし，同社の会計システムでは，総費用や売上高のデータは，それぞれの工場で製造されている，「柔らか木綿豆腐」と「ハード木綿豆腐」で集約されている（表2.1）。

　いずれの方法を採用するにしても，最初に，分析対象となるデータに，何かしら特別な理由による異常値が含まれていないかどうか確認することが重要である。原価計算では，異常値を含まない正常な活動範囲のことを，**正常操業圏**（relevant range）と呼ぶ。表2.1で示される会計データを見ると，柔らか木綿豆腐8月の売上高が他の月と比べてかなり低い値となっていることがわかる。ただし，8月の製造・販売活動に特別に異常な事態は認められなかったので，今回は2つの豆腐のデータ全てが正常操業圏内にあると判断されたとしよう。

　それでは，高低点法から見ていこう。この方法は，まず，高点と低点と呼ば

れる活動量が最も高い点と低い点のデータを抜き出す。「柔らか木綿豆腐」の場合、低点となるのが8月の98千円、高点となるのが1月の342千円である。「ハード木綿豆腐」の場合、低点となるのが2月の258千円、高点となるのが12月の331千円である。そして、総費用＝$F + v \times S$という方程式に、上記の低点と高点での総費用と売上高（S）のデータの組み合わせを代入して、連立方程式をつくる。今回の場合、2つの製品ごとに計算を行うので、下記のように、固定費額Fと変動費率vを求めることができる。

柔らか木綿豆腐：

$$184 = F + v \times 98 \qquad F \fallingdotseq 155.48$$
$$255 = F + v \times 342 \qquad v \fallingdotseq 0.291$$

ハード木綿豆腐：

$$258 = F + v \times 258 \qquad F \fallingdotseq 70.69$$
$$311 = F + v \times 331 \qquad v \fallingdotseq 0.726$$

回帰分析（最小二乗法）による固変分解では、得られた正常操業圏内のデータを全て用いて、変動費率と固定費額を求める。最小二乗法による基本的な分析手続きは、計量経済学や統計学のテキストで詳しく解説されているので、それらを参照してほしい。感覚的なイメージとしては、図2.6で示される2つの豆腐の売上高と総費用をプロットした散布図に、推定する総費用＝$F + v \times S$の直線を描いたときに、直線から各点までの距離の合計が最も小さくなるFとvを求めるのが最小二乗法による方法である。ただし、得られるデータの数が多くなると手計算は困難なので、コンピュータを使って計算するのが一般的である。ここでは**エクセル**（Excel）を用いて求める方法を紹介することにしよう。

表2.1のデータがエクセルのシートに入力されているとしよう。豆腐ごとに、売上高と総費用のデータが入力されているセルを選択し、「挿入」タブから「グラフ」領域の「散布図」を選択すれば、x軸が売上高、y軸が総費用を示す散布図（図2.6）が描かれる。

この散布図のいずれかの点の上を右クリックし、「近似曲線の追加」を選択し、「線形近似」を選択し、「グラフに数式を表示する」をチェックすれば、図2.7のように近似直線の数式が表示されるだろう。この結果から、「柔らか木綿豆腐」は変動費率0.296、固定費154.68千円、「ハード木綿豆腐」は変動費率0.708、固定費74.48千円であることがわかる。

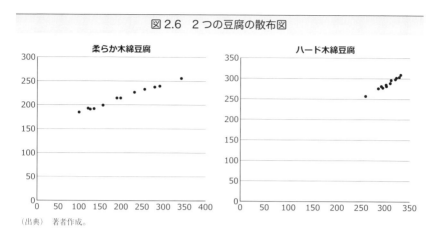

図 2.6　2 つの豆腐の散布図

（出典）　著者作成。

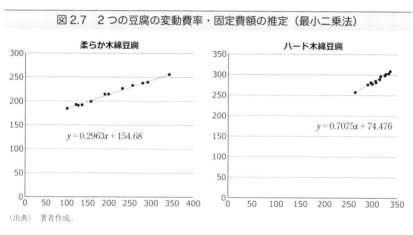

図 2.7　2 つの豆腐の変動費率・固定費額の推定（最小二乗法）

（出典）　著者作成。

　今回のデータでは，推定される変動費率と固定費額に関して，2 つの手法の間で大きな差異は生じなかった（表 2.2）。図 2.7 の散布図の上にひかれた直線が，低点と高点のほぼ真上を通っており，両方法での結果に大きな差がないことを視覚的にも確認できる。なお，低点と高点の位置が他の点と乖離していたりすると，結果に大きな違いが生じる点には注意が必要である。その意味では，高低点法であっても，散布図を描き，データ全体がどのように散らばっているのか確認することは必要な作業である。

表 2.2　高低点法と回帰分析による推定結果

	高低点法		回帰分析（最小二乗法）	
	柔らか木綿豆腐	ハード木綿豆腐	柔らか木綿豆腐	ハード木綿豆腐
変動費率	0.291	0.726	0.296	0.708
固定費額（千円）	155.48	70.69	154.68	74.48

（出典）著者作成。

●コラム4　回帰分析を用いた固定費の推定

　回帰分析による固変分解は，常に安定的な分析結果が得られるとは限らない。ときおり，負の固定費という実態ではあり得ない数値が推定されることが知られている。本書の編者の一人が実施した研究（福嶋・新井・松尾, 2014）では，兵庫県の食品工場から提供を受けた製造原価データを分析することで，この固定費の過小推定という問題がなぜ生じるのか明らかにした。この研究で鍵となったのが，管理者の裁量余地という観点から，固定費を以下の2つに区分して捉えることであった。

自由裁量固定費（managed fixed cost）：研究開発費，広告宣伝費，交際費などのように，管理者の方針によって，その発生額を裁量的に決める余地がある固定費

拘束固定費（committed fixed cost）：減価償却費や地代などのように，過去の意思決定の結果として長期にわたり発生することが確定しており，その発生額に裁量の余地がない固定費

　突発的な不測事態や業績の急激な悪化に対して，自由裁量固定費は削減対象とされやすい。逆にいえば，自由裁量固定費は，利益が増大しているような局面で削減されにくく，支出も増える傾向にある。こうした特徴を有していても，固定費と分類されるのは，一定の予測しうる範囲内では，活動量の変動に比例的に増減するわけではないためである。一方，拘束固定費は管理者の裁量の余地がほとんど残っておらず，活動量の変動に対しても増減しないので，切片として変動しない固定費はほとんど拘束固定費のみということになる。結局，自由裁量固定費を含めて固変分解を実行してしまうと，この部分が固定費として推定されずに過小推定につながることが明らかにされている。

　この発見事項からの示唆に従えば，拘束固定費を適切に予測するためには，自由裁量固定費を除いた原価を固変分解すればよいことになる。ただし，こうした区分に基づいた分析はかなり面倒である上に，自由裁量固定費の変動の程度が常に一定であるとは限らないので，基本的には固定費という括りで分析するのが妥当かもしれない。また，自社データの分析の際は，異常値につながる事態が生じている場合のみ，分析上の特別の配慮をすればよいだろう。

引用文献

福嶋誠宣・新井康平・松尾貴巳（2014）「自由裁量費のコスト・ビヘイビアが CVP 分析に与える影響：回帰分析による固定費推定の問題」『会計プログレス』15：26-37.

● 練習問題 ●

　当年度の経営成績は以下の通りであった。このデータが次年度も同様であると予測されているとき，下記の問に答えなさい。

　売上高：8,000 万円
　変動費の内訳：変動売上原価 2,500 万円　変動販売費 1,500 万円
　固定費の内訳：製造固定費 1,500 万円　固定販売費及び一般管理費 500 万円

⑴　損益分岐点の売上高はいくらか。
⑵　2,000 万円の営業利益を達成する売上高はいくらか。
⑶　30％の営業利益率を達成するための売上高はいくらか。
⑷　売上高が 1,600 万円増加するとき営業利益はいくら増加するか。

【解答欄】

⑴　＿＿＿＿＿＿万円
⑵　＿＿＿＿＿＿万円
⑶　＿＿＿＿＿＿万円
⑷　＿＿＿＿＿＿万円

第**3**講

直接原価計算

ケース（3）　夜営業は取りやめるべきか？

　コロナ禍によって夜間営業帯の客入りが悪化し，夜営業の中止を検討することになった。昼営業と夜営業では客層や客単価が異なり，営業自粛による影響は不明である。これらを明らかにするために，直接原価計算により限界利益と営業利益を計算する。

　10月31日，孝太郎と正史は弥生の10月の売上データを前に，一触即発の状態だった。

孝太郎「夜にしか来れないお客さんだっているんだ。そういう人たちが離れたら，昼の客入りも減るかもしれないぞ！」

正史　「昼と夜のお客さんは全然違うだろ。昼は主力のラーメンを頼む人がほとんどで，食べ終わったらすぐに退店して，また次のお客さんが入ってくるから回転いいんだよ」

　昼間の弥生は，まるでガソリンスタンドのようだ。近くのオフィス街のサラリーマンたちが，ラーメン1杯という燃料を補給したらさっさと仕事に戻っていく。配膳は，パートの主婦2人がテキパキとこなしてくれている。

　正史がさらにまくし立てる。

正史　「夜の客入りは多くて3，4組なのに，アルバイトを2人も入れているだろう！」

　孝太郎は返す言葉が見当たらなかった。夜の弥生は友人同士の集まりやファミリーが餃子やチャーハン，その他のメニューをシェアしながら団らんをする，遊園地のような場所。夜間に外出する人が減っている今，配膳アルバイトの高校生たちは両手を前に組んだまま，暇を持て余しているような状態だ。

正史　「夜のお客さんは色々オーダーしてくれるから客単価はいいが，そのぶん

　　　　材料費がかかっているはずだ。しかも，コロナのせいで，ビールをはじ
　　　　めとした酒類を注文してくれるお客さんはほとんどいないだろ！」

孝太郎「でも，画面上では10月は利益が出ているぞ！」

　10月の月間営業利益，10万円。PCの画面には確かにそう表示されている。

正史　「画面上ではな。今月はまだいいが，このペースで売上が落ちていったら，
　　　　夜に店を開けるだけで大赤字だぞ」

孝太郎「正史，いつも耳が痛いことばかり言うよな…」

正史　「褒め言葉として受け取っておくよ。ただいずれにしても，このような情
　　　　勢が続く以上は夜営業を続けるかどうかを真剣に考えるべきだと思うぞ。
　　　　じゃあ，お疲れさん」

　正史は普段の柔らかい表情に戻り，店を出ていった。このまま売上が落ちてい
けば赤字になることは，何ヶ月も前からわかっていることだ。正史の意見は正し
いとは思うが，なぜか納得ができない。孝太郎のモヤモヤを察したかのように，突
然電話が鳴った。

山村　「孝太郎，調子はどうだ」

孝太郎「変わらず元気です。ちょうど山村先輩に連絡しようとしていたところで
　　　　す」

山村　「なんだ，話ぐらいなら聞くぞ」

孝太郎「実はさっき正史とケンカしてしまいまして。正史が，夜の営業が足を引
　　　　っ張っているからやめようと言うんです。俺はなんとなく続けた方がい
　　　　いと思うのですが」

　孝太郎はつい30分前の言い争いの顛末を説明した。

山村　「…なるほど。この前話した，変動費と固定費の考え方を覚えているか？」

孝太郎「損益分岐点の売上がいくらか，っていうやつですよね」

山村　「よく覚えていたな。今回はあれの応用だ。昼営業と夜営業それぞれの売
　　　　上高は把握できているか？」

孝太郎「レジで記録されていますから，すぐに計算できると思います」

山村　「そうか。正史の言っていることが本当なら，限界利益に大きな差がある
　　　　はずだ」

　釈然としない孝太郎をよそに，山村先輩の講義が始まった。

山村　「正史の主張は，夜営業は儲からないどころか赤字を生んでいるのではな
　　　　いか，ということだな？」

孝太郎「はい」

山村　「言い換えると，主にラーメンが売れて客の回転がいい昼営業よりも，夜
　　　　営業の方が売上に対する変動費の割合が高い」

孝太郎「そういうことです」

山村　「限界利益っていうのは，売上高から変動費を引いた金額だ。まずは自分たちで計算してみるといい。今回は変動費を材料費とパート・アルバイトの給料として，ざっくり計算してみようか」

孝太郎「はい，正史と協力して，やってみます」

山村　「結果を楽しみにしているよ」

　翌日の夜，孝太郎と正史はレジから売上データを出力し，その加工に四苦八苦していた。

正史　「時間帯別の売上を求めて…っと。夜の売上は昼の４分の１か」

孝太郎「昼の営業時間は４時間，夜が３時間だから，仕方ない部分もあるけど，この差は大きすぎるな。以前の夜営業ではビールがよく売れていたけど，今はほぼ０だから，大きな影響があるはずだ」

正史　「そうだな。ビールはコロナが終息するまでは回復は難しいかもしれない。とりあえず，食事の方の分析を進めよう。親父がうちのラーメンの原価率は40％だ！と言い張っていたけど，その比率でいくと，昼の材料費は40万円になる。でも，昼と夜で主に売れている商品が違うし，ラーメン，餃子，チャーハンで材料費の比率が同じとは思えないな」

孝太郎「調理している感覚的には，餃子やチャーハンは具だくさんを売りにしているから，材料費はかかっている感じがするな」

正史　「じゃあ，実際に使用している材料の種類と量について，これから３つの主力製品で調べてみよう。あとは日々の原材料の仕入の支払いデータ，月間販売数量と突き合わせて，月間でどの程度材料費を消費しているか計算できる」

孝太郎「よし，わかった。パート・アルバイトの給料は時給と営業時間で計算できるから，こっちは簡単だな」

　二人は半日かけて，昼営業と夜営業の限界利益を求め，結果を山村に報告しに行くのであった。待ち合わせのファミリーレストランで，孝太郎は，店全体と昼夜別の限界利益を示す表を山村に差し出した。

	全体	昼営業	夜営業
売上高	1,500,000	1,000,000	500,000
材料費（変動費）	750,000	400,000	350,000
労務費（変動費）	450,000	250,000	200,000
限界利益	300,000	350,000	△ 50,000

山村　「よく出来ている。そして面白い結果だ。孝太郎，夜営業の限界利益がマイナスというのは何を意味しているのか，わかったか？」

　こういう結果を待っていたのだ，とばかりに，山村の顔はにこやかだ。

孝太郎　「はい，50 万円の売上を上げるために，55 万円の変動費を要する。つまり，夜の営業を続けるほど利益が圧迫されるという意味です」

正史　　「1 円の売上を上げるために変動費が 1.1 円もかかっていた，ということですね！」

　　同じ内容を繰り返しているだけなのに，正史の声には張りがある。

山村　　「普段からデータを見ているだけあって，正史の指摘は鋭かったな。しばらく夜営業は取りやめて，また状況が変わったら判断すればいい。また，今回は，緊急ということで，割合の大きそうなものを選んでだが，余裕があるときに，網羅的に固変分解を行って，限界利益を計算した上で，継続的にモニタリングしながら，利益改善するように取り組んでみるといいよ」

　　孝太郎は，夜の営業の一旦中止に残念さを感じながらも，厨房での仕事とは違う面白さや心地よい疲れを感じていた。

開店前の様子。店舗には多様な業務があり，それらが変動費と固定費に与える影響を理解する必要がある。
（撮影：町田遼太）

　　山村が孝太郎たちに作成を求めた限界利益にはどのような意味があるのでしょうか。特に，売上高から変動費のみを差し引いた金額がプラスかマイナスかで，事業・商売の継続可能性に対する影響がどのように変わるのか考えてみましょう。

　　第 2 講で確認したように，CVP 分析では，売上高から変動費を差し引いた限界利益，さらに限界利益から固定費を差し引いた営業利益を計算しました。こうした利益の計算に適した原価計算は，直接原価計算と呼ばれています。第 3 講では，直接原価計算に基づいた利益計算の方法と直接原価計算の経営管理上の意義を中心に解説します。加えて，原価構造の違いによって，利益の獲得の容易さや売上高変動に対する利益の感応度が異なることも説明します。

3.1 直接原価計算とは

　原価を集計する対象は，「**原価計算対象（cost object：コスト・オブジェクト）**」と呼ばれる。主要な原価計算対象の一つに製品がある。**第1講**で確認したように，製品単位あたり原価は，財務諸表の作成に必須の情報である。ただし，弥生のように営業形態別の収益性を把握したいなら，わざわざ製品別に原価を計算する必要はなく，あくまで営業形態別に変動費を集計すれば十分な場合もある。このように，原価計算対象は製品単位である必要はなく，営業形態単位や製品グループ単位，店舗や工場単位など目的に応じて多様な対象をとりうる。

　また，原価計算対象以外にも原価計算を設計する際に検討すべき要素がある。それが**原価の集計範囲**である。集計範囲には時間的な意味での原価計算期間と，どの費目を対象とするのかという集計費目の範囲がある。

　原価計算期間とは，いつからいつまでの期間を対象として原価を計算するのか，ということである。製品原価の場合は週単位や月単位が多いが，基本的には原価情報の利用目的に依存する。たとえば，営業形態別の収益性を計算したいなら，曜日ごとの変動を理解するためにも少なくとも日別で週単位，各週のランダムな変動の影響まで考慮すると日別に月単位で集計するのが適切だろう。

　次に，集計費目の範囲について見ていこう。実は，**第1講**で紹介した原価計算基準の「第一章の六　原価計算の一般的基準」では，外部報告のためには，**全部原価計算**によって原価を計算すると規定されている。この全部原価計算とは，発生した全ての製造原価を製品原価とする原価計算のことである。製造に要した全ての原価が集計されるので，販売された製品の原価，つまり売上原価には変動費も固定費も含まれる。そのため，開示される損益計算書では，変動費と固定費を区別して差し引く利益計算の形態にはなっていない。

　一方，内部管理のためには，集計費目の範囲は自ら自由に設定できる。なかでも広く知られる方法が，全部ではなく部分的な原価のみ製品原価とする**部分原価計算**である。歴史的に，さまざまな部分原価計算が提唱されてきたが，昨今では，**直接原価計算**と呼ばれる部分原価計算が最も広く知られている。直接原価計算は以下の特徴を有する原価計算のことを指す。

表 3.1　直接原価計算に基づいた利益計算構造

(単位：円)

Ⅰ．売上高			1,500
Ⅱ．変動売上原価			600
変動製造マージン			900
Ⅲ．変動販売費及び一般管理費			500
限界利益			400
Ⅳ．固定費			
1 固定製造原価		200	
2 固定販売費及び一般管理費		100	300
営業利益			100

（出典）　著者作成。

- 製造原価を変動費と固定費に分解する。
- 直接材料費，直接労務費，変動製造間接費の３つが変動製造原価とされる ことが多い（直接費・間接費の区分は後述）。
- 製品原価は変動製造原価のみから構成される（固定製造原価を含めない）。
- 損益計算書においては，売上高から変動費，固定費を段階的に差し引くこ とで営業利益を計算する。詳しくは，表 3.1 に示されるような利益計算構 造をとる。

　表 3.1 で示される直接原価計算に基づいた利益計算の特徴について，確認し ておこう。まず，製造原価を変動費と固定費に区分し，製品原価を変動製造原 価のみで構成する。製品原価が変動製造原価のみで構成されるなら，販売され た製品の原価である売上原価も変動費のみとなる。売上高から変動売上原価を 差し引くことで計算される利益は変動製造マージンと呼ばれる。

　製造原価のみならず，販売費及び一般管理費についても，変動費と固定費に 区分する。そして，変動製造マージンから変動販売費及び一般管理費を差し引 き，限界利益を計算する。ここまでで変動費が全て差し引かれたため，あとは 固定費（固定製造原価と固定販売費及び一般管理費）を差し引くと営業利益が計 算できる。

　なお，表 3.1 の利益計算構造は一例であり，実際には変動製造マージンが計 算されない利益計算構造を採用している企業も多い。たとえば，弥生の孝太郎 らが計算した限界利益は，金額が大きいと考えられる材料費とパート・アルバ イトの給与に注目したもので，分析の費用対効果を考えて，山村が指示した簡

略化されたものとなっている。

3.2　限界利益の意義

　売上高から変動費を差し引くことで算出される**限界利益**にはどのような意義があるのだろうか？「第2講　CVP分析」でも言及したが，改めて確認しておこう。まず，限界利益が赤字の状況を想定してみよう。弥生の夜営業の限界利益は負の値となっており，正史はこの状況を「1円の売上を上げるために，変動費が1.1円もかかっている」と表していた。限界利益で赤字というのは，事業の継続性に重大な疑義を生じさせるもので，営業利益の赤字とは事態の深刻さが全く異なる。これは変動費と固定費の特性の違いからくるものである。

　変動費に分類される費目は，短期的に現金による支出が必要であるものが多い。たとえば，弥生での材料費となる食材やパート・アルバイトの給与は，すぐに現金で支払う必要がある。支払うタイミングはケース・バイ・ケースだが，アルバイトの給与の支払いが3ヶ月後なら誰も働いてくれないだろう。また，食材の仕入れも，支払いが遅れてしまえば，以降の食材は卸してくれないだろう。売上高よりも変動費が大きい限界利益が赤字の状態というのは，これらの支払い原資が十分に獲得できていないことを意味する。そのため，反復して製造・販売活動を続けるために，変動費は何よりも回収を優先すべき原価となる。また，正史のコメントにあるように，限界利益が赤字の状態は変動費率が1を超えているので（限界利益率でいえばマイナスということ），この比率が変わらないまま売上を増大させても，逆に傷口が広がっていってしまう。山村が夜営業の一時中止を提案したのも状況悪化を懸念してのことである。

　それでは，**固定費**にはどういう特性があるのだろうか。**減価償却費**で考えてみよう。設備機械や車両などの固定資産は，長期にわたり使用する前提で取得されるが，もし，これらの資産を取得時に全額費用計上すると，取得した期に多額の費用が発生し損益が大きく損なわれる。一方で，次期以降は，収益獲得のために資産を継続して使用するにもかかわらず，計上される費用がゼロとなる。減価償却とは，このような利益の歪みを解消するために，資産の取得原価を使用可能年数に分割して，その減少分を費用計上する手続きを指す。このと

き，固定資産の購入に伴う現金流出は記録されているが，これらは損益計算とは切り離されている。したがって，減価償却費は現金支出のない費用となる。もちろん，支払家賃や火災保険料などのように，固定費であっても現金支出を要するものは多くある。ただし，全体的に見たときに，日々の本業の活動を継続していく上で，回収の優先順序を考えれば，固定費よりも変動費の回収が重要視されている。だからこそ，売上高から先に変動費を差し引く利益計算構造となっている。

　また，支払家賃や火災保険料は過去の意思決定の結果であり，現段階でどうにもできない傾向が強い固定費（**第２講**の「**コラム４　回帰分析を用いた固定費の推定**」でいう**拘束固定費**）である。それに対して，変動費は現場の判断がその金額に影響を与える余地がある。たとえば，弥生であれば，値段の高騰している食材をより安い代替品や他の産地のものに切り替えたり，料理時の食品ロスが出ないように調理方法を工夫したりするなどの対応方法がありうる。このように，限界利益という評価指標は現場の努力が反映されやすく，彼らの改善努力を促すという点で有用である（弥生の場合は，孝太郎自身の努力にかかってはいるが）。

　第２講の CVP 分析の復習となるが，限界利益が黒字のときの意味を考えてみよう。限界利益が黒字であるということは，変動費の全回収に成功し，固定費の回収と営業利益の創出に余力がある状態を意味している。固定費がちょうど回収できる限界利益時の売上高が損益分岐点売上高となり，限界利益が固定費よりも大きいなら営業黒字，小さいなら営業赤字となる。比率でいえば，限界利益率が正の値であれば，売上高の限界利益率分の金額を，固定費の回収と営業利益の創出に充てることができる。

　孝太郎たちが計算した昼夜の時間帯別の営業利益を見ると，夜営業の赤字を昼営業の黒字でカバーして，全体として限界利益は黒字を保っていた。この 300,000 円という全体での限界利益が，弥生全体で発生する固定費の回収と営業利益創出の原資となる。

　こうした限界利益の存在をより明確にした損益分岐図表が描かれることもある。**図 3.1** の左図は**第２講**で示された損益分岐図表に限界利益の位置を追記したものであり，右図の損益分岐図表は限界利益がわかりやすいように修正されたものである。限界利益は営業利益と固定費の合計額であるので，左図では，限界利益（太線部分）は線が分断されて示されている。一方，右図は，原点か

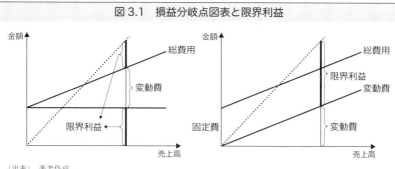

図 3.1 損益分岐点図表と限界利益

（出典） 著者作成。

ら先に変動費線を描き，その後で固定費額を上乗せして，総費用の直線を描いている（固定費額分だけ上方に変動費の直線を平行移動）。いずれの図でも，売上高に占める，変動費，固定費，営業利益，限界利益の大きさが，縦線の長さで把握できるが，右図は限界利益（太線部分）が分断されることなく見えやすい形となっている。

3.3 全部原価計算と直接原価計算の相違点

3.3.1 営業利益の不一致

　全部原価計算に基づいた利益計算構造では，売上高から売上原価を差し引いて売上総利益を計算し，そこから販売費及び一般管理費を差し引いて営業利益を計算する（第1講の表1.3を参照）。営業利益を計算するという点で，両原価計算方式は共通しているが，計算される営業利益は一致しない場合が多い。

　なぜ，営業利益が一致しないのだろうか。表3.2は，両原価計算方式の違いがわかりやすいように，利益計算（利益は斜字で示される部分）の過程を示したものである。売上高の金額は原価計算の方式に左右されないので，同じ額となる。つまり，営業利益が一致しない理由は，差し引かれる費用の違いにある。太字で示されている変動売上原価，変動販売費及び一般管理費，固定販売費及び一般管理費は，両原価計算方式で違いがない費用である。差し引く費用で異なるのは固定製造原価に関わる部分で，全部原価計算では固定売上原価（当期

表 3.2　2 つの原価計算方式と利益計算

全部原価計算	直接原価計算
I　売上高	I　売上高
II　売上原価	II　**変動売上原価**
変動売上原価	III　*変動製造マージン*
固定売上原価	IV　**変動販売費及び一般管理費**
III　*売上総利益*	V　*限界利益*
IV　販売費及び一般管理費	VI　固定費
変動販売費及び一般管理費	当期固定製造原価
固定販売費及び一般管理費	**固定販売費及び一般管理費**
V　*営業利益*	VII　*営業利益*

(出典)　著者作成。

に発生した固定製造原価の販売分）が差し引かれているのに対して，**直接原価計算**では当期に発生した固定製造原価が差し引かれている。

　この違いは，**第 1 講**で述べた，収益と費用の対応関係を示す個別対応と期間対応に起因したものである。全部原価計算では，固定費も変動費も製造に関する原価は，全て製品原価とされ，販売分は売上原価，未販売の在庫分は**棚卸資産**になる。よって，当期に発生した固定製造原価を販売分と在庫分で区別して処理する。対して，直接原価計算では，製品原価には変動製造原価のみしか含まれないので，販売分の売上原価も在庫分の棚卸資産も変動費のみから評価されている。当期に発生した固定製造原価は，個別対応されることなく，発生した期間で全額費用（期間原価と呼ばれる）として差し引かれる。このように，当期に発生した固定製造原価のうち，全部原価計算では販売分のみが費用（固定売上原価）として計上されるのに対して，直接原価計算では当期発生分全額が費用として計上される。これらの金額が一致しないかぎり，両原価計算方式のもとで計算される営業利益は一致しない。

3.3.2　営業利益の大小関係と直接原価計算の意義

　上述したように，両原価計算方式の営業利益を計算する上での違いは，固定製造原価の取り扱いにあった。つまり，当期に発生した固定製造原価のうち，どれだけを費用計上するかによって，両方式の営業利益の金額が変わってくる。直接原価計算では常に全額費用計上されるのに対して，全部原価計算では在庫が生じると，その在庫に含まれる固定製造原価の分だけ，費用が少なくなる。

表3.3　2ヶ月間の生産数量，販売数量，在庫数量

（単位：個）

	2023 年 5 月（増産前）	2023 年 6 月（増産後）
月初製品在庫	0	100
生産数量	1,500	2,500
販売数量	1,400	1,200
月末製品在庫	100	1,400

（出典）著者作成。

　費用が少なくなる分は，棚卸資産（資産）となり，その在庫が販売されて初め
て売上原価（費用）となる。

　以下の簡単な数値例を用いて確認しておこう。鎌倉ゼラチン（仮）は，カラ
ーグミの製造・販売に特化した企業である。この製品の販売単価は 800 円/個，
単位あたり製造変動費は 160 円/個，月間固定製造費は 750,000 円である。同社
では，人気インフルエンサーが積極的に同製品を紹介してくれたことに合わせ
て，増産（月間 2,500 個）に踏み切った。増産前の月間販売数量は 1,400 個，月
間生産数量は 1,500 個であった。しかしながら，思ったほどの販売数量には至
らず，販売できた量は 1,200 個と逆に減少してしまった（表3.3）。なお，消費
期限があるため，販売は在庫分から優先させている。また，販売費及び一般管
理費は 0 とする。上記の条件のもと，両原価計算方式に基づいた営業利益を計
算してみよう。

　直接原価計算を採用しているときの利益計算はシンプルでわかりやすい。単
位あたり限界利益 640 円/個（＝800 － 160）に販売数量（5 月 1,400 個，6 月 1,200
個）を掛けて計算される限界利益から固定費の 750,000 円を差し引くだけで，営
業利益が計算される（5 月 146,000 円，6 月 18,000 円）。そのため，増産前後での
違いは販売数量のみであり，この差がそのまま限界利益・営業利益の差に反映
されている。この例では，販売数量が 200 個減少したことで，限界利益・営業
利益ともに，128,000 円減少することになる（表3.4）。

　一方，全部原価計算は直接原価計算ほどシンプルではない。それは，売上原
価や棚卸資産の評価のために，全部原価による製品単位原価の計算が必要だか
らである。固定製造原価は月間の総額 750,000 円のみが示されているので，単
位あたり金額の計算には，生産数量で割る必要がある。よって，単位あたり固
定製造原価は，増産前で 500 円/個（＝750,000 ÷ 1,500），増産後で 300 円/個（＝

表3.4　直接原価計算方式に基づく利益計算

(単位：円)

	2023年5月	2023年6月
売上高	800 × 1,400 = 1,120,000	800 × 1,200 = 960,000
変動売上原価	160 × 1,400 = 224,000	160 × 1,200 = 192,000
限界利益	896,000	768,000
固定製造原価	750,000	750,000
営業利益	146,000	18,000
月初製品在庫		160 × 100 = 16,000
月末製品在庫	160 × 100 = 16,000	160 × 1,400 = 224,000

（出典）著者作成。

表3.5　全部原価計算方式に基づく利益計算

(単位：円)

	2023年5月	2023年6月
売上高	800 × 1,400 = 1,120,000	800 × 1,200 = 960,000
売上原価	660 × 1,400 = 924,000	660 × 100 = 66,000 460 × 1,100 = 506,000
営業利益	196,000	388,000
月初製品在庫		660 × 100 = 66,000
月末製品在庫	660 × 100=66,000	460 × 1,400 = 644,000

（出典）著者作成。

750,000 ÷ 2,500）となる。そして，単位あたり変動製造原価の160円/個と合計して単位あたり製品原価を計算すると，増産前で660円/個，増産後で460円/個となる。

　これらの製品単位原価を用いて，売上原価や月末製品在庫の評価を行うことになる（表3.5）。5月の売上原価は924,000円（＝660×1,400），月末の製品在庫は66,000円（＝660×100）となる。この月末製品在庫は6月の月初製品在庫となり，6月の生産分よりも優先して出荷されていくことになる。6月の販売数量は1,200個であるために，月初製品在庫の100個を差し引いた1,100個が6月生産分から出荷されることになる。ここで注意すべきことは，月初製品在庫100個の単位原価は660円/個であるが，6月生産分の製品単位原価は異なるということである。単位あたり変動製造原価の160円/個は変わらないが，上述したように，単位あたり固定製造原価は生産数量が先月と同じではないために異なってくる。結果として，6月は増産をしたので，製品単位原価は460円/個

と 5 月よりもかなり低い値となる。この原価で売上原価（1,100 個分）と月末製品在庫（1,400 個分）の評価を行うと，6 月の売上原価は 572,000 円（＝660×100＋460×1,100），月末製品在庫は 644,000 円（＝460×1,400）となる。こうして計算された売上原価を差し引けば，全部原価計算の場合の営業利益が計算される（5 月 196,000 円，6 月 388,000 円）。

　両原価計算方式のもとで計算される営業利益額とその推移を比較すると，対照的な結果となっている。総額自体は直接原価計算の方が低く，5 月から 6 月にかけての推移は，全部原価計算のもとでは 100％近い伸びを示しているのに対して，直接原価計算では逆に 90％近くも減少してしまっている。

　上記の数値例では，インフルエンサーの紹介による販売数量の大幅アップを期待して，増産したにもかかわらず，実際は販売数量が約 15％減となってしまった。この状況を踏まえると，営業利益の推移に関して，直感的に納得しやすいのは，売上高の低下に伴う営業利益の減少を報告している直接原価計算の方であろう。全部原価計算にて，売上高が減少しているにもかかわらず営業利益が増大しているのは，その減少分以上に売上原価が下がっているからである。上記の計算過程の説明で登場したように，この売上原価低下は，単位あたり固定製造原価が大幅な生産数量増大によって低下（500 円/個から 300 円/個）したためである。直接原価計算では，固定製造原価は月間の発生総額がそのまま期間原価として費用処理されるので，生産数量によって違いが生じない。つまり，直接原価計算の立場から見れば，営業利益の差異は，全部原価計算において在庫に含まれる固定製造原価が費用計上されないことによって生じているということになる。

　6 月の営業利益の差異 370,000 円（＝388,000－18,000）で確認しておこう。表3.4 の月初・月末の製品在庫は変動費のみから構成されるのに対して，表 3.5 のそれらは全部原価（変動費＋固定費）で構成されている。よって，これらの差額が固定費のみで評価したときの在庫となる。数値例でいえば，月初製品在庫が 50,000 円（＝66,000－16,000），月末製品在庫が 420,000 円（＝644,000－224,000）となる。直接原価計算では，この固定製造原価で評価された，月初在庫分は 5 月の段階ですでに費用計上され，月末在庫分は 6 月に全額費用計上されることになる。よって，全部原価計算の営業利益 388,000 円に対して，直接原価計算の営業利益は，月初在庫分 50,000 円だけ多くなり，月末在庫分 420,000 円だけ少なくなるので，18,000 円（＝388,000＋50,000－420,000）となる。

　このように，生産数量が増大し，販売が冴えずに，在庫が積み上がってしまった状況では，営業利益は直接原価計算よりも全部原価計算を採用しているときの方が多くなる。逆に，月初に在庫を抱えていて，生産数量を抑えて，それ以上の販売を実現できたような場合には，営業利益は直接原価計算の方が多くなる。

　外部報告向けに採用が求められている全部原価計算では，上記の数値例のように，ある期間に販売予測が外れて，**過剰在庫を抱えることになったとしても**，その在庫が次期以降で解消されるまでは，それに関わる損益の確定は繰り延べるべきということになるのかもしれない。しかしながら，在庫の維持には，資金が滞留するのみならず，在庫の価値毀損，保管・管理費用などが発生し，利益に対して悪影響をもたらすリスクがある。その時々の経営成績の状況に関するシグナルをできるだけ早く伝達することを損益計算（原価計算）の重要な役割の一つとして考えると，直接原価計算は早期警告システムとして意義を有していると考えられる（小林，1993）。鎌倉ゼラチンの事例で確認したように，直接原価計算では，全部原価計算にて棚卸資産の評価に算入される固定製造原価の額だけ，過剰在庫の影響が当期の損益に反映されるので，直接原価計算による営業利益は損益の悪化を示すシグナルとして，全部原価計算による場合よりも優れている。こうしたことから，利益管理といった管理会計目的には直接原価計算を常用あるいは必要時に利用し，財務会計目的には全部原価計算を利用している企業は多い（清水，2022）。

●コラム 5　固定費調整

　直接原価計算に基づいた財務諸表の作成は，全部原価の原則に反すること，固変分解に恣意性が介入する危険性があることから，外部報告用としては認められていない。ただし，原価計算制度として直接原価計算を採用している企業も少数ながらある（清水，2022）。この場合，下記に示される固定費調整と呼ばれる計算を行って，全部原価計算制度による営業利益に修正して報告することができる。

　　全部原価計算における営業利益 = 直接原価計算における営業利益
　　　　− ［期首仕掛品棚卸高（固定費）− 期末仕掛品棚卸高（固定費）
　　　　＋ 期首製品棚卸高（固定費）− 期末製品棚卸高（固定費）］

　上記の計算式からわかるように，期末の仕掛品・製品棚卸高と期首の仕掛品・製品棚卸高が等しければ，両原価計算方式による営業利益の額は一致し，期首の方が大き

ければ直接原価計算，期末の方が大きければ全部原価計算の営業利益の方が大きくなる。なお，製造途中でまだ完成していないものを指す仕掛品の原価計算上の取り扱いは，第7講と第9講にて説明する。

3.4　コスト構造と利益獲得

3.4.1　固定費型と変動費型

　前節で検討した事例では，直接原価計算を採用していると，売上高が約15%減少したときに，営業利益は90%近くも減少してしまっている。本節では，こうした売上高変動に対する営業利益の増減度や損益分岐点の位置がどのように決まってくるのか検討する。なお，この分析においては，分析期間内において固定費や変動費率は一定であると仮定している。

　縦軸に金額，横軸に売上高をとる損益分岐図表では，売上高の直線は傾き1の直線と決まっている。そのため，分析対象によって異なる固定費額と変動費（総費用）の直線の傾きによって，どのような損益分岐図表が描かれるのかが決まってくる。そして損益分岐図表により，損益分岐点売上高や売上高変動に対する利益の増減度もわかる（図3.2）。

　図3.2の左図は，同一ラインで製造される2種類の製品A（点線）と製品B（破線）の損益分岐図表を描いたものである。両製品の固定費は同額であり，違いは変動費率のみだとしよう（変動費率は製品Aの方が高い）。図中の黒丸で示

図3.2　変動費率と固定費の違いが損益分岐点に与える影響

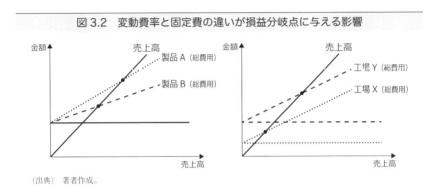

（出典）　著者作成。

される両製品の損益分岐点売上高はかなり異なっている。変動費率が高いということは，それだけ限界利益率が低いということなので，損益分岐点売上高は大きくなる。一般に，損益分岐点売上高が大きい（小さい）ことを損益分岐点の位置が高い（低い）と呼ぶ。

　また，**変動費率**が異なるということは，売上高線と総費用線の差で示される営業損益の増減の変化度も異なるということである。たとえば，変動費率が0.4と0.6のときを比べてみよう。売上高が１増えるときの利益の増大幅がより大きいのは，変動費率0.4の方である。**図3.2**でも，損益分岐点を起点に，売上高と総費用線との差がより大きくなるのは，変動費率の低い製品Bの方であることを確認できる。

　一方，**図3.2**の右図は，同一製品だが製造工場（工場Xは点線，工場Yは破線）が異なっており，固定費額が異なる場合の損益分岐図表を描いたものである。変動費率の傾きは同一であることから，固定費額がより大きな工場Yの方が損益分岐点の位置が高くなる。

　コスト構造を，変動費率と固定費額の高低の組み合わせで捉えると，４つのパターンに分類できる。ただし，固定費額と変動費率が共に高いコスト構造は利益創出能力や存続可能性が低く，固定費額と変動費率が共に低いコスト構造が理想的であるのは，上記の特徴から当然である。よって，管理上有用な指針を得るという点では，「高い固定費額と低い変動費率」と「低い固定費額と高い変動費率」の２つの**コスト構造**が注目されやすい。前者は固定費型あるいは資本集約型，後者は変動費型あるいは労働集約型と呼ばれる。

　一般的には，大規模な設備や工場を有した製造業や各種インフラ・サービスを提供する企業は固定費型と位置づけられるのに対して，そうした固定的な資本を持たず，売上高の変動に対して調整可能な労働力に依存している程度の高い企業は変動費型とされる。ただし，固定費額・変動費率の高低あるいは２つのタイプ分けはあくまで相対的に判断するものである点には注意が必要である。たとえば，鉄道事業は典型的な固定費型といえるが，鉄道各社のなかでも，どの企業がより固定費に依存した構造となっているのか検討するといったことは可能である。それでは，固定費型と変動費型を示す損益分岐図表（**図3.3**）を比較し，その特徴を確認しておこう。

　図3.3の左図（固定費型）と右図（変動費型）を比較してみると，上述してきた特徴をより明確に確認できる。黒丸で示される損益分岐点の位置は変動費型

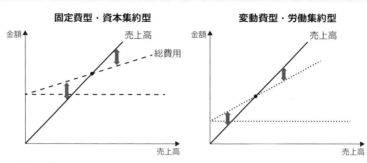

図 3.3 変動費率と固定費の違いが損益分岐点に与える影響

（出典）著者作成。

の方が低い。その一方で，売上高の増減に伴う営業利益の増減幅は固定費型の方が大きい。このことは，売上高と総費用の直線の差（双方向の矢印で示される）が売上高の増減に伴いどのように推移するのか見れば，明らかである。本節の冒頭で言及した，売上高低下に伴う営業利益の大幅な減少は，全体に占める固定費のウェイトが大きかったためといえる。

3.4.2 損益分岐点比率と安全余裕率

損益分岐図表を描けば，損益分岐点の位置は視覚的に確認できるが，その高低をより明確に示す方法はないのだろうか。こうした疑問に答えるのが，損益分岐点比率である。この指標は，たとえば，現在あるいは目標となる売上高水準が損益分岐点売上高とどの程度乖離しているのか示すものである。計算方法は，下記に示すように，損益分岐点売上高を把握したい売上高で割るだけである。

損益分岐点比率＝損益分岐点売上高÷目標（実際）売上高

数値例を使って確認しておこう。売上高が月間 1,500,000 円，限界利益率が 20％，月間固定費が 200,000 円だとしよう。固定費を限界利益率で割って求められる損益分岐点売上高は 1,000,000 円となる。この損益分岐点売上高が，実際売上高 1,500,000 円のどれだけの割合に相当するのかを計算したものが損益分岐点比率となる。この例では，2/3（＝1,000,000÷1,500,000）となる。もし，目標売上高が 2,000,000 円ならば，その損益分岐点比率は 1/2（＝1,000,000÷2,000,000）となる。つまり，損益分岐点比率は小さいほど，営業損失に対する

余力があることを示す指標となっている。

　この余裕分に直接注目した指標が**安全余裕率**であり，損益分岐点比率とはコインの表裏の関係にある。下記の計算式に示されるように，目標（実際）の売上高と損益分岐点売上高との差額が，目標（実際）売上高に占める割合を計算しているのが安全余裕率である。

$$安全余裕率＝（目標（実際）売上高－損益分岐点売上高）$$
$$÷目標（実際）売上高$$

　先の数値例でいえば，1/3（＝(1,500,000－1,000,000)÷1,500,000），1/2（＝(2,000,000－1,000,000)÷2,000,000）となる。要するに，損益分岐点売上高まで下落するには，実際売上高の1/3，目標売上高の1/2に相当する金額分だけ余裕があることを意味している。

　下記の計算式の展開から明らかではあるが，損益分岐点比率と安全余裕率を合計すると，1になる。よって，目標（実際）売上高が損益分岐点売上高に対してどの程度の水準になるのか知りたい場合には，いずれかの指標を見ればよい。

　　損益分岐点比率＋安全余裕率
　　　＝損益分岐点売上高÷目標（実際）売上高
　　　　＋（目標（実際）売上高－損益分岐点売上高）÷目標（実際）売上高
　　　＝損益分岐点売上高÷目標（実際）売上高
　　　　＋目標（実際）売上高÷目標（実際）売上高
　　　　－損益分岐点売上高÷目標（実際）売上高
　　　＝目標（実際）売上高÷目標（実際）売上高
　　　＝1

ところで，t期の売上高における損益分岐点比率を求める場合，下記の4.1式を用いればよい。この計算式から示唆されるように，固定費型のコスト構造の場合，損益分岐点比率の値が大きくなる，つまり，損益分岐点の位置が高くなることがわかる。

$$損益分岐点比率＝\frac{固定費}{1－変動費率}÷売上高_t＝\frac{固定費}{(1－変動費率)×売上高_t}$$
$$＝\frac{固定費}{限界利益_t}　\cdots　(4.1)$$

3.4.3 オペレーティング・レバレッジ

特定の売上高水準から売上高が1%変化したときの営業利益の変化の程度を計算した値は，オペレーティング・レバレッジ係数（オペレーティングは経営や営業と称されることも多い）と呼ばれる。たとえば，先月の売上高が1,000円，営業利益が200円，今月の売上高が1,200円，営業利益が400円だったとしよう。売上高が20%増加したときに，営業利益は100%増加しているので，売上高水準が1%変化したときの営業利益の変化の程度，つまりオペレーティング・レバレッジ係数（以下では，レバレッジ係数と略す）は5となる。

オペレーティング・レバレッジとは，「売上高増減が営業利益増減に与える影響が，固定費の総費用に占める割合（つまり固定費を生む資源の利用度）によって異なること」を意味している。固定費型と変動費型の特徴の違いで確認したように，固定費のウェイトが相対的に大きいと，売上高変動による営業利益の増減幅が大きくなる。この増減幅を数値で明確に示せるのが，レバレッジ係数である。改めて計算方法を示しておこう。添え字の t や $t+1$ は時間軸を表している。たとえば，t が今期とすれば，$t+1$ は来期である。また，Δ は差分を意味している。

$$\text{レバレッジ係数} = \frac{(\text{営業利益}_{t+1} - \text{営業利益}_t)}{\text{営業利益}_t} \div \frac{(\text{売上高}_{t+1} - \text{売上高}_t)}{\text{売上高}_t}$$

$$= \frac{\Delta \text{営業利益}}{\text{営業利益}_t} \div \frac{\Delta \text{売上高}}{\text{売上高}_t} = \text{営業利益の増減率} \div \text{売上高の増減率}$$

この計算式を営業利益の増減率について解けば，「営業利益の増減率＝売上高の増減率×レバレッジ係数」と展開できる。よって，レバレッジ係数がわかれば，売上高の増減が営業利益にどれだけの増減をもたらすのかを計算できる。

また，変動費率と固定費が期によって変化しないと仮定し，t 期での営業利益と $t+1$ 期での営業利益を下記のように書き換え，営業利益の差分計算に代入して整理する。

$$\text{営業利益}_t = (1 - \text{変動費率}) \times \text{売上高}_t - \text{固定費}$$

$$\text{営業利益}_{t+1} = (1 - \text{変動費率}) \times \text{売上高}_{t+1} - \text{固定費}$$

$$\text{営業利益}_{t+1} - \text{営業利益}_t = \Delta \text{営業利益} = (1 - \text{変動費率}) \times \Delta \text{売上高}$$

この営業利益の差分（Δ 営業利益）を下記のレバレッジ係数の計算式に代入すると，レバレッジ係数は限界利益を営業利益で割って計算できることがわかる。

また，分母の営業利益は限界利益から固定費を差し引いたものであるため，固定費額が増えるほど分母が小さくなり，レバレッジ係数が大きくなる。なお，下記の計算式で求めているのは t 期でのレバレッジ係数であり，$t+1$ 期の限界利益と営業利益を使って求められたレバレッジ係数は異なる値となることもあるので注意が必要である。

$$\frac{\Delta \text{営業利益}}{\text{営業利益}_t} \div \frac{\Delta \text{売上高}}{\text{売上高}_t} = \frac{(1-\text{変動費率}) \times \Delta \text{売上高}}{\text{営業利益}_t} \div \frac{\Delta \text{売上高}}{\text{売上高}_t}$$

$$= \frac{(1-\text{変動費率}) \times \text{売上高}_t}{\text{営業利益}_t} = \frac{\text{限界利益}_t}{\text{営業利益}_t} = \frac{\text{限界利益}_t}{\text{限界利益}_t - \text{固定費}}$$

一般的に大きな固定費を抱えている企業は売上高の下落に対して脆弱である。売上高が10%程度の減少にもかかわらず，営業利益が30，40%減と大幅に低下しているのは，コスト構造が影響している場合が多い。このことはレバレッジ係数を使えば確認できる。売上高が10%低下した場合の営業利益の減少率は，レバレッジ係数が４の企業と２の企業では大きく異なる。相対的に固定費型であるレバレッジ係数が４の企業では，営業利益は40%減少する。一方，相対的に変動費型であるレバレッジ係数が２の企業では，営業利益の減少は20%にとどまる。このように，売上高の変動に対して，利益変動が大きくなるという意味で，変動費型よりも固定費型の企業の方が直面しているリスクは高い。

最後に，レバレッジ係数は，前述した損益分岐点比率（安全余裕率）とも関係していることを確認しておこう。レバレッジ係数は，「限界利益÷営業利益」で計算されるので，t 期でのレバレッジ係数は下記のように示すことができる。

$$\text{レバレッジ係数} = \frac{\text{売上高}_t \times (1-\text{変動費率})}{\text{売上高}_t \times (1-\text{変動費率}) - \text{固定費}}$$

分子，分母をともに，「売上高 $_t$ ×（1－変動費率）」で割ると，下記のようになる。

$$\text{レバレッジ係数} = \frac{1}{1 - \dfrac{\text{固定費}}{\text{売上高}_t \times (1-\text{変動費率})}}$$

分母の一部である「固定費÷{売上高 $_t$ ×（1－変動費率）}」は，損益分岐点比率を計算している（4.1式を参照のこと）。こうしたことから，レバレッジ係数の計算式は，下記のようにまとめることができる。

$$\text{レバレッジ係数} = \frac{\Delta \text{営業利益}}{\text{営業利益}_t} \div \frac{\Delta \text{売上高}}{\text{売上高}_t} = \frac{\text{限界利益}_t}{\text{営業利益}_t}$$

$$= \frac{1}{1 - \text{損益分岐点比率}} = \frac{1}{\text{安全余裕率}}$$

このように，固定費のウェイトが大きい，つまり損益分岐点比率が大きい（安全余裕率が小さい）と，レバレッジ係数が相対的に大きくなる傾向にあることが，計算式から読みとれる。

●コラム6　コスト構造の選択

　企業のコスト構造は，業種の違いに依存しているが，経営者の裁量によるところも大きい。たとえば，一部の従業員を正社員から派遣社員に切り替えれば，固定費であった人件費をより変動的にできる。固定費型企業における売上変動がもたらすリスクの大きさを考えると，需要の不確実性が高い状況では，経営者は相対的に変動費型のコスト構造を選好する傾向があると考えられてきた。

　その一方で，近年では，需要の不確実性が高いほど，相対的に固定費型のコスト構造を選好する傾向があるという全く逆の考え方も提示されている。これは，需要が想定以上に上昇した場合に，**混雑コスト**（congestion cost）の発生を回避するために，事前にある程度の余裕をもった固定費型のコスト構造を採用する方が合理的であると考えられるためである。混雑コストとは，「キャパシティの稼働率が高い状態において，ある一部分で生じた小さな問題や障害が，全体に影響を及ぼすことによって発生させる大きなコストや損害」（加登・梶原，2017，p.275）のことを指す。キャパシティとは，生産設備，人材，情報システム，建物といったように営業活動を展開させるのに必要な経営能力のことで，キャパシティを用意するのに必要なコストは通常固定費となる。つまり，企業の活動水準が100％に近づくほど，発生するコストが大きくなり，活動量（売上高）がたとえ増大しても，追加的に得られる利益が減少してしまう可能性がある。たとえば，工場の操業水準が100％といった全く余裕がない状況では，少しのトラブルでも，納品の大幅な遅延につながったりするリスクがある。また，正社員なら急な需要の増加に対応できる範囲が広いが，アルバイトの場合，急な需要の増加には，賃率のより高い条件での追加雇用といったように変動費率の増加が想定される。これはアフターコロナでの飲食店業や航空会社で広く観察された事象であろう。こうした需要の不確実性によって生じうる混雑コストを回避するために，企業は固定費型のコスト構造を選好する可能性がある。

　このように，需要の不確実性に対するコスト構造の選好に関して，相反する対立的な考え方が提示されてきたが，福嶋・加藤・濱村（2022）は，相反する原因を説明できる分析結果を示した。彼らの研究では，そもそも需要変動の将来予測が確実に行え

るとは限らないので，経営者が需要予測に自信が持てないような予測可能性が低い場合には，経営者の選択が変わってくる可能性があると考えた。そして，日本企業を対象とした分析から，予測される需要の変動性が高いほど変動費型のコスト構造が採用され，需要変動の予測可能性が低いほど固定費型のコスト構造が採用される傾向にあることを明らかにした。なお，固定費型の場合，売上の少しの低迷が大幅な営業利益減につながるのだが，需要が増大した際に発生する混雑コストの大きさに比べれば，需要が減退した際に余剰なキャパシティを抱えるコストは相対的に小さいとされる（Banker, Byzalov, and Plehn-Dujowich, 2014）。

引用文献

Banker, R. D., Byzalov, D., and Plehn-Dujowich, J. M.(2014). Demand uncertainty and cost behavior. *The Accounting Review*, 89(3)：839-865.

加登豊・梶原武久（2017）『管理会計入門（第 2 版）』日経文庫。

小林哲夫（1993）『現代原価計算論：戦略的コスト・マネジメントへのアプローチ』中央経済社。

清水孝（2022）「わが国原価計算実務の現状」『早稲田商学』462：1-47.

福嶋誠宣・加藤大智・濱村純平（2022）「需要変動の予測可能性がコスト構造に与える影響」『会計プログレス』23：1-14.

● 練習問題 ●

A 社は製品 X を製造・販売している。製品 X の販売単価は 600 円/個であった（当期中は同じ単価が維持されていた）。当期の全部原価計算による損益計算書は以下の通りであった。

損益計算書	（単位：円）
売上高	2,780,000
売上原価	1,668,000
売上総利益	1,112,000
販売費及び一般管理費	667,200
営業利益	444,800

当期の固変分解の結果は以下の通りであった。

- 製造原価に含まれる固定費 238,200 円
- 販売費に含まれる固定費 92,000 円
- 一般管理費 53,000 円はすべて固定費

  （固定費以外は全て変動費であった）

　期首と期末の仕掛品と製品の在庫は存在しないものとして，以上のデータに基づいて直接原価計算による損益計算書を作成しなさい。

【解答欄】

損益計算書 （単位：円）

売上高

変動売上原価　　　　　　　　　　　　　＿＿＿＿＿＿＿＿

　変動製造マージン

変動販売費　　　　　　　　　　　　　　＿＿＿＿＿＿＿＿

　限界利益

製造固定費　　　　　　　＿＿＿＿＿＿＿＿

固定販売費及び一般管理費　＿＿＿＿＿＿＿＿　＿＿＿＿＿＿＿＿

　営業利益　　　　　　　　　　　　　　　＿＿＿＿＿＿＿＿

第4講
差額原価収益分析

ケース（4）　臨時の弁当注文は受け入れるべきか？

　日々の業務が軌道に乗ってきたところに，中華弁当の特別依頼が舞い込んできた。近所でドラマの撮影が行われるということで，とある平日に，チャーハンと餃子をメインにした中華弁当を70食分，1つ500円で納品して欲しいというものであった。孝太郎は，お気に入りのドラマだったこともあり，特に何も考えることなく，この注文を引き受けようと考えていた。そんななか，山村はこうした臨時注文の受入可否に関する意思決定のポイントを解説する。

　ひょっとしたら人気主演女優に会えるかもしれないと，孝太郎は事の顛末を山村に嬉しそうに話をしていた。

山村　「そうかそうか。でも，その弁当の依頼が儲かるのか，つまり，依頼の受入が弥生にとってベストな選択どうか，きちんと検討しないとだめだぞ。こうした臨時注文の受入可否は，しばしば遭遇する意思決定問題なんだ」

孝太郎「なにか検討時に気をつけることがあるんですか？」

山村　「最終的に決めないといけないことは，弁当の注文を引き受けるか否かだよな？」

孝太郎「もちろんです。もう引き受ける気満々ですが…」

山村　「まあ，そう結論を急ぐなよ。重要なことは，弁当の注文を引き受けた場合と断った場合で，異なる部分に注目するということなんだ」

孝太郎「注文を断る場合は，普段と何も変わらない日常ですね。でも，注文を引き受けるなら，弁当のメニューを確定させて，弁当容器を仕入れて，当日は，弁当を作って，配達してと結構忙しそうです」

山村　「作業的にはそうだな。それを原価の観点から捉えていこうか。」

孝太郎「弁当容器は余裕みて80食分ぐらい仕入れる必要があります。また，一

人前のお弁当として満足いく水準を考えると，チャーハン 240g，餃子
6 個，付け合わせの味付けザーサイ 15g ぐらいでしょうから。これらの
材料費がありますね。あとは，生産作業と配達にかかる原価です」

山村　「つくるのは孝太郎だよな？」

孝太郎「そうですね」

山村　「今回の注文を引き受けたことで，孝太郎に追加で給与が支払われるので
あれば，その分は労務費として考えないといけなくなるが，そうではな
いよな」

孝太郎「経営を引き継いでからは，俺の給与は固定給でやってます。繁盛してき
たら，増やしたいですが（笑）。それで，当日は少し早めに出てくるぐら
いですね」

山村　「夜営業をやめるかどうかを考えたときのことを覚えているか？」

孝太郎「はい。限界利益を計算して，夜営業を当面の間やめることにしました。
変動費が高かったので」

山村　「そうだな，限界利益が赤字の状態だったから，まずは事態の悪化を防ぐ
ことを最優先した」

孝太郎「限界利益で判断したということは，営業利益のことは考えていないです
よね」

山村　「営業利益のことというよりも，固定費のことを考える必要がないという
ことだ。夜営業をやめても変わらないのが固定費だからな。孝太郎の給
与が，弁当の追加注文の受入可否にかかわらず，変わらないということ
であれば，それは無関連原価ということだ」

孝太郎「無関連というのは関係がないという意味ですよね」

山村　「注文の受入と拒否，どちらかを選ぶという判断には関連がない原価なん
だ」

孝太郎「判断に関連がない，というのは，弁当の注文を引き受けても断っても，俺
の給与はかかるから，ということでしょうか？」

山村　「そうだ。他にも，弁当の注文を処理するために，新しい調理器具を購入
したりしないだろう」

孝太郎「そうですね，弁当用に味付けを工夫することはあっても，使う道具は変
わりませんし，その食材の保管スペースも冷蔵庫の余っているスペース
で足りますね」

山村　「まあ，そんなことはないとは思うが，環境保護の観点から弁当箱持ち込
みという依頼なら，弁当の使い捨て容器も無関連原価になるな。要する
に，弁当の注文を引き受ける案と断る案とで差額が出る部分に注目すれ
ばいいことになる。それじゃあ，正史とも相談しながら，早速分析して

　　　　　ごらん」
孝太郎「わかりました。出来次第，また連絡させてください」
　二日後，出来上がった弁当注文の利益見積もりをもって，孝太郎と正史は山村を訪ねた。

弁当70食注文引受案の利益

	単価（円/食）	金額（円）
売上高	500	35,000
食材・調理費	240	16,800
弁当容器	50	3,500
配達		750
利益		13,950

孝太郎「山村先輩，出来上がりました。最初の予定通り，注文を引き受けること
　　　　ができますよね」
正史　「弁当の注文を断った場合は普段と変わらないので，注文を引き受けたこ
　　　　とで違いが出る部分だけで分析を行いました」
山村　「食材・調理費と弁当容器は確かに注文を断った場合には発生しないな。
　　　　細かいことをいえば，孝太郎が弁当のメニューを確定するのにかかった
　　　　時間や食材・調理費なども，関連原価になる可能性はあったけど，今回
　　　　は受け入れの可否の意思決定前に発生しているから，無視してもいいだ
　　　　ろう。それで，『配達』の中身は何だ？」
正史　「『配達』は，配達にかかる時間にパートの賃率を掛けた金額に，配達場所
　　　　までを考えたガソリン代を加えたものです。車は孝太郎のものを使うか
　　　　ら，今回は原価としては考えないことにしました」
孝太郎「本当は俺が行きたかったんですけど，昼営業の仕込みの時間と被ってし
　　　　まうので，パートの人にその日だけ少し早めに来てもらうようにお願い
　　　　するつもりです」
山村　「なるほど，それなら問題ないけど，もし配達時間が昼営業の時間と重複
　　　　するなら，今回の分析はもう少し検討しないといけないことがあるかも
　　　　しれない」
正史　「配達行っている間，昼営業の人員が手薄になることですか？」
山村　「そうだ，パートが一定時間いなければ，昼営業で捌ける顧客数が減るか
　　　　もしれないだろう」
孝太郎「たしかにそうですね」
　山村はさらに，意思決定問題における注意点について話を続けていった。

ケースの弁当受注同様,「麺を自製するか,外部から購入するか」といった意思決定にも関連原価,無関連原価が存在する。(撮影者:町田遼太)

　われわれの日常生活でも事業活動でも,複数の案を比較して選択するという機会は非常に多くあります。経済合理的に判断するという観点からは,山村が強調していたように,差に注目することが重要です。たとえば,友人との離島への旅行で「飛行機で行くのか船で行くのか」を選択するときに,2つの選択肢間でどういった違いがあるのか考えてみましょう。また,原価の面で,関連原価と無関連原価になるものをリストアップしてみましょう。

　第4講では,複数の選択肢を比較検討し,選択するという意思決定のなかでも,臨時に舞い込んでくる反復的ではない問題において,経済合理的に決定を下すためにどういった分析が必要になるのか解説します。選択肢間で異なる差額に注目した分析なので,こうした分析は**差額原価収益分析**と呼ばれています。具体的には,Horngren の意思決定モデルを紹介したあとで,基礎概念を示しながら,分析方法を解説します。

4.1　Horngren の意思決定モデル

　意思決定とは，複数の選択肢から 1 つを選択する作業である。たとえば，弥生の弁当注文のケースは，注文を「引き受ける」か「断る」かのいずれかを選択するので，典型的な意思決定となる。同様に，「1,000 円の弁当を 30 食受注」と「750 円の弁当を 60 食受注」のどちらかを選択する場合も意思決定となる。

　組織の管理者が意思決定を行う際には，意識的にせよ，無意識的にせよ，何らかの**意思決定モデル**に従っているという（Datar and Rajan, 2020）。意思決定モデルとは選択を行うための定型的な方法であり，表 4.1 の 5 つのステップとして整理されている。このステップでは，問題を特定してから，その問題を解決するための情報を収集し，将来を予測する。そして採用する選択肢を決定し実行するという意思決定の一連のプロセスが示されている。表 4.1 では，弥生のケースにて該当する部分も示してあるので，各ステップの概要と合わせて，イメージを膨らませてほしい。

　上記の意思決定モデルのなかで実施される分析は，定量・定性の双方を含む。定量分析は，収益，原価，利益に代表されるように，数値化された情報を対象とした分析である。対して，定性分析というのは，店の評判や組織のミッショ

表 4.1　管理者の意思決定モデル

ステップ	概　要	弥生の具体例
特　定	問題と不確定要素の特定	中華弁当の注文を引き受けるか，断るかを選択する。ケースのなかで記載されていないが，重要な不確実性としては，提供した商品に対する顧客の満足度によって，店の評判が大きく左右される可能性などがある。
収　集	情報の収集	弁当容器の購入代金や弁当の製造原価などの情報を収集する。
予　測	将来の予測	弁当注文を引き受けた際の予測利益を算出する。関連する収益と関連する原価，さらにそれらの差額の利益を計算している。
決　定	選択肢の評価と決定	弁当注文を引き受けると 13,950 円の利益が生じるため，引き受ける案の方が有利であるので，受注することを決定する。
実　行	意思決定の実行，業績評価，学習	弁当の生産と配達を行ったら，業務面・金銭面双方で，当初の計画通りに生産・配達ができたのか評価する必要がある。もし，見積もりと違う部分が出ていたならば，次回は同様の問題が生じないように対策が必要である。また，こうした弁当注文が新たな利益獲得の機会として有用であることが判明したのであれば，ある程度の数がまとまって見込める弁当の営業を始めるなど新たな展開につなげていくこともできる。

（出典）　Datar and Rajan（2020, p.481）をもとに著者作成。

ンとの整合性など，定量化が困難な情報に関連した分析のことを指す。本講で解説する**差額原価収益分析**は前者の定量分析に該当するが，最終的な決定に際しては，定性分析の検討も加味されることが一般的である。たとえば，環境保護や人権問題といった側面で，組織のミッションに沿っていなければ，多大な利益をもたらす投資案であっても採択されないだろう。逆に，定量的な推定が明確ではなかったとしても，中長期的に組織の評判や従業員のモチベーションを高めると判断して，投資が実行される場合もある。

　このように定性分析の内容は無視できないものであるが，定量分析で検討される「選択される案が経済的に合理的であるのかどうか」という点も同様に重要である。利益は経済的な価値を測定する代表的な方法であり，営利企業にとって，利益の追求は重要な関心事である。また，たとえ非営利組織であっても赤字が許容されるわけではなく，採算のとれる事業運営が求められる。「**4.2 特殊原価概念**」以降では，代表的な定量分析である差額原価収益分析の基礎概念と分析方法について，具体例を交えながら解説する。

4.2 特殊原価概念

　会計制度のもと提供される原価情報は，過去の貨幣支出を捉えたものであり，過去の経営成績や財政状態を報告するには有用な概念である。しかしながら，意思決定は未来志向なので，財務諸表作成向けの原価情報のみでは不十分である。特定の意思決定に必要な資料は，経常的な原価計算制度から得ることは難しいために，臨時的に**特殊原価調査**が行われる。こうした特殊原価調査において使用される原価は特殊原価概念と呼ばれる。以下では，これらについて説明する。

4.2.1　関連原価・関連収益

　関連原価（relevant cost）および**関連収益**（relevant revenue）とは，選択肢間で異なる結果が生じる予想将来原価と予想将来収益である。詳細の予想される収益と原価の全てが関連収益や関連原価になるわけではない。分析の際には，「選択肢で想定される行動（措置）がどのような差異を生じさせるのか」を常に念

表4.2　2つの選択肢に関する全ての情報

（単位：円）

	選択肢1：外注を実施しない	選択肢2：外注を実施する
売上高	8,500,000	8,500,000
原価：		
直接材料費	1,650,000	1,650,000
直接労務費	970,000	680,000
製造間接費	1,150,000	1,150,000
マーケティング費	2,700,000	2,700,000
外注のための追加費用		135,000
総原価	6,470,000	6,315,000
営業利益	2,030,000	2,185,000

（出典）　著者作成。

頭に置くとよい。このように，「将来の原価であること」と「選択肢間で発生額が異なること」という2つの条件が，関連原価・関連収益の分類にとって重要である。一方，選択肢によって影響を受けない将来の原価と収益は，それぞれ**無関連原価**，**無関連収益**と呼ばれる。なお，関連原価・関連収益は，選択肢間の違いに注目していることから，それぞれ**差額原価**（differential cost），**差額収益**（differential revenue）と呼ばれることもある。

　差額原価収益分析では，いずれの選択肢が経済合理性の観点で望ましいのか選択するために，選択肢間で異なる関連原価・関連収益のみに注目する。検討する意思決定問題の種類によって，関連原価のみの比較の場合もあれば，関連収益も含めた比較が行われる場合もある。後者の場合，収益と原価の差額から利益の大小関係に注目することになる。なお，差額原価，差額収益という表現を用いるときには，選択肢間で異なる将来の利益のことを差額利益と呼ぶ。以下では，簡単な数値例を用いて，関連原価・関連収益に基づく分析方法を確認しておこう。

　藤鎌コンサルティング（仮）は，今期で終了予定の特別プロジェクト業務の一部外注を検討している。この外注を実施すると直接労務費は削減されるが，外注のための追加費用がかかる。**表4.2**には，外注をしない場合（選択肢1）とする場合（選択肢2）の両方について，発生する売上高・原価・営業利益が全て記されている。

　表4.2の営業利益の比較からは，選択肢1よりも選択肢2の方が望ましいことがわかる。ただし，両案で数値が異なるのは，「直接労務費」，「外注のための

表4.3　外注に関する情報

（単位：円）

	選択肢1：外注を実施しない	選択肢2：外注を実施する
直接労務費	970,000	680,000
外注のための追加費用	–	135,000
合　計	970,000	815,000

（出典）　著者作成。

追加費用」の2種類の原価と，これらの原価の差異に起因する「営業利益」の
みである。したがって，「直接労務費」と「外注のための追加費用」が関連原価
であり，それ以外の原価項目と売上高は無関連原価・無関連収益である。よっ
て，表4.3に示されるように，関連部分のみを抽出し，比較を行えばよい。な
お，表4.2のように，全ての情報を提示する方法を総額法，表4.3のように，選
択肢間で異なる部分のみを提示する方法を差額法という。差額法では，各選択
肢で発生する原価のみが抽出されているので，より原価の低い，すなわち営業
利益の減少額が少ない選択肢を選択すればよい。

　差額法による表示には，必要な情報のみ抽出し整理することに伴う様々な手
間の節約というメリットがある。選択肢の比較を行うには，前準備として各案
のデータを収集し，それを整理する必要がある。必要なデータが多いほど，こ
の行動には手間が発生する。また，整理された情報を比較する段階においても，
不必要な情報が多く記載されていると，必要な情報のみを精査し比較するとい
う手間が発生する。同じ結論に至るのであれば，少ないデータを利用した方が
これらの手間を節約できる。また，意思決定に際して管理者が情報を収集する
必要がある項目を絞りこむ上では，表4.3の表現は有効だろう。とはいえ，管
理者が意思決定に至る過程を説明する場合には，無関連情報についても記載が
必要な場合もあるかもしれない。その際は，無関連情報を加味しないように注
意が必要である。

　表4.2と表4.3を比較すると，全ての情報を使用しても関連情報のみを利用
しても，選択肢の経済的な評価は同じ結論に到達している。しかしながら，こ
れは無関連原価・無関連収益を意思決定の際に考慮に入れてよいということを
意味しない点には注意が必要である。以下の数値例を用いて，無関連原価を考
慮することによる失敗を確認しておこう。

　西島ホース工業（仮）は，製品Xという配管ホースを製造・販売しているメ

ーカーである。今，新規顧客より製品 X の臨時注文（注文価格 140 円/本，注文
数量 100 本）の打診を受けた。以下の各種データに基づいて，この注文を引き
受けるべきか断るべきか考えてみよう。

- 製品 X の通常の販売単価は 200 円/本であり，月間 500 本の製造・販売を
  予定している。
- 製品 X を追加で 100 本生産しても，生産能力に余裕があるために，設備や
  人員などの追加は必要ない。また，注文を引受けることで，追加の販管費
  も発生しないとする。
- 製品 X の製造原価は，単位あたり変動費 100 円/本と月間固定費 30,000 円
  である。

　注文を引き受ける場合には，100 本増産する必要があるので，このときの総
製造原価は 90,000 円（＝ 100 ×（500 ＋ 100）＋ 30,000），単位あたり製造原価は 150
円/本（＝ 90,000 ÷ 600）となる。この金額と注文価格の 140 円/本を比較して，赤
字になるからこの追加注文を断るという決定は経済合理性の観点からは間違っ
ている。それは，この意思決定問題にとって無関連原価である固定製造原価を
加味して意思決定を行っているからである。

　この臨時の注文を引き受ける案と断る案で異なる関連収益・関連原価は，「臨
時注文による売上高」と「追加生産に伴う変動製造原価（変動売上原価）の増
額」である。固定製造原価や販管費は，臨時注文の受け入れ可否にかかわらず，
その将来の発生額は変わらない。総額法で，臨時注文を引き受ける案と断る案
の比較をしたのが，**表 4.4** である。**第 3 講**で解説したように，全部原価計算に
基づいた製品原価で売上原価を評価してしまうと，意思決定問題に無関連な原
価である固定費を考慮してしまい，固定費と営業利益の創出に貢献できる臨時
注文の機会を失ってしまう。たしかに，全部原価の水準では，10 円/本の赤字
（＝ 140 － 150）となるが，単位あたり限界利益は 40 円/本（＝ 140 － 100）と黒字
であり，1 本製造・販売するたびに，40 円の追加回収が可能となる。100 本の
追加製造・販売であるので，総額 4,000 円の差額利益を得ることができるので，
この臨時注文を受け入れた方が望ましいと判断できる。

表 4.4　引き受け案と断る案の比較

（単位：円）

	引き受け案	断る案	両案の差額
売上高	100,000（=200×500） 14,000（=140×100）	100,000 （=200×500）	差額収益 14,000 （=140×100）
変動売上原価	60,000 （=100×(500+100)）	50,000 （=100×500）	差額原価 10,000 （=100×100）
限界利益	54,000	50,000	差額利益 4,000
固定製造原価	30,000	30,000	0
営業利益	24,000	20,000	4,000

（出典）　著者作成。

4.2.2　埋没原価

　上記の西島ホース工業における固定製造原価は，製品 X の予想需要量に基づいて必要な生産能力を揃えた結果，生じている原価である。このように，原価の発生原因が既に存在しており，どの選択肢を採択しても回避し得ない原価のことを，**埋没原価**（sunk cost：サンクコスト）という。こうした特徴から，埋没原価は選択肢の評価に際して無関連原価となるので，意思決定の際に考慮に入れてはならない原価である。たとえば，あるプロジェクトに既に投下された原価は，埋没原価であるために無関連原価となる。それにもかかわらず，「こんなにもたくさんの金額を投資したので，プロジェクトをやめられない」という考えは，埋没原価の罠に陥っており，関連原価の考え方を理解していない典型的なものだろう。

●コラム 7　サンクコスト・エフェクト

　合理的な意思決定基準によれば，「意思決定問題を検討する際に埋没原価は考慮してはならない」となる。しかしながら，人はついつい埋没原価を計算に入れてしまう（Arkes and Blumer, 1985）。過去に資源投入が行われている場合，失敗しそうなプロジェクトでも，その過去の資源投入への惜しみから，追加の資源投入を行ってしまうことがある。こうした現象は，サンクコスト・エフェクトと呼ばれている。また，超音速旅客機コンコルドの失敗事例から，**コンコルドの誤り**（コンコルド効果）と呼ばれることもある。なお，組織行動論の領域では，コミットメントのエスカレーションと呼ばれることが多い。

　サンクコスト・エフェクトの発生は，「先行する決定による結果が何らかの損失をもたらしていること」，「一度で決める必要はなく，何度も決定する機会があること」，「中

止や撤退は継続による事態好転を図る機会の放棄を意味するので，必ずしも自明の解決といえないこと」，といった意思決定を取り巻く状況に関連している（Staw and Ross, 1987）。こうした状況は，差額原価収益分析においても十分に気をつけておくべき点であろう。というのは，差額原価収益分析において検討される問題では，現状で問題を抱えている製品や事業の改善案の検討に代表されるように，これらの特性に合致するものが多いからである。

4.2.3　機会原価

　高級弁当の製造・販売を行う湘北弁当商店（仮）では，昨年度はおおよそ2万食の販売があり，今年度も同程度の販売を予定している。湘北弁当商店の昨年度のコスト構造は，食材費（変動費）2,400万円，アルバイトの人件費（変動費）1,200万円，固定費2,000万円となっている。そんな湘北弁当商店に日本クックデリ（仮）から1万食，湘北弁当商店の弁当と同内容のものを2,000円/食で供給したいという依頼があった。実際に提供予定の弁当のサンプルチェックと日本クックデリの工場視察を実施し，品質低下などの問題が生じる可能性は極めて低いと判断した。最後に，差額原価収益分析の結果に基づいて，自製するか外注するかの最終判断をすることにした。

　この意思決定問題において関連原価となるのは，表4.5に示されるように，変動製造原価と購入価額（購入代価および付随費用の合計）である。なお，自製した場合，1万食分のみの原価が意思決定に関連するので，金額は昨年度の半額になっている点に注意されたい。1食あたり原価を比較すると，外注案の方が高くなるため，自製し続けた方がよいことが明確になった。

　上述したように，固定費は，過去の意思決定によって，その発生額が既に決まってしまっている埋没原価であるので，今回の意思決定問題にとって無関連原価となる。もし，この固定費2,000万円を加味して，「自製すると1食あたり

表4.5　2つの選択肢の関連原価

	自製案	外注案
日本クックデリからの購入価額		2,000万円
食材費	1,200万円	
人件費	600万円	
1食あたり原価	1,800円/食	2,000円/食

（出典）　著者作成。

表4.6　2つの選択肢の関連収益・関連原価

	自製案	外注案
日本クックデリからの購入価額		△ 2,000 万円
食材費	△ 1,200 万円	
人件費	△ 600 万円	
チルド商品関連変動費		△ 4,100 万円
チルド商品売上高		4,500 万円
合　計	△ 1,800 万円	△ 1,600 万円

（出典）　著者作成。

2,800 円（＝ $(2,400$ 万 ＋ $1,200$ 万 ＋ $2,000$ 万）÷ 2 万）かかる弁当が，2,000 円で購入できるのだから有利である」と判断してしまうのは間違いであることは前述した通りである。

　ところで実際にこうした申し出があった際に，外注することで余った生産能力を他の用途に転用可能な場合も多いだろう。このような場合は，生産能力の転用も差額原価収益分析に含めて，受け入れ可能性を検討する必要がある。

　たとえば，1万食の外注時に生じる余剰能力を，高級スーパー向けのチルド食品の製造・販売に転用できるとしよう。売上高が 4,500 万円，変動費が 4,100 万円だったとしよう。この情報を加味して差額原価収益分析を整理すると，**表4.6** のようになる。**表4.5** は全て原価であったが，**表4.6** は関連収益を含むので，関連原価はマイナス表示としている。外注時はチルド食品の製造・販売によって，400 万円（＝ $4,500-4,100$）の利益を獲得することができる。合計欄に示されている通り，その利益分で，自製案よりも高い弁当の購入価額をカバーでき，トータルでは外注案の方が有利となっている。

　表4.6 は，チルド食品の製造・販売の原価と収益を外注案の関連原価・関連収益とみなしている。このチルド食品の製造・販売によって得られる利益 400 万円は，自製案を採択し，外注案を断念することで，失われるであろう利益である。意思決定問題において，ある選択肢を採択するということは，他の選択肢を断念することを意味する。断念された選択肢を採用していたら得られたであろう利益は，**機会原価**（opportunity cost：機会費用と訳されることもある）と呼ばれ，特殊原価調査に欠かせない概念として位置づけられている。名称には原価や費用を含んでいるが，経済学上の概念であるので，会計でいう原価・費用とは異なる。利益なのに原価と呼んでいるのは，上記の例では，自製案にとっ

表4.7　2つの選択肢の関連収益・関連原価（機会原価による比較）

	自製案	外注案
日本クックデリからの購入価額		2,000万円
食材費	1,200万円	
人件費	600万円	
機会原価	400万円	
合　計	2,200万円	2,000万円

（出典）　著者作成。

ては，外注案を断念することで生じる原価として捉えているからである。機会原価を用いて分析表を作成すると，表4.7のようになる。表4.6と異なり，今度は全て原価となるので，マイナス表示を外している。合計欄に示される通り，外注案の方が総原価は安く，表4.7と同様の結論に至る。

機会原価はときに結論をひっくり返すほど大きな影響があるので，選択肢に機会原価がないのかどうか，慎重に検討する必要がある。そもそも，自製と購入を選択するような意思決定問題では，どのような機会原価を生み出しうるのかという考察のあり方も重要である。なぜなら，実際の意思決定問題は，計算問題を解くように，事前に選択肢が与えられるのではなく，選択肢の作成も含んでいるからである。

機会原価に関連の深い概念として，付加原価（imputed cost）がある。この原価は，現金の支出を伴わず，会計上は費用とみなされないが，意思決定問題に際して，勘案しなければ，その分だけ不当に有利に選択肢を評価してしまうものを指す。たとえば，経営者が無給で働く，彼らの自己所有の土地や車両を無償で提供する，経営者の個人資産を運転資金に充てる（貸し出す）といったことがある場合には，選択肢の評価が歪んでしまうリスクがある。弥生のケースでは，今回の弁当注文をこなすために，孝太郎は通常勤務時間外の労働を行っているし，彼の自家用車を配達に使用している。もし，調理人を雇用し，配送車を所有しているラーメン屋であれば，これらの原価は関連原価として勘案されることになるだろう。そのため，これらの原価を勘案しないということは，それだけ有利な評価を得やすいことになってしまう。

他には，商売のために建物を賃貸する代わりに，自宅の一部を使って事業を営むことにした場合，本来であれば支払うはずの賃料が付加原価となる。もちろん，実際の現金取引は発生していないが，この賃料は，自宅一部利用案を採

択する，つまり建物を賃貸する案を断念することで，得られるはずの利益，すなわち機会原価として捉えることができるので，本来であれば，この原価は意思決定に際して勘案すべきものとなる。

　このように，付加原価は，会計的には直接は目に見えない隠れた原価ではあるが，意思決定に際して，機会原価として取り扱うべき原価である。ただし，現実問題として，付加原価を加味して受注の可否を判断していては，そもそも受注できないという激しい競争環境に置かれている場合もあるので，付加原価を実際に勘案できていない事例もある。

4.3　最適セールス・ミックス

　複数の製品の販売数量の組み合わせをセールス・ミックス（sales mix）といい，特に，営業利益を最大にする組み合わせは最適セールス・ミックスと呼ばれている。ここでは，短期的な最適セールス・ミックスの決定方法について，数値例を通じて検討してみよう。「短期的」であるとは，生産能力が変更できない期間のことである。たとえば，需要が供給能力よりも大きければ，多くの企業は設備投資などを行い，供給能力を上昇させるだろう。だが，設備投資などには時間がかかるため，ここではそのような供給能力の変化が生じない範囲での議論となる。なお，設備投資に関しては，第14講にて取り扱う。

　日本フリーズ（仮）では，AI機能付きの冷蔵庫とAI機能無しの冷蔵庫を，1つの工場で製造販売している。この工場では，80台の機械を昼夜交代制で10時間稼働している。また，2種類の冷蔵庫はどちらも需要旺盛で，製造したものは販売可能な状況である。このとき，どちらの冷蔵庫を優先的に製造・販売したらよいかを考える。表4.8は，両モデルの関連原価・関連収益に関するデータを示している。

　販売価格と変動費のデータから，AI機能付きの方が限界利益（限界利益率）は高いことがわかる。1台あたりではAI機能付きの方が儲かるため，こちらを優先的に製造するのがよさそうである。しかし，両者では製造に必要な機械の稼働時間が異なっている。表4.9には，両モデルの製造に必要な機械の稼働時間，機械時間あたり限界利益が示されている。AI機能無しは1台製造するのに

表 4.8　2 種類の冷蔵庫の関連原価・関連収益

	AI 機能無し	AI 機能付き
販売価格	100,000 円/台	125,000 円/台
単位あたり変動費	70,000 円/台	75,000 円/台
単位あたり限界利益	30,000 円/台	50,000 円/台
限界利益率	30,000 ÷ 100,000 = 30%	50,000 ÷ 125,000 = 40%

（出典）　著者作成。

表 4.9　稀少資源あたり限界利益

	AI 機能無し	AI 機能付き
1 台の生産に必要な機械時間	4 機械時間	8 機械時間
機械時間あたり限界利益	30,000 ÷ 4=7,500 円/機械時間	50,000 ÷ 8=6,250 円/機械時間
800 機械時間の総限界利益	7,500 × 800=6,000,000 円	6,250 × 800=5,000,000 円

（出典）　著者作成。

4 機械時間を消費するのに対して，AI 機能付きは 8 機械時間を消費する。工場の稼働時間は 1 日あたり 800 機械時間が上限なので，AI 機能無しは 1 日に 200 台製造できるのに対して，AI 機能付きは 100 台しか製造できない。そのため，機械時間あたり限界利益で両者を比較する必要がある。その結果，1 台あたり限界利益は AI 機能付きが高くても，機械時間あたり限界利益でみれば，AI 機能無しの方が固定費回収と営業利益創出への貢献が高い。したがって，AI 機能無しを製造する方がよいという結論になる。

　機械運転時間のように使用量に一定の限界がある資源のことを稀少資源と呼ぶ。複数製品の製造や販売に共通して関連した資源が稀少である場合には，1 単位あたり限界利益ではなく，その稀少資源 1 単位あたり限界利益で製造・販売の優先順位を決めることになる。

引用文献

Arkes, H. R., and Blumer, C.（1985）. The psychology of sunk cost. *Organizational Behavior and Human Decision Processes*, 35(1)：124-140.

Datar, S. M., and Rajan, M. V.（2020）. *Horngren's cost accounting: A managerial emphasis*（17th global edition）. Pearson Education.

Staw, B. M., and Ross, J.（1987）. Behavior in escalation situations: Antecedents, prototypes, and solutions. *Research in Organizational Behavior*, 9：39-78.

● 練習問題 ●

　A社では，これまで部品Xを3,000個自製していたが，部品Xの製造をB社に外注する案が浮上している。A社では，部品Xの製造に1個あたり，変動費が1,200円，固定費が8,000円かかっている。一方，B社に部品Xの外注を依頼する場合，A社は1個あたり1,900円で部品Xを買い入れることができる。また，部品Xを外注に切り替えると，販売価格2,000円，1個あたり変動費1,100円の部品Yを2,600個増産できるとする。このときの差額利益と，自製すべきか外注すべきかを解答しなさい。

【解答欄】

　　差額利益は＿＿＿＿＿＿＿＿円である。

　　 自製 ・ 外注 すべきである。

第**5**講

棚卸しと在庫管理

　固変分解のために各種情報を集めている最中，正史は，材料，特に未使用の生の鶏ガラ（スープの出汁をとるための材料）が多いことに気づいた。使いきれなかった鶏ガラは冷凍保存されていたが，鶏ガラの仕入れに関して何か手立てはないかと，孝太郎と正史は検討を行っていた。在庫関連の原価を考慮した打開策が模索される。

　2021年1月某日の営業終了後，スープの仕込み作業をする孝太郎。ため息混じりに呟いた。

孝太郎「やっぱり冷凍のガラだと，どうしても臭みが出てしまう。なんとかしないと」

正史　「孝太郎，お疲れ。遅くまで大変だね」

　経理処理のために店に来ていた正史が，缶コーヒーを片手に厨房にやってきた。

孝太郎「ありがとう。生のガラでとったスープになんとか近づけたくてさ」

　先代のこだわりでスープには生の鶏ガラを使ってきたが，コロナ禍の影響で客入りが読めないため，仕入れた分を使いきれず，残った鶏ガラを一度冷凍して保存していた。

正史　「生の鶏ガラが冷蔵庫に多く入っているなと思っていたんだ。冷凍したものは，まだ使えるから，廃棄するわけにもいかないよな」

孝太郎「だから，冷凍でも生と同じ水準の味になるかいろいろ試しているんだ」

正史　「必要な分だけ発注するのは難しいのか？」

孝太郎「今までは注文したら翌日には持ってきてくれたんだけどな。コロナ禍で，肉屋にも毎日生ガラが入ってくるわけじゃないみたいで」

正史　「あちこちにコロナの影響が出ているのか」

孝太郎「まとめて注文してくれれば安くできると，肉屋に言われたから，先月か

ら少し多めに頼んでいるんだ」

正史　「具体的には？」

孝太郎「1 週間分をまとめて発注してみた。年末年始だから，いつもより売上が増えるかなと考えたんだけど，コロナが酷くなってしまって，結局あまり伸びなかったよ。生ガラの状態で使えるのは届いてからせいぜい 4 日が限度だから，使いきれなかった分は冷凍保存してあるよ」

正史　「その冷凍もので，試行錯誤してたわけか」

孝太郎「さすがに味のチェックもせずに，冷凍は使えないよ。毎日，通ってくれているお客さんだったら，すぐ気づくと思うし」

正史　「ラーメンの品質に関わることだから，孝太郎も妥協したくないだろうし，何かできることはないか検討してみよう」

　夜営業の話で揉めて以来，店の話題になるとお互いに核心には触れないようにしていたが，今回は孝太郎の希望を叶える方向での改善の可能性があったので，正史は積極的に孝太郎と意見交換することにした。

正史　「まずは話を整理しよう。現段階だと，冷凍の鶏ガラを使ったラーメンの提供は NG。だから，生の鶏ガラを使う。でも，必要分だけで発注していると，量が少ないから仕入れの原価が高くなるし，在庫切れのリスクもあるということか」

孝太郎「でも，まとめての発注は，結局使いきれなくなって，一部を冷凍保存してしまっているんだ。それで，冷凍もので味が同水準のラーメンができるなら，大量仕入もありかなと思って，スープの工夫をしていたところ」

正史　「でも，大量仕入は保管する原価が発生するんじゃないか」

孝太郎「それだけ冷蔵庫のスペースを使うから，少量しか発注しないときと比べたら原価はかかってるだろうな。でも，少量発注のときは，配送回数が増えるから，その分の原価はかかってくると思う」

正史　「そうだな，発注を繰り返すということは，その分だけ，先方との連絡，書類の作成・整理などの事務作業も増えるな」

孝太郎「考え出すと，いろいろ出てくるな」

正史　「そういえば，この手の話って，大学生のとき，原価計算の授業で習った気がする。法学部卒なんだけど，商学部が提供している科目を履修したんだった」

孝太郎「それって，どういった内容なの？」

正史　「たしか，どのくらいの量を一度に発注すればいいのかは，在庫の原価との関連で考えるモデルがあったんだ。それで，在庫の原価というのは，発注費と保管費に分けられていて，その合計額の総在庫費用を最小にする発注量は公式を使えば簡単に求められるというものだった。たしかテキ

　　　　　　ストが家にあったはずだから，分析方法を復習しておくよ」

孝太郎「ありがとう。正史と山村先輩には本当に助けられているよ。おかげでう
　　　ちの店も最近レベルアップしてきた気がするよ」

　まだまだ日々の仕事に一杯一杯になってしまう孝太郎だが，山村と正史の手助
けもあり，弥生の経営課題に関して，データに基づいた解決アプローチを模索で
きるようになってきたのであった。

大型業務用冷蔵庫・冷凍庫には，鶏ガラなど
のその日のスープの製造に使わない具材だけ
でなく，大量に仕込まれている餃子やひき肉
が保存されている。
（撮影者：町田遼太）

段ボールに入った大容量の調味料や具材の缶詰などが厨
房外の専用の棚に収納されている。スペースに限りがあ
る場合，どのように発注量を決めればよいだろうか？
（撮影者：町田遼太）

　孝太郎と正史は，鶏ガラの発注に関連した原価を発注費と保管費に分けて
考えています。1回あたり発注量の変動に対して，発注費・保管費がそれぞ
れ，どのように変動するのか考えてみましょう。また，これらの原価の合計
額が最小になるのはどんなときか，2つの原価のコスト・ビヘイビアを図示
して考えてみましょう。

　第３講の直接原価計算では，在庫の存在が損益計算に与える影響の重大さ

について学びました。そこでは主に，在庫のなかでも完成した製品や未完成の仕掛品に注目していました。一方，第5講では材料に注目します。弥生での鶏ガラのように，日常的に購入・消費する材料は，原価計算の手続きでは，単価と数量の把握が求められます。本講では，まず，この材料の受入と払出の記録方法について学びます。そして，次に在庫管理という観点から，総在庫費用を最小にする1回あたり発注量を計算するモデルについて解説します。最後に，在庫に関連した不正会計の実際の事例や近年の在庫水準を巡る動向について紹介します。

5.1　材料単価の計算方法

　原価計算の手続きにおいて，材料単価の計算は欠かせない。たとえば，表5.1で示されるように鶏ガラを購入・消費しているとしよう。5月1日に鶏ガラ40kgを180円/kgで購入した。5月5日には，185円/kgで20kg購入した。2日に1回，スープの仕込みをするために10kgの鶏ガラを消費したとする。曜日によっては仕込みが多くなるので，5月7日は消費数量が5kg多くなっている。

　この場合，消費されたり在庫として残ったりしている鶏ガラの単価をどのように考えたらよいのだろうか。5月1日や5月3日は，180円/kgで計算すればよいだろうが，5月5日の消費数量や在庫数量の計算に際しては180円/kgと185円/kgが混在しているため，計算方法に工夫が必要となる。もし，工場などでERP（enterprise resource planning）のような情報システムが導入されており，材料の消費状況を完全に追跡できる場合には，個別の購入単価を用いて消

表5.1　鶏ガラの購入，在庫，消費の例

日　付	購入単価×購入数量	消費数量	在庫数量
5月1日	180円/kg × 40kg	10kg	30kg
5月3日		10kg	20kg
5月5日	185円/kg × 20kg	10kg	30kg
5月7日		15kg	15kg

（出典）　著者作成。

費単価や在庫単価を計算すればよい。ただ，現実的には今日消費した材料がどの材料なのかを把握できない場合もある。また，消費する材料を恣意的に選択することで，当月の原価を不当に上下させることもできるため，たとえ個別に材料の単価を計算可能であったとしても，次に述べる計算方法が推奨されている（清水，2018）。

　材料単価の計算には，通常，**先入先出法**（さきいれさきだしほう）と**移動平均法**という２つの計算方法のいずれかが選択される。先入先出法では，「先に購入された材料から先に消費される」という仮定を置いて単価の計算を行う。対して移動平均法は，「購入された材料は，購入の時間的な後先に関係なく平均的に消費される」という仮定を置いて単価の計算を行う。なお，実際の消費の順序と計算上の仮定の関係は，一致していなくても構わない。先入先出や移動平均というのは，あくまで，現実的な正確さで単価を計算する上での仮定である。そのため，鶏ガラは，賞味期限という性質上，明らかに先入先出で消費されるが，先入先出法と移動平均法で計算結果に大きな差異がないと判断されれば，移動平均法を適用する場合もある。それでは，数値例を用いて，それぞれの計算方法を確認しておこう。

　購入した材料を倉庫や冷蔵庫などに保管することを受入，倉庫や冷蔵庫などから消費のために取り出すことを払出と呼ぶ。そして，受入・払出・残高のそれぞれの量と単価は，**材料元帳**という帳簿で記録される。先入先出法を採用した場合の材料元帳を例示しているのが**表5.2**である。5月1日の仕入や消費のように，受け入れた材料単価と払い出された材料単価が同じ場合は，単に数量が増減するだけである。残高欄の単価は180円/kgのまま，数量が40kgから30kgに減少している。一方，5月5日の残高欄や5月7日の払出欄が，2行にわたって記帳されている。つまり，同じ種類であっても購入単価が異なる材料が混在している場合には，行を分けて古いものを上に記帳することで，「先に購入した材料から先に消費する」という先入先出法により材料単価が計算されていることがわかる。たとえば，5月5日に仕入れた単価185円の20kgは，残高欄では1行下に記載されている。そして，同日の消費では，先に購入されている単価180円の材料から10kg払い出され，残高欄では1行上の単価180円の材料の残高が10kg減少している。

　移動平均法による材料元帳は，**表5.3**に示される通りである。平均をとるので，受入単価が変わらない限り，特に計算する必要はなく，そのまま記帳されていく。注目すべきは5月5日の仕入以降の記帳方法となる。5月5日の仕入

表5.2 鶏ガラの材料元帳（先入先出法）

月日	摘要	受入			払出			残高		
		数量	単価	金額	数量	単価	金額	数量	単価	金額
5月1日	前月繰越							0kg	-	0円
5月1日	仕入	40kg	180円/kg	7,200円				40kg	180円/kg	7,200円
5月1日	消費				10kg	180円/kg	1,800円	30kg	180円/kg	5,400円
5月3日	消費				10kg	180円/kg	1,800円	20kg	180円/kg	3,600円
5月5日	仕入	20kg	185円/kg	3,700円				20kg 20kg	180円/kg 185円/kg	3,600円 3,700円
5月5日	消費				10kg	180円/kg	1,800円	10kg 20kg	180円/kg 185円/kg	1,800円 3,700円
5月7日	消費				10kg 5kg	180円/kg 185円/kg	1,800円 925円	15kg	185円/kg	2,775円
計		60kg		10,900円	45kg		8,125円			

（出典） 著者作成。

表5.3 鶏ガラの材料元帳（移動平均法）

月日	摘要	受入			払出			残高		
		数量	単価	金額	数量	単価	金額	数量	単価	金額
5月1日	前月繰越							0kg	-	0円
5月1日	仕入	40kg	180円/kg	7,200円				40kg	180円/kg	7,200円
5月1日	消費				10kg	180円/kg	1,800円	30kg	180円/kg	5,400円
5月3日	消費				10kg	180円/kg	1,800円	20kg	180円/kg	3,600円
5月5日	仕入	20kg	185円/kg	3,700円				40kg	182.5円/kg	7,300円
5月5日	消費				10kg	182.5円/kg	1,825円	30kg	182.5円/kg	5,475円
5月7日	消費				15kg	182.5円/kg	2,737.5円	15kg	182.5円/kg	2,737.5円
計		60kg		10,900円	45kg		8,162.5円			

（出典） 著者作成。

においては，在庫であるところの残高欄の単価が182.5円/kgになっている。これは，180円/kg×20kgと185円/kg×20kgをまとめて，合計7,300円の鶏ガラが40kgあると考えて，単価182.5円/kg（＝7,300÷40）が計算されている。それ以降の消費段階では，この平均単価が計算に用いられる。このように，異なる単価での仕入があるたびに残高欄で平均値を計算する。

　なお，ここで計算した材料単価の計算法以外にも，総平均法などの方法も知られている。総平均法は，月次などの特定単位で，受入金額の合計を受入数量で割ることで，月平均単価を計算し，この単価に基づいて計算を行う方法である。計算期間の途中では単価が不明となるなどのデメリットはあるが，計算が簡便であるというメリットがある。こうしたメリットのためか，東証上場の製

造業を対象とした実態調査の結果によれば，総平均法が最も広く利用されており，次に移動平均法，先入先出法と続いている（清水，2022）。なお，個別法を採用している企業も先入先出法を採用している企業と同程度見受けられる。

5.2　経済的発注量モデル

　材料の仕入や消費に際しては，材料の購入原価以外にも発注，物流，保管，検収（材料受取の際に行う数量や品質に関する確認作業）などの作業に関する原価も発生する。原価計算上は，これらは**材料副費**と呼ばれ，**材料費**に含めてしまう場合が多い。

　これらの金額が高額になるほど，管理対象として注目する必要性は高くなる。材料を購入し消費するまでに要する原価は，一般に**発注費・保管費**に分類できる。そして，発注費と保管費の合計を総在庫費用として，この総額を最小にする発注量や発注頻度を計算することが，在庫管理の基本的なモデルとして考えられている。なかでも有名なモデルが，**経済的発注量**（economic order quantity：EOQ）モデルである。EOQとは，総在庫費用を最小にする（つまり，最も経済的な）1回あたり発注量のことをいう。それでは，数値例にてEOQを計算しよう。現状では，4日に1回の発注を行っており，発注費や保管費に関連した情報は**表5.4**の通りである。

　まずは，発注費・保管費の計算方法を確認しておこう。発注費は，単位あたり発注費（E）に発注回数を掛けて求めることができる。発注回数は，検討される一定期間における材料の消費量（D）を1回あたり発注量（Q）で割ることで求められる。また，保管費は単位あたり保管費（H）に平均在庫数量を掛けて

表5.4　EOQ計算のための情報

記号	内　容	鶏ガラの場合
Q	1回あたり発注量	何kg発注するのか
D	一定期間内での消費（必要）数量	2日で10kg消費（営業日数は20日なので月に100kg消費）
E	発注ごとに必要となる発注費	送料と受入検収のために1回あたり1,000円
H	一定期間内の単位あたり保管費	冷蔵庫のリース費と電力代で1kgあたり約2,000円

（出典）　著者作成。

求めることができる。平均在庫数量は，1回あたり発注量（Q）を2で割った値である。本来であれば，在庫数量は実際に倉庫などの保管場所に残っている数量をその都度計算する必要があるが，非常に手間のかかる作業であるため，平均在庫数量という考え方をとる。最初の在庫は1回あたり発注量である Q kg あり，それを使い切れば在庫は 0kg となり再び Q kg 発注する，と単純化して考える。このとき，倉庫に残っている平均的な在庫数量は，概ね1回あたり発注量の半分程度とみなせるので，2で割るという計算方法となっている。

よって，発注費と保管費の合計である総在庫費用は下記の式で表される。

$$総在庫費用 = E \times (D \div Q) + H \times (Q \div 2)$$

総在庫費用の計算方法が明らかになったので，EOQ を計算してみよう。このとき，必要となる情報がもう一つある。それは EOQ を計算する際に対象とする営業日数（期間）である。今回は 20 日間の営業日数で考えることにしよう。

表 5.4 の一定期間内での消費（必要）数量によると，鶏ガラの場合は2日で 10kg の消費ペースで 20 日間の営業日数なので，全部で 100kg（= 10 ÷ 2 × 20）の材料が消費される予定となる。よって，発注費（$E \times (D \div Q)$）は，100,000/Q 円（= 1,000 × (100 ÷ Q)）となる。また，保管費（$H \times (Q \div 2)$）は，1,000Q 円（= 2,000 × ($Q \div 2$)）となる。2つの原価のビヘイビアを図示すると，図 5.1 のようになる。縦軸に金額，横軸に1回あたり発注量をとると，保管費は原点を通過する右肩上がりの直線，発注費は分母に1回あたり発注量がある一次分数関数で反比例の関係を示すものとなる。つまり，保管費は1回あたり発注量の変動に比例して増減するのに対して，発注費は1回あたり発注量の増大に伴い急速に減少し，発注量が一定数を超えると，減少幅が急速に小さくなる特徴がある。

このように，1回あたり発注量（Q）が増加（減少）するほど，保管費は増加（減少）する一方で，発注費は減少（増加）する。保管費と発注費の合計である総在庫費用は，図 5.1 で示されるように，若干歪んだ U 字型の曲線となる。EOQ，つまり総在庫費用が最小となる発注量の位置は，保管費と発注費が等しくなる発注量である。この EOQ となる Q を Q^* とすると，$E \times (D \div Q^*) = H \times (Q^* \div 2)$ を Q^* について解けば，以下の公式が得られる（総在庫費用の関数を微分しても得られる）。

$$Q^* = \sqrt{\frac{2ED}{H}}$$

図 5.1　在庫関連原価のコスト・ビヘイビアと EOQ

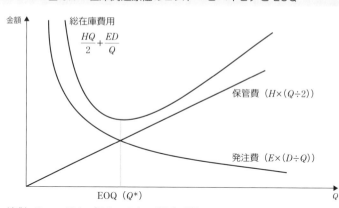

（出典）　Datar and Rajan（2018, p.831）一部抜粋・改変。

　この公式に対して，$E = 1,000$，$D = 100$，$H = 2,000$ を代入すると，$Q^* = 10$ となる。もちろん，発注費と保管費が等しくなることから，$100,000/Q^* = 1,000Q^*$ を Q^* について解いても同じ値を得る。よって，1 回あたり発注量が 10kg のとき，総在庫費用が最小になる。また，20 日間の営業日数あたりでは，全体の消費量を EOQ で割った 10 回（＝100÷10）の発注回数，つまり現在の 4 日に 1 回よりも 2 日に 1 回（＝20÷10）の方が合理的な発注である可能性が示された。

　EOQ は，数字上，最も合理的な 1 回あたり発注量ではあるが，発注量や発注回数は自社のみで自由に決定できるものではなく，供給業者の都合や契約内容に大きく左右される。そのため，得られた EOQ の通り発注できるとは限らない。また，EOQ モデルは，下記に示すような仮定が置かれている。

- 一定期間の需要が安定している（つまり，単位時間あたり需要が一定）。
- 在庫数量が 0 になったら毎回同じ数量の発注を行う。
- 平均在庫数量は 1 回あたり発注量の 2 分の 1 とする。
- 保管費は在庫数量に比例して増加する。
- 1 回あたり発注費および発注量は共に一定である。
- 材料が発注と同時に到着する。

　上記の仮定を全て満たす状況は少ないため，EOQ モデルが現実の意思決定の解をそのまま示すわけではない。だからといって EOQ モデルは無意味ではない。もし，EOQ モデルの解とかけ離れた発注を行っていると，多額の総在庫

費用が発生している可能性がある。その意味では，EOQ モデルは，自社の現状に対して注意喚起情報を提供するために有用だろう。

●コラム 8　機会原価の考慮

　第 4 講の差額原価収益分析にて，機会原価の勘案を忘れてはならないと述べた。在庫の分析に際しても，機会原価の発生を捉えることができる。

　たとえば，1 回あたり発注量に関して，100 個案と 500 個案を比較しているとしよう。500 個案を採択すると，それだけ保管スペースが必要となる。そのため，もし 100 個案を選択していれば，500 個案で必要となる材料保管スペースは他の用途に転用できる可能性がある。このスペースを用いて，何かしらの利益獲得活動が行えるならば，これは機会原価として認識すべきである。

　一般化すると，材料・仕掛品・製品・商品といった在庫を抱えると，在庫に投じている原価分だけ資金が拘束される。そのため，その資金を他の用途に利用することで得られたはずの利益を断念せざるを得なくなる。この機会原価の金額以上のメリットが在庫を抱えることにないのであれば，在庫の存在は正当化されない。

　こうした機会原価は，社内で最低限達成しなければならない所要利益率（この利益率の概念は第 14 講で詳しく説明している）を在庫品に対する投下資金に掛けて計算できる。この計算によって，在庫への投資分を他に転用していれば得られたはずの利益額を計算できる。最後に，この利益額を機会原価として，在庫を抱える案の保管費に計上すればよい。

5.3　在庫に関連した不正会計：日糧製パンの事例

　材料の受入や払出の記録は不正会計を防止する上でも重要である。たとえば，北海道札幌市に所在する日糧製パン株式会社では，遅くとも 2019 年から 2023 年にかけて材料を利用した不正会計が行われていた。日糧製パンでは，管理指標として「物量差」という原材料のロスの度合いをチェックする指標を利用していた。担当部長は，この物量差が改善したように見せかけるため，実際には廃棄した材料をあたかも在庫として保管しているように見せかけたという。廃棄すれば費用や損失として損益計算書に計上されるが，保管していることにすれば貸借対照表上の資産として記載され，損益に影響しないからである。外部

有識者を委員に含めた特別調査委員会による調査報告書では，以下のように記されている。

> 物量差の予測値は，あくまで現場でエクセルシートに基づき計算されたものに過ぎなかったため，社内で公表される物量差速報値と乖離することがあった。A部長は，物量差速報値との乖離があると，B課長およびC課長に対して，「何を計算しているのよ」などと叱責することがあった。そして，ライン別棚卸原料別前月差一覧において，現場在庫数量に誤りがないか確認，修正の機会が与えられていたことに乗じて，目標とする物量差に沿うように，実際の現場在庫数量を過大計上させた修正をすることがあった。（出典：日糧製パン特別調査委員会（2023，p.25））

つまり，目標値を達成したという虚偽の報告をした上で，その虚偽の報告と整合性を保つために虚偽の記録をつけたということである。このような事態を防ぐには，帳簿数量と実際有高に相違がないか在庫を実際に確認する**実地棚卸**作業が必要であった。報告書でも，次のように実地棚卸の必要性を指摘している。

> 今回の棚卸不正は，実際には実地棚卸を全くせずに事実と異なる実地棚卸報告書を意図的に作成して提出した事実を内部通報で初めて認識したことに起因している。このような重大な在庫の過大計上に対して，管理部門が過去からその異常性に気が付かなかったこと自体大きな問題である。
> 　今後は関連部署と連携して，実地棚卸表に基づく棚卸資産金額と在庫回転日数から求めた分析資料などを比較して，大きな誤差がないことを確認する必要がある。（出典：日糧製パン特別調査委員会（2023，p.34））

材料元帳への記帳は，単なる記録にとどまらず不正会計の防止のための基本的な資料となる。また，在庫を実地に点検して帳簿上の在庫と突き合わせることも重要である。

5.4　在庫を持たない経営の転換？
：サプライチェーンの安定性

EOQの考え方と対象的に位置づけられるのが，在庫を極力持たない**JIT生産**

方式（just-in-time 生産方式：トヨタ生産方式やリーン生産方式と呼ばれることもある）である。JIT は，「必要なものを，必要なときに，必要な量だけつくる」という考え方である。よって，理想的な状態では，余分な在庫は完全に排除されて，貯蔵所や倉庫は全く不要になる。もちろん，実際は，必要最小限の在庫を抱えているが，基本的には「在庫は悪」といった捉え方がされる。自動車に限らず，多くの組立加工型製品の完成品メーカーは，多種多様な部品を供給業者からの提供に頼っている。部品や材料などのムダな在庫を極力減らすためには，多くの取引業者を巻き込んだ**サプライチェーン**の構築が欠かせないものとなっている。

　在庫が悪という考え方が最も効果を発揮するのは，需要の急速な悪化などによる製品・商品の陳腐化といったリスクが高い局面である。しかしながら，新型コロナウイルス感染症の流行や長引く戦争の影響によって生じた事態は，むしろ逆であり，需要は旺盛でもそれに対処するだけの生産体制が整えられないというものであった。サプライチェーンがグローバル化した現代では，この影響は非常に広範囲に及ぶものとなった。その結果，JIT に象徴されるサプライチェーンが効率化されすぎてしまっており，需要な急速な変動，異常気象・災害，事故に対する脆弱性が浮き彫りになっていると，"Auto makers retreat from 50 years of 'Just in Time' manufacturing" という記事タイトルのもとで報道されるにまでなった（McLain, 2021）。こうした事態は，これまでのサプライチェーンのネットワークの安定性を低下させるものであり，材料・部品の供給をめぐる事務処理にも混乱をもたらすことになった。また，毎年実施されている日本ロジスティックシステム協会による物流コスト調査報告書によれば，売上高物流コスト比率は長期的に上昇傾向にある。

　こうしたことから，発注に伴う原価は増加している可能性が高い。発注費増大への対処を EOQ モデルにあてはめて考えると，総在庫費用を低減するには，在庫の発注回数を減らし，在庫の発注量を増加させる方法が示唆される。これは JIT の考え方に反するものといえよう。実際，多くの完成品メーカーでは，ローテクの半導体関連の部品の供給不足によって，減産方向での生産計画の修正を迫られることになった（日本経済新聞朝刊 2021 年 9 月 12 日）。そのため，先のウォール・ストリート・ジャーナルの記事でも伝えられているが，比較的安価で軽量かつ代替不可能な車載向けの半導体チップや関連部品の備蓄が進んでいるといわれている（日本経済新聞朝刊 2022 年 7 月 1 日）。ただし，どんな材料・

図 5.2　日本の上場企業製造業全社の総資産に占める棚卸資産の変化

（出典）　新井（2023）。

図 5.3　日本の上場企業製造業全社の総資産に占める材料の変化

（出典）　新井（2023）。

部品であっても，在庫を積み増せばよいというわけではない。同時期には，スマートフォンや PC の市場が低迷するなかで，メーカーはこれら製品向けの半導体関連部品の在庫調整を続けており，それに伴い半導体関連の電子部品企業の業績は低迷している（日本経済新聞朝刊 2023 年 8 月 4 日）。

　実は，材料在庫の増大傾向は，日本企業全体のデータから確認することもできる。図 5.2 は，日本の上場企業製造業全社の総資産に占める棚卸資産（材料，仕掛品，製品，商品といった在庫全般を含む）の比率について，売上高変化額の影響を除いた値の 5 年ごとの変化の推移をグラフ化したものである。また，図 5.3 は，同様の計算を材料費について行いグラフ化したものである。これらのグラフから読み取れることは，仕掛品や完成品は明らかに減少しているが，材料についてはその限りでない，ということである。2000 年頃まで，多くの日本企業は材料を含めた棚卸資産の削減に取り組んできたと考えられるが，それ以降は，材料については一定数の在庫を確保する方向へ方針転換しているとみられる。

　ただし，在庫の積み増しは，やはり**過剰在庫**の危険性を高めるので，需要動向を見据えた対応が必要である。たとえば，キヤノン株式会社では，2023 年第 2 四半期の決算説明のなかで，部品逼迫の状況下で実施していた材料・部品の早期確保を改め，適正水準に戻す動きを開始したと報告している。

引用文献

Datar, S. M., and Rajan, M. V.（2020）. *Horngren's cost accounting: A managerial emphasis*（17th global edition）. Pearson Education.

McLain, S.（2021, May 3）. Auto makers retreat from 50 years of 'Just in Time' Manufacturing. *The Wall Street Journal*. https://www.wsj.com/articles/auto-makers-retreat-from-50-years-of-just-in-time-manufacturing-11620051251,（2024 年 3 月 26 日）

新井康平（2023）「トヨタ生産方式など現代の生産活動に適合した生産管理会計とはどのようなものか」公認会計士研修資料。

清水孝（2018）『論点で学ぶ原価計算』新世社。

清水孝（2022）「わが国原価計算実務の現状」『早稲田商学』462：1-47.

日糧製パン特別調査委員会（2023）『調査報告書【公表版】』。

「日本車 6 社，減産 100 万台超，今年度，2 年連続で大規模に，半導体，東南ア供給減打撃。」日本経済新聞。2021-9-12，朝刊，p.7.

「製造業回復，上海封鎖が水」日本経済新聞。2022-7-1，朝刊，p.5.

「電子部品 7 社が最終減益，主要 8 社 4 ～ 6 月，スマホ不振続く」日本経済新聞。2023-8-4，朝刊，p.15.

● 練習問題 ●

次の正誤問題に答えなさい。

(1) 材料単価を計算する方法は，実際に材料を消費する順序に従って必ず選択しなければならない。

(2) 経済的発注量モデルでは，発注費と保管費の合計が最小化される 1 回あたりの発注量を計算することができる。

(3) 発注量や発注回数は，自社のみで決めることができる。

(4) 材料の受入や払出の記録に加えて，実地棚卸をすることは，材料に関する不正会計の防止に役立つ。

(5) JIT 生産方式と経済的発注量モデルの在庫に対する考え方は，同じである。

【解答欄】

(1)	(2)	(3)	(4)	(5)

第6講
費目別計算

ケース（6）　製品別原価を把握するための第一歩

　孝太郎はこれまでの経験から，徐々により詳細な原価情報を把握したいと思うようになっていた。麺，野菜，肉，調味料といった材料費，自分やパートタイマーの給与，そして水道光熱費，家賃，保険料などのさまざまな原価を，どうすれば製品別に把握できるのだろうか。孝太郎はこれらの疑問を山村にぶつける。山村はまずは費目別に原価を集計することを提案する。

　　2021年2月。弥生にとって閑散期にあたる2月は，厨房やフロアの大掃除，新メニューの開発といった，繁忙期にはできないことをこなしていく時期。孝太郎は，経営に関わる情報をより細かく集めて管理したいと思い，山村に相談を持ちかけていた。

山村　　「いつも『困った，どうしよう』っていうテンションなのに，今日はやけに落ち着いているな」

孝太郎「色々教えてもらったお陰で，『経営には情報が必要だなぁ』って思うようになったんです。山村先輩や正史にすっかり焚き付けられてます（笑）」

山村　　「なるほど。具体的に，どんな情報が必要だと思うんだ？」

孝太郎「今一番気になっているのは，ラーメン1杯の原価はいくらなのかってことですね。以前に夜営業を取りやめたときは，変動費のなかでも，特に金額の大きそうな部分を集計しただけですから。先代は原価率40％って言ってましたが，これも結構アバウトな気がして，ちゃんと調べないとダメだなと思った次第です。しかも，ラーメン以外にもメニューがいっぱいありますし」

山村　　「メニューによって原価は当然違うはずだからな」

孝太郎「そうなんです。メニュー別に原価がわかっていれば，色々判断に使える

　　　　　と思ったんです。どうやって計算したらいいか，なんとなくイメージできるのですが…」

山村　　「いきなり各メニューの原価は計算できないから，まずは費目別に原価を集計してみるといい」

孝太郎　「費目別というのは？」

山村　　「ああ，かかっている原価を材料費，労務費，経費の 3 つに分けるんだ」

孝太郎　「材料費と労務費は，各メニューを作るための材料と人件費ってことですね。経費ってなんですか？」

山村　　「水道光熱費，通信費，保険料，修繕費，棚卸減耗費，建物や機械の減価償却費，外注加工賃とかいろいろあるけど，基本的には材料費と労務費に含まれないものは経費として扱われることが多いよ。だから，まずは材料費と労務費の集計から始めてみなよ」

孝太郎　「わかりました，変動費の材料部分は以前に少し調べましたし，スープや麺，具材は一度に使う量がほぼ一定なので，大丈夫だと思います」

孝太郎　「でも，ちょっと面倒なことがあるんですよ」

山村　　「なんだ？」

孝太郎　「具材を加工するときの塩コショウ，各種調味料，油などはどうしたらいいですか。もちろん，各メニューで使う量は手が覚えているので毎回概ね正確だと思います。ただ，1 食あたりにすると量も金額も小さすぎるので，集計する必要があるのかちょっと疑問だなと。あと，揚げ物とか野菜の油通しに使う油の原価もメニューごとに把握するのは結構難しいと思います」

山村　　「そういうときは，間接費として集計すればいい」

孝太郎　「間接費？」

山村　　「ラーメンの麺やスープ，餃子の皮や具材，チャーハンのご飯や具材などは，個別のメニューに直接的に関連づけることができるだろう。そういう原価は直接費というんだけど，複数の製品やサービスに共通して関連している原価は間接費として区別して扱うんだ。油とか塩コショウなどは，複数のメニューに使用されて，個別のメニューごとに把握するほどには高くないだろう。だから，それらの原価はいったん間接費として総額を集計しておく」

孝太郎　「はい，わかりました。直接費の方なんですが，メニューをつくるごとに，どれだけ材料を使ったとか記録していくのは厳しいんですが，どうしたらいいですか」

山村　　「そうだな，通常の工場での原価計算とは違うからな。各メニューのメイン食材に関しては，1 日単位で冷蔵庫や食材庫から，どの程度減少した

のか調べて，材料の消費数量とすればいいんじゃないか。孝太郎は各メニューでどれだけの食材を消費するのかは把握できているだろう。それと，レジのデータから，メニュー別の販売数量もわかるから，最初に調べた材料の消費数量が概ね合っているかどうか判断できるはずだ。もちろん，正確さを求めるなら，複数のメニューで共通して使われる食材は，保管場所の段階で，どのメニュー用なのか区別して置いておくなどの工夫が必要かもしれないが」

孝太郎「なるほど，ちょっと大変そうですが，期間を限定してやってみます。あと，労務費はメニューの調理や提供に関わる原価ですよね」

山村　「材料費の計算と同じで，たとえば，ラーメンを作るたびに，どれだけ時間がかかったか測定していては，大変すぎるからな。各メニューの調理時間は把握しているか？」

孝太郎「以前，正史と一緒に測定したことがありますから，概ねわかっています。ただ，一部のメニューはレシピを変更しているので，それはまた調べてみる必要があります」

山村　「ストップウォッチを使って，できれば複数回測定してみて，その平均を使うといい。どうしても，細かいバラツキが出るから。時間さえわかれば，それぞれの調理時間に孝太郎の賃率をかけるんだ。賃率っていうのは…」

孝太郎「俺の給料を時給換算するとだいたい3,000円なので，1分あたり50円といったところでしょうか」

山村　「頼もしいな」

孝太郎「どのラーメンも1杯あたり3分程度で完成するので，1杯あたり労務費は150円前後ですね。なんだか悲しくなるなぁ」

山村　「まずは1ヶ月分，費目別に原価を集計すれば，色々見えてくるかもしれないぞ」

ラーメンを製造しているシーン。これらの写真から，材料費，労務費，経費に分類されるものを探し，それらがラーメンの製造に直接関連しているか考えてみよう。
（撮影者：町田遼太）

　各製品に直接関連づけることのできる直接材料費は，どんなデータが得られれば計算できるでしょうか。たとえば，餃子の直接材料が，皮，豚ひき肉，白菜，ねぎ，ニンニク，しょうが，だったとしましょう。これらの材料は，購入後，品質に問題がないかチェックされ，冷蔵庫や食材庫に保管された後，消費されていきます。この一連の流れを踏まえて，材料費はどのように計算されるべきか考えてみましょう。

　山村が指摘したように，製品・商品別の原価の計算は一度にできません。一般的に，原価計算は，費目別計算，部門別計算，製品別計算という3つのステップを経て実施されます。この**第6講**では，費目別計算について学習します。費目は，材料費，労務費，経費の3つに区分されることが多いので，本書でもこの区分に従います。まず，ケースでも登場した直接費と間接費の違いについて説明し，続いて，各費目での計算上のポイントについて解説します。

6.1 製造原価の分類

　費目別計算とは，一定期間（一般的には，1ヶ月）における製造にかかった**原価**（製造原価）を費目別に分類し，記録集計する手続きである。費目別というのは，**材料費，労務費，経費**の3つの区分のことを指す。材料費とは，物を消費することによって発生する原価である。労務費とは，労働力の消費によって発生する原価である。経費とは，材料費・労務費以外の原価である。いずれも製品を製造するために消費された原価が対象となる点には注意が必要である。たとえば，顧客対応向けに用意されているお茶菓子が消費されても材料費にはならないし，本社の人事部長の給与も製造原価上の労務費には含まれない。

　費目別計算を理解する上で，もう一つ重要になるのが**直接費**と**間接費**（合わせて「直間」と呼ぶ）の区別である。製造原価には，一定単位の製品を製造する際にどのくらい消費されたか直接的に認識できるものとそうでないものがある。直接的に認識できるものを製造直接費，直接的に認識できないものを製造間接費と呼ぶ。製造直接費は，直接材料費・直接労務費・直接経費で構成される。製造間接費は，間接材料費・間接労務費・間接経費で構成される。よって，製造原価は，**表6.1**に示される6つのいずれかに分類できる。

　製造直接費と製造間接費でその後の計算手続きが異なってくるため，直間の区別が費目別計算において重要である。製造直接費は，製品との関係が明確であるため，製品に対して直接割り当てる。この方法を**直課**（賦課）と呼ぶ。一方，製造間接費は，製品との関係が不明確であるため，製品に対して直接割り当てることができない。そこで，配賦という方法が用いられる。**配賦**とは，何らかの基準を定め，それに基づいて製品に原価を割り当てることである。直課と配賦の手続きについては，次講以降で取り扱う。

表6.1　製造原価の分類

	材料費	労務費	経　費
製造直接費	直接材料費	直接労務費	直接経費
製造間接費	間接材料費	間接労務費	間接経費

（出典）著者作成。

6.2　材料費の計算

　材料費は，その種類と使われ方によって，主要材料費（素材費・原料費），買入部品費，補助材料費，消耗工具器具備品費，工場消耗品費，燃料費などに分類される。これら 6 つの材料費の説明と直間別の分類は**表 6.2** に示した通りである。

　材料費の計算とは，製品の製造のために消費された材料がいくらであったのか確定する手続きのことをいう。通常，材料は供給業者から購入し，一旦，倉庫などの貯蔵場所に保管され，その後，製品の製造のために消費されるという流れをとる。**第 5 講**で学習したように，購入単価は常に同一とは限らない。また，材料の購入時点と消費時点は異なることが多い。よって，①材料の購入原価，②材料の消費数量，③材料の消費単価の 3 点を把握しなければ材料費は計算できない。

　表 6.2 のうち，主要材料や買入部品では通常，倉庫からどれだけの材料が出庫された（払い出された）のかが記録される。この場合，消費単価に消費数量を掛けることで，材料費が計算される。対して，そうした記録がなされていない材料の場合，材料費は買入額によって評価される。以下では，「消費単価×消費数量」で計算される材料費の計算をとりあげて，細部の計算方法について確認しておこう。

　まず，①材料の購入原価は，材料の購入から製造現場へ出庫できる状態にな

表 6.2　材料費の区分

名　称	内　容	直間別分類
主要材料費	製品の本体となる物品の消費によって生じる原価	直接材料費
買入部品費	外部から購入して製品に直接組み込まれる部品の消費によって生じる原価	
補助材料費	製品を製造するために補助的に消費される物品の消費によって生じる原価	間接材料費
消耗工具器具備品費	工場で使用される工具や測定器，備品など（耐用年数が 1 年未満であるか，金額が低いために固定資産として計上されないもの）の消費によって生じる原価	
工場消耗品費	工場における生産活動に欠かせないものであるが，製品を構成するものではない物品の消費によって生じる原価	
燃料費	工場内で電力や動力などを発生させるために生じる原価	

（出典）　著者作成。

るまでにかかった全ての原価を含む。購入代価と呼ばれる材料の値段に，引取運賃や検収費用などの付随費用（材料副費ともいう）を加算したものが材料の購入原価となる。

　次に，②材料の消費数量を認識する方法は，継続記録法と棚卸計算法の2つの方法がある。**継続記録法**は，材料ごとに受入数量と払出数量を記録して，帳簿残高を常時計算する方法である。対して，**棚卸計算法**は，受入数量のみ記録し，月末に**実地棚卸**をして「月初棚卸数量＋受入数量－月末棚卸数量」という計算式によって，当月の消費数量を推定する方法である。

　継続記録法は，手間はかかるが，実地棚卸により保管中の盗難・紛失などで生じる材料の減少分（棚卸減耗）を把握できるメリットがある。逆に，棚卸計算法は，記帳の手間は省けるが，保管中に生じた棚卸減耗は把握できない。一般的に，直接材料費の対象となる材料は継続記録法，間接材料費の対象となる材料は棚卸計算法で処理されることが多い。ただし，近年は，情報システムの進展に伴い，補助材料や工場消耗品などであっても継続記録法を採用している企業もある（清水，2022）。

　最後に，③材料の消費単価の計算方法には，**実際購入原価**に基づいた方法と**予定価格**を用いる方法の2つがある。前者は，**第5講**で学習した先入先出法や平均法によって，実際購入原価から材料の消費単価を決定し，これに実際消費数量を掛けて，材料の実際消費額を計算する方法である。一方，後者は，あらかじめ設定しておいた予定価格を消費単価に適用し，これに実際消費数量を掛けて，材料の予定消費額を計算する方法である。予定価格は，付随費用も含めて予定された購入原価を予定購入数量で割ることで求めることができる。

　材料の消費単価に予定価格が用いられる理由は，実際購入原価に基づく計算方法には主に2つの問題があるからである。一つは，実際購入原価には付随費用も含まれるため，最終的な金額が確定するまでに若干の時間を要し，材料費の計算が遅れてしまう。もう一つは，実際購入原価により消費単価を計算すると，同じ材料を使って同じ能率で製造された製品であっても，材料の購入原価の変動に伴い製品原価が変化する。これらの問題を回避したい場合は，期首段階で事前に設定した予定価格を用いて消費単価を計算する。なお，材料の出庫時点ではなく，入庫時点でも予定価格を適用できる。東京証券取引所の上場企業を対象とした原価計算の実態調査（2011年・2020年実施）の結果を報告している清水（2022）によれば，アンケート回答企業の約半数がいずれかの時点で

予定価格を適用している。

　予定価格を用いる場合，材料の実際消費数量を把握すれば，すぐに材料費を計算できる。ただし，前述したように，予定価格により計算される材料費は予定消費額である。そのため，予定価格を適用した場合には，あとで実際消費額を計算する必要がある。予定消費額と実際消費額が一致しない場合は，その差異を適切に会計処理する。予定消費額と実際消費額の差異は，材料消費価格差異と呼ばれており，予定消費価格と実際消費価格の不一致により生じている。原価は基本的に安い方が望ましいと考えられるので，材料消費価格差異の大小関係の有利不利は次のように判断される。予定消費額よりも実際消費額の方が小さい場合には，有利差異となる。それに対して，予定消費額よりも実際消費額の方が大きい場合には，不利差異となる。

　それでは，数値例を用いて材料費の計算方法を確認しておこう。いま，主要材料の消費数量の計算に継続記録法（総平均法で実際消費価格を計算）を採用し，補助材料の消費数量の計算に棚卸計算法を採用しているとする。また，主要材料の消費単価は予定価格で評価されている。表6.3の材料に関する資料に基づき，主要材料の当月予定消費額，材料消費価格差異，補助材料の当月消費額を計算してみよう。

　主要材料の当月材料予定消費額は，予定価格に当月消費数量を掛けて計算されるので，以下の通りである。

　　　主要材料の当月材料予定消費額：900 円/個×1,600 個＝1,440,000 円

　材料消費価格差異は，消費単価の予定と実際の差異に起因するので，予定価格と実際購入原価の差額に，当月消費数量を掛ければよい。

　　　材料消費価格差異：（900 円/個−920 円/個）×1,600 個＝−32,000 円

表6.3　材料に関する資料

主要材料の数量推移		主要材料の単価		補助材料の情報	
月初在庫数量	0 個	予定価格	900 円/個	月初有高	60,000 円
当月購入数量	2,000 個	実際消費価格	920 円/個	当月買入額合計	350,000 円
当月消費数量	1,600 個			月末有高	120,000 円
月末在庫数量	400 個				

（出典）　著者作成。

　上記の計算式では，予定価格から実際購入原価を差し引いているが，予定と実際の大小関係さえ把握していれば，計算上はどちらから差し引いても問題ない。この数値例では，予定価格よりも実際購入原価の方が高かったわけだから，材料消費価格差異は32,000円の不利差異となる。

　補助材料に関しては，棚卸計算法が適用されており，材料の払い出し記録がないために，材料消費額は買入額で評価される。ただし，この問題では，月初在庫と月末在庫が存在しているので，その分の調整をして，下記のように，今月の消費額を求めることになる。

　補助材料の当月消費額：60,000円＋350,000円－120,000円＝290,000円

6.3　労務費の計算

　労務費は，製品を製造するために工場内で働いている人々に対して支払われるものが主な対象となる。これらの人々は，工員，事務員，監督者，パートタイマーといった種類分けができ，行っている作業もそれぞれ異なってくる。労務費は，賃金，給料，雑給，従業員賞与手当，退職給付引当金繰入額，法定福利費などに区分される。区分内容の説明と直間別の分類は**表6.4**に示した通りである。

表6.4　労務費の区分

名　称	内　容			直間別分類
賃　金	製造に直接あるいは間接的に携わる工員に対して支払われる給与 基本給のみならず，残業，夜間業務，危険作業など，作業に直接関わるものに対する手当（加給金）も含む	直接工賃金	直接作業分	直接労務費
			間接作業・手待分	間接労務費
		間接工賃金		
給　料	工場の事務員や監督者などに対して支払われる給与			
雑　給	工場のパートタイマーや期間工など臨時雇いの従業員に対して支払われる給与			
従業員賞与手当	工場の従業員に対して支払われる賞与および手当（扶養家族，住宅，通勤に関するものなど）			
退職給付引当金繰入額	退職給与引当金繰入勘定に繰り入れる額のうち，工場の従業員に対するもの			
法定福利費	工場の従業員の健康保険料，厚生年金保険料などの社会保険料の企業負担分			

（出典）　著者作成。

　工場で製造に関連した業務を担当している人々は工員と呼ばれ，直接作業に携わる直接工と，間接作業にのみ携わる間接工に分けられる。**直接作業**とは，切削，組立，溶接，塗装などの製品の製造に直接関わる作業であり，**間接作業**とは運搬，修繕，メンテナンスなどの製品の製造には直接関わらない作業である。直接工は，直接作業だけではなく間接作業に携わる場合もある。**表6.4** の区分で示したように，労務費において直接費と分類されるのは，賃金のなかでも直接工の直接作業分に該当する賃金のみである。最初に，直接工の労務費の計算方法について説明する。次に，間接労務費として扱われるその他の労務費の計算方法を説明する。

6.3.1　直接工の労務費

　工員に支払われる基本給と残業手当などの加給金を合わせたものを**賃金**と呼ぶ。**表6.4** の区分で示したように，直接工に支払う賃金は直接労務費と間接労務費に区分される。これらの区分は，直接工が勤務時間をどのように過ごしたかに基づいている。直接工の勤務時間は**図6.1** のように区分されている。勤務時間から定時休憩時間や工員の責任による職場離脱時間を差し引いた時間が就業時間となる。就業時間は作業時間と手待時間に区分され，さらに，作業時間は直接作業時間と間接作業時間に区分される。

　直接作業時間に該当するのは，**加工時間**と**段取時間**である。加工時間とは切削・組立・溶接・塗装などの様々な製造作業に携わっている時間であり，段取時間はその作業のための機械の段取や片付けなどの準備時間である。運搬，修繕，メンテナンスなど，製品の製造に直接携わっていない作業時間は間接作業時間と呼ばれる。手待時間はアイドルタイムとも呼ばれ，材料の入荷遅れや停

図6.1　直接工の勤務時間の捉え方

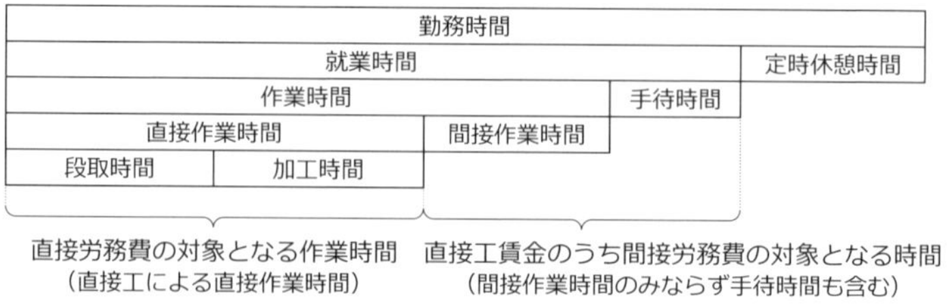

勤務時間				
就業時間				定時休憩時間
作業時間			手待時間	
直接作業時間		間接作業時間		
段取時間	加工時間			

直接労務費の対象となる作業時間　　　直接工賃金のうち間接労務費の対象となる時間
（直接工による直接作業時間）　　　（間接作業時間のみならず手待時間も含む）

（出典）　著者作成。

電などの工具の責任ではない事態によって作業ができない時間のことを指す。

　直接工に支払う賃金のうち直接労務費は，直接作業時間に時間あたりの賃金である**賃率**を掛けて求められる。一方，間接労務費は，間接作業時間と手待時間の合計時間に賃率を掛けて計算される。

　賃率に関しては，実際の個別賃率や職種・職場などにおける平均賃率が用いられる。ケースでは，ラーメンの作り手が限定されているため，孝太郎の個別賃率が用いられている。一方，複数人が製品の製造に関わる場合には，平均賃率の方が望ましいと考えられている。なぜなら，人によって賃率が異なる場合，高い賃率の人が製造した製品は原価が高くなるといった問題が生じるからである。

　材料費の消費単価と同様に，労務費の単価部分である賃率に関しても，**実際賃率**を用いると，計算の遅延と原価の変動（これについては平均賃率を適用することである程度回避可能である）という問題が生じうる。したがって，賃率に予定賃率を適用し，これに実際の直接作業時間を掛けて，直接工の予定消費賃金，つまり直接労務費を計算できる。予定賃率は，期首段階で直接工の基本給と加給金の予定額を直接工の予定就業時間で割った値である。また，直接工に支払う賃金のうち間接労務費についても，予定賃率に実際の間接作業時間と手待時間の合計を掛けて計算できる。

　材料の消費額の計算と同様に，**予定賃率**を適用しても，あとから，実際消費賃金が計算される。よって，予定消費賃金と実際消費賃金の差額が賃率差異として計算される。賃率差異の有利・不利の判定も，材料消費価格差異の場合と同様で，予定消費賃金よりも実際消費賃金の方が小さければ有利差異，予定消費賃金よりも実際消費賃金の方が大きければ不利差異となる。

　なお，加工組立型産業などとは異なり，化学や石油化学などの一部の素材・装置型産業では直接作業時間そのものの測定が難しいため，直接工と間接工の区別はつけずに，全て間接工扱いされることもある（清水, 2022）。

6.3.2　間接労務費

　直接工の間接作業時間・手待時間分の賃金以外に間接労務費とされるのが，間接工の賃金，事務員・監督者の給料，従業員賞与手当，退職給付引当金繰入額，法定福利費である。間接工の賃金や事務員・監督者の給料は，直接工の労務費の計算方法とは異なり，「当月支払額＋当月未払額－前月未払額」で求められる

額を，原価計算期間の消費額とする。計算式に含まれている未払という項目は，給与計算期間と原価計算期間の不一致を調整するためのものである。賃金・給料の支払いが，たとえば，毎月 20 日締めの 25 日払いといった形態をとっているとしよう。これは，前月の 21 日から当月の 20 日までが給与計算期間であることを意味している。対して，通常の原価計算期間は暦上の 1 ヶ月間であるので，同期間における賃金・給料の消費額を計算するには，給与計算期間とのずれを調整する必要がある。この調整計算が未払という項目で実施される。具体的には，原価計算期間に含めるべきだが，給与計算期間に含まれない賃金・給料（上の例でいえば，当月 21 日から当月末までの分）は当月未払額として加える。一方，給与計算期間に含まれているが，原価計算期間に含めるべきでない賃金・給料（上の例でいえば，前月の 21 日から前月末までの分）は前月未払額として差し引く。なお，この未払額の調整を通じた原価計算期間における賃金消費額は，直接工の賃率の計算にも適用される。

それでは，数値例を用いて労務費を計算してみよう。表 6.5 に示された，直接工の賃金に関する資料に基づいて，予定賃率 1,800 円/時間とした直接労務費と間接労務費，賃率差異を求めてみよう。

直接労務費は，直接工の直接作業分にあたる賃金である。これは，加工時間と段取時間の合計である直接作業時間に賃率を掛けて求められる。今回は予定賃率を適用して計算するため，直接労務費は以下のようになる。

$$直接労務費：(3,000 時間 + 200 時間) \times 1,800 円/時間 = 5,760,000 円$$

一方，直接工の賃金のうち，間接労務費に該当する部分は，間接作業時間と手待時間の合計時間に賃率を掛けて求められる。よって，間接労務費は以下のようになる。

表 6.5　直接工の賃金に関する資料

当月（10 月）の就業時間		**賃金の支払・未払状況**	
加工時間	3,000 時間	当月の賃金支払額 （9 月 21 日～ 10 月 20 日分）	5,800,000 円
段取時間	200 時間	前月の未払賃金額 （9 月 21 日～ 9 月 30 日分）	1,200,000 円
間接作業時間	90 時間	当月末の未払賃金額 （10 月 21 日～ 10 月 31 日分）	1,350,000 円
手待時間	4 時間		

（出典）　著者作成。

間接労務費：(90 時間 + 4 時間) × 1,800 円/時間 = 169,200 円

つまり，予定賃率 1,800 円/時間によって，当月の予定消費賃金は，直接労務費と間接労務費の合計額である 5,929,200 円（= 5,760,000 + 169,200）と計算される。

実際賃率がわかれば，賃率差異は簡単に計算できるが，**表 6.4** には実際賃率が明記されていない。そこで，未払額の調整を通じて，実際消費賃金を計算する。賃金の支払・未払の状況から，9 月 21 日から 10 月 20 日までの分の賃金5,800,000 円は実際に支払われていることがわかる。この支払額から，9 月 21 日から 9 月 30 日までの前月（9 月）分の未払賃金を差し引き，10 月 21 日から 10月 31 日までの今月（10 月）の未払賃金を加算すれば，原価計算期間である 10月の実際消費賃金を計算できる。

実際消費賃金：5,800,000 円 + 1,350,000 円 − 1,200,000 円 = 5,950,000 円

上記の予定賃率で計算された予定消費賃金 5,929,200 円と比べると，実際消費賃金の方が 20,800 円だけ多いため，賃率差異は 20,800 円の不利差異となる。

6.4 経費の計算

経費は，材料費と労務費以外の製造原価で多種多様である。経費として分類される代表的なものは，外注加工賃，特許権使用料，金型などの型代，減価償却費，旅費交通費，賃貸料，事務用消耗品費，保険料，電力料，ガス代，水道料，租税効果，通信費，修繕引当金，棚卸減耗費，仕損費などがある。経費のうちほとんどが間接経費に分類される。直接経費とされることがあるのは，特定の製品との関係性が明確な外注加工賃，特許権使用料，金型などの型代などである。

また，経費は，その消費額の計算方法の違いから，支払経費，測定経費，月割経費，発生経費の 4 つに分類される。

支払経費とは，実際の支払額あるいは支払請求額をその原価計算期間における消費額とする経費のことで，旅費交通費，通信費，賃貸料，事務用消耗品費

などがある。これらの原価は，伝票や請求書などに基づいて計算されるが，支払・請求額の計算期間と原価計算期間が異なる場合には，前払分，未払分を調整して計算する必要がある。未払時は間接労務費の計算で示したものと同じである。前払の場合は，「当月支払額＋前月前払額－当月前払額」によって，当月消費額を求める。前払は，未払とは逆なので，当月分を差し引き，前月分を加える点には注意が必要である。

　測定経費とは，原価計算期間における消費数量を，メーターやセンサーなどを使って内部的に測定し，その消費数量に基づいて，原価計算期間の消費額を計算する経費のことで，水道光熱費が代表的なものである。自ら消費額を測定するので，支払経費のような期間のずれの調整は不要となるし，資源の効率的な利用のためのモニタリングも可能になる。ただし，内部メーターが設置されていない場合には，厳密に測定経費として扱うのは難しくなる。この場合は，請求書に記載されている消費数量などから，原価計算期間の消費数量を推定することになる。なお，水道光熱費の基本利用料金部分は，毎月定額であるなら，下記の発生経費として扱えばよいであろう。

　月割経費とは，1年あるいは数ヶ月分まとめて支払いが行われる，あるいは費用計上されるので，その総額を月割することで，原価計算期間の消費額とできる経費のことで，減価償却費，保険料，修繕引当金などがある。たとえば，減価償却費が年間216,000円である場合，月間の減価償却費である18,000円が当月の経費消費額である。

　発生経費とは，実際発生額をもって，その原価計算期間における消費額とする経費であり，棚卸減耗費や仕損費などがある。棚卸減耗とは，実際にある材料や製品・製品の数を調査（実地棚卸）した際に，紛失や破損などの理由から，帳簿上の数よりも少なくなっている分をいい，それを金額評価したものが棚卸減耗費である。そのため，棚卸減耗費は，実際に支払を伴わない。なお，仕損については，**第10講**にて取り扱う。

　最後に，経費の計算に関しても，数値例を用いて確認しておこう。以下の資料に基づき，当月（7月）の直接経費と間接経費の金額を求めてみよう。

①工場で使用されている機械の年間減価償却費は600,000円の予定である。
②工場に設置されているガスメーターによれば，7月の使用量は150m^{3}であった（単価は300円/m^{3}である）。

③通信費の支払い状況は次の通りである。7月12日に7月16日から8月15日までの通信費20,000円を支払った。7月1日から7月15日までの分に該当する前月前払額は5,000円，8月1日から8月15日までの分に該当する今月前払額は6,000円であった。

④材料の7月末帳簿棚卸高は450個（300円/個）だったが，実地棚卸の結果，在庫数量は420個であることが判明した。調査の結果，この材料の棚卸減耗は正常な水準と判断された。

⑤主力製品の生産技術に関連した特許権使用料は，年間生産数量に応じて年度末に一括して支払う契約となっているが，当月生産数量分の52,000円を計上した。

上記の5項目は個別の経費について言及したものであり，その消費額の計算方法が異なるので，個別に計算し，その後で，直間の区分で合計する。

①減価償却費は月割経費であるので，1ヶ月単位の金額を求めれば，50,000円（＝600,000÷12）となる。

②ガス代は測定経費であるので，今月の使用量に単価を掛けて，45,000円（＝150×300）と求めることができる。

③通信費は支払経費であるので，今月の消費額に前払分の調整をすれば，19,000円（＝20,000＋5,000−6,000）と求めることができる。

④棚卸減耗費は発生経費であるので，発生額を求めればよい。30個（＝450−420）の減耗であるから，評価単価300円を掛けて，9,000円の棚卸減耗費となる。

⑤特許権使用料は数少ない直接経費に分類される経費である。計上される金額52,000円は記載の通りである。

以上の結果から，直接経費は特許権使用料の52,000円，間接経費は特許権使用料以外の4つの経費の合計額である123,000円（＝50,000＋45,000＋19,000＋9,000）となる。

引用文献

清水孝（2022）「わが国原価計算実務の現状」『早稲田商学』462：1-47.

● 練習問題 ●

(1)　次の資料に基づき，主要材料と補助材料の当月材料予定消費額を計算し，材料消費価格差異も求めなさい。差異については，有利差異か不利差異かも答えなさい。なお，棚卸減耗は発生していない。

　　　前月繰越　120 個　@ 290 円
　　　当月購入　620 個　@ 370 円
　　　当月消費　480 個（うち，330 個は主要材料，150 個は補助材料）
　　　予定消費価格　@ 400 円
　　　実際消費額の計算方法：先入先出法

(2)　次の資料に基づき，予定賃率を用いた直接労務費と間接労務費を計算し，賃率差異も求めなさい。差異については，有利差異か不利差異かも答えなさい。

　　　就業時間　3,000 時間
　　　作業時間の内訳
　　　　直接作業時間　2,300 時間
　　　　間接作業時間　500 時間
　　　　手待時間　　　200 時間
　　　前月賃金未払額　348,000 円
　　　当月賃金支払額　2,124,000 円
　　　当月賃金未払額　311,000 円
　　　予定賃率　@ 900 円

(3)　次の資料に基づき，当月の直接経費および間接経費を計算しなさい。

　　　外注加工賃：前月未払額　120,000 円
　　　　　　　　　当月支払額　590,000 円
　　　　　　　　　当月未払額　 90,000 円
　　　減価償却費：年間見積額　3,852,000 円
　　　電力料　　：当月支払額　630,000 円
　　　　　　　　　当月測定額　617,000 円

【解答欄】

(1)

　　主要材料の当月材料予定消費額＿＿＿＿＿＿＿＿＿＿＿円

　　補助材料の当月材料予定消費額＿＿＿＿＿＿＿＿＿＿＿円

　　材料消費価格差異＿＿＿＿＿＿＿＿＿＿＿円（ 有利差異 ・ 不利差異 ）いずれかを
　　○で囲む

(2)

　　直接労務費＿＿＿＿＿＿＿＿＿＿＿＿＿＿＿＿円

　　間接労務費＿＿＿＿＿＿＿＿＿＿＿＿＿＿＿＿円

　　賃率差異　＿＿＿＿＿＿＿＿＿＿＿＿＿＿＿＿円（ 有利差異 ・ 不利差異 ）いずれかを
　　○で囲む

(3)

　　直接経費＿＿＿＿＿＿＿＿＿＿＿＿＿＿＿＿円

　　間接経費＿＿＿＿＿＿＿＿＿＿＿＿＿＿＿＿円

第 **7** 講

個別原価計算

ケース(7) ラーメン 1 杯の原価は？

　孝太郎と正史は自分たちで調べて収集したデータから，いかにしてラーメン 1 杯の原価を計算できるのか，山村に相談していた。山村は，製造直接費と製造間接費を各ラーメンにどのように集計できるのか説明していく。

　2021 年 3 月某日，孝太郎は正史と一緒に集計したラーメンの原価データをもって山村のもとを訪ねていた。

孝太郎「これが，3 つのラーメンの種類別に 1 杯あたり直接材料費と直接労務費の金額を集計したもので，こっちが月間の提供食数と費目別の製造間接費になります」

1 杯あたり直接材料費（単位：円）

	麺	スープ	具材	合計
醤油	30	60	70	160
味噌	30	80	75	185
塩	30	70	65	165

	提供食数	販売価格
醤油	800 杯	650 円
味噌	700 杯	700 円
塩	500 杯	680 円

1 杯あたり直接労務費

	賃率（円/分）	調理時間（分）	消費賃金（円）
醤油	50	2.5	125
味噌	50	3	150
塩	50	2	100

月間製造間接費（単位：円）

間接材料費	45,000	各種調味料，調理油
間接労務費	215,000	仕込み業務（野菜の洗浄・カット・仕分け，肉魚の下準備，スープ作り）
間接経費	200,000	ガス代，水道代

山村 「うん，よくまとめられてる。大変だっただろう」

孝太郎「大変なのは正史だったと思います。ストップウォッチを持って俺について回ったり，在庫の確認と記録をして，かえし（タレのこと）の量まできちんと計ったり。俺は鍋を振っていただけです（笑）」

山村 「どちらも大変だけど，大事な仕事だよ」

正史 「簡単に中身を説明しますと，まず，野菜や肉などそれなりに値段が変動するものは，1ヶ月の期間で平均をとって材料の購入単価としました。麺のように値段が安定していたものは，その金額で評価しました。実際にどれだけ材料が消費されたかをリアルタイムに追跡することは難しいので，レシピに基づいた一杯あたりの各食材の消費数量に販売数量を掛けて材料費を計算しました。念のため，冷蔵庫・食材貯蔵庫を何日か棚卸調査して，材料の実際の消費量を確認しました。切れ端や注文ミスがある分，実際消費量の方が多いのですが，それほどの差ではなかったので，レシピに基づいた消費数量で問題ないと判断しました。あと，スープは，寸胴1つから何杯分のスープがつくれるのか調査して，かかっている材料費を推定しました。かえし分は何度か測定した実績値の平均をとっています」

孝太郎「直接労務費は，実際にラーメンの提供にかかった時間を測定してもらって，その平均値に，俺の時間あたり賃金を掛けて計算しました。ただ，営業中にラーメンをつくるときって，餃子を焼いたり，チャーハンをつくったりと，同時並行的に進めるので，そのあたりはどう厳密に扱ったらいいのかは悩ましいなぁと思いました」

正史 「あと，間接費の方ですが，これは3つの費目別に集計しました。各種調味料と調理油などの間接材料費は，月初と月末の在庫数量と当月中の仕入分を使って，消費数量を計算して，単価の方はさっき話した方法で評価しました。経費の方はガス代と水道代ですね。ほとんどの商品でガスは使いますし，水は調理そのものだけでなく，洗浄や飲料水などにも使うので，ラーメンにどれだけというのは直接関連づけるのは簡単ではなかったので，間接経費としました。金額は請求書の金額と使用量を参考に1ヶ月分の金額を推定しました」

孝太郎「間接労務費は，朝の時間帯の仕込み作業時間に俺の賃率を掛けた１ヶ月分の金額になっています。スープ，チャーシュー，煮卵，メンマなどラーメンに使うものの仕込みも当然あるんですが，全て同時並行作業で個別のラーメンごとの関連づけは難しかったので，まとめて間接作業としました。」

山村　「２人とも，成長しすぎて以前とは別人のようだな。通常の工場とかの原価計算だと，実際に消費された材料や作業時間が記録されていることが多いから，それに基づいて，費目別の計算をするんだが，今回の方法は，かけた手間と得られる結果のバランスがうまく取れていると思うよ」

孝太郎「そんな褒めないでくださいよ，照れるんで。これも山村先輩の指導のおかげです。今度，ラーメン食べに来てくださいよ。山村スペシャル，つくっちゃいますから」

山村　「おっ，時間見つけて，食べにいくよ」

正史　「ありがとうございます，それで相談なんですが，ここからラーメン１杯あたり原価って，どうやれば計算できますか。直接費は既に１杯あたり金額になってるんですが，製造間接費の方は，ラーメン以外の商品の作業にも関係していますし，もし，ラーメン用だけの製造間接費を集計できたとしても，３種類のラーメンそれぞれにどれだけかかっているのかというのは，どう計算できますか？」

山村　「製造間接費を製品や商品ごとにいくらかかっているのか，割り当てる手続きは一般に配賦と呼ばれているんだ。製造間接費の発生に関連する基準を選んで，その基準の多寡に応じて，各製品に製造間接費を割り当てるという流れだな。そうだな，かりに，間接材料費を配賦するのに，弥生で提供している各商品に含まれる塩分含有量を使うとするだろう」

正史　「塩分含有量が高い商品ほど，多くの間接材料費が使われていると考えるということですね」

山村　「そうそう，45,000円の間接材料費を，各商品の塩分含有量の総計で割って，塩分含有量あたり間接材料費の金額を計算して，後は，この比率に各商品の含有量を掛ければ，商品ごとの間接材料費を計算できる」

孝太郎「たしかに計算できますね。でも，塩分含有量みたいなデータは持ってないからなぁ。あと，調味料はスープの出来などによって量を変えたりするので，一定ではないんです。」

正史　「適切な基準を見つけるのって，難しそうですね」

　考えあぐねている孝太郎と正史をよそに，山村は楽しそうだ。

山村　「そうやって，色々考えて，自分たちにとって最適なやり方を見つけていくんだ。原価の計算は基本的に正確にやろうとすればするほど手間がか

かるし，逆に簡便な方法でやると原価の正確性が犠牲になっていくものだからな。自分たちが考えたい問題によって，最適な水準を見出すことも，データ・情報に基づいた経営をしていく上で大事なことなんだ」

孝太郎「よし，正史，早速検討して，ラーメン１杯あたり原価を計算してみようぜ」

調理補助担当者（左の写真右側）は，出来上がったラーメンの盛り付けや提供をするだけでなく，仕込み業務も担当している(写真右)。彼／彼女の労務費をどのようにラーメンの原価に集計すべきだろうか？ （撮影者：町田遼太）

　孝太郎と正史は，２月に発生した製造間接費をどうやって各ラーメンに割り当てようか検討しています。山村が具体例を示したように，間接材料費，間接労務費，間接経費の３つの費目ごと，あるいはもっと細かい区分でも，割り当てる基準を選択できます。ただし，それにはかなりの手間がかかるのも事実です。そこで，製造間接費をひとまとめにして，３つのラーメンへの割当額を計算する場合，どういった基準が望ましいか，考えてみましょう。

　原価計算は，費目別計算，部門別計算，製品別計算という３つのステップを経て実施されます。ただし，部門別計算を実施する場合としない場合とがあるため，先に製品別計算の一つである個別原価計算について学習します。部門別計算の実施の有無で個別原価計算の名称は区分されていて，部門別計算を実施しない個別原価計算を単純個別原価計算，部門別計算を実施する個別原価計算を部門別個別原価計算といいます。**第７講**では，単純個別原価計

算の計算手続きについて学習します。この手続きは，孝太郎たちがまさにや
ろうとしている，製造直接費と製造間接費を製品ごとに集計するものです。
また，この手続きにおいて重要である製造間接費の予定配賦や基準操業度の
考え方についても解説します。

7.1　個別原価計算の概要

　原価要素を一定の製品単位に集計し，製品単位の製造原価（製品原価）を計
算する手続きを**製品別計算**という。この計算は，製品の生産形態に応じて，個
別原価計算と総合原価計算に区別されている。個別原価計算は，建物，飛行機，
船，特殊用途の機械といった，異なる種類の製品を受注生産する形態に用いら
れることが多いのに対して，総合原価計算は連続的に大量生産（見込み生産）す
る形態に用いられることが多い。

　個別原価計算において，顧客からの注文を受けると，**製造指図書**（あるいは特
定製造指図書）と呼ばれる，注文内容に沿った製造活動に関する指示が記載さ
れた書類が発行される。具体的には，品名，生産数量，作業開始日，作業終了
日などが記載される。製造指図書が発行されると，指図書ごとに**原価計算表**が
用意される。この表は，製造指図書ごとに原価を集計するためのものである。
つまり，原価計算表に集計された原価がその製品の原価ということになる。個
別原価計算のなかでも，製品 1 単位の生産を受注した場合の原価計算は**純粋個
別原価計算**と呼ばれる。一方，2 単位以上生産する場合には，指図書（要するに
原価計算表）別に集計された原価を，その指図書で指示される生産数量で割っ
て，製品単価を計算することになる。こうした個別原価計算は，**ロット別個別
原価計算**と呼ばれている。ロットとは一般に 1 回で生産される製品数量のまと
まりのことを指し，たとえば，特殊仕様の部品 20 個の生産を受注し，1 回でま
とめて生産すると決定した場合には，20 個分の生産を 1 つのロットにまとめ
て，製造指図書・原価計算表を発行することになる。

7.2 単純個別原価計算

　以下では，部門別計算を実施しない**単純個別原価計算**で，生産数量が1単位の場合を想定して，基本的な計算手続きの解説を行う。**図7.1**は単純個別原価計算の一連の計算プロセスを図示したものである。前講で学習したように，費目別計算を実施すると，材料費，労務費，経費がそれぞれ製造直接費と製造間接費とに区分して把握されることになる。製造直接費は特定の製品に直接関連づけて把握できているので，特定の製造指図書に直接割り当てることができる。よって，個別原価計算における製造直接費（直接材料費，直接労務費，直接経費）は，発生の都度あるいは定期的に整理分類され，各製造指図書と紐付いた原価計算表に集計される。この手続きを**直課（賦課）**という。

　一方，製造間接費（間接材料費，間接労務費，間接経費）は，製品（製造指図書）ごとの消費額がわからないので，製造間接費として1つにまとめて集計した後に，ある一定の基準によって各製品に割り当てる（負担させる）手続きをとる。この手続きを**配賦**という。一定の基準に基づいて割り当てるというのは，直接作業時間を基準とした場合，その時間の多寡に応じて，製造間接費の各製

図7.1　単純個別原価計算の手続き

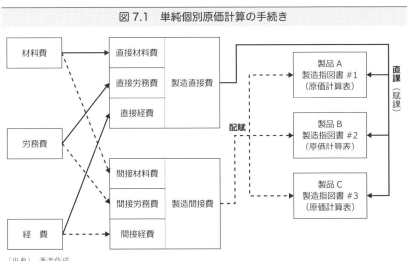

（出典）著者作成。

品への割当額が変わるということである。

　製造間接費を配賦するための基準のことを**配賦基準**といい，直接材料費，直接労務費，直接作業時間，機械運転時間，生産数量などが用いられる。配賦計算を行うには，まず配賦基準を決定しなければならない。

　配賦基準を決定したら，製造間接費の発生額を配賦基準数値の合計で割り，**製造間接費配賦率**を計算する。配賦基準数値の合計とは，機械運転時間を配賦基準とした場合，配賦対象となる各製品の機械運転時間の合計値である。

$$製造間接費配賦率＝製造間接費の実際発生額÷配賦基準数値の合計$$

　次に，計算された製造間接費配賦率に各製品の配賦基準数値を掛けて，製品ごとの配賦額を確定させる。

$$各製品への配賦額＝製造間接費配賦率×各製品の配賦基準数値$$

　たとえば，製品 X と製品 Y を受注生産しており，製造間接費が 10,000 円だとしよう。両製品の製造には，機械をそれぞれ 6 時間，4 時間運転させる必要があるとしよう。このとき，配賦基準を機械運転時間とし，製品への製造間接費の配賦額を計算すると次のようになる。

製造間接費配賦率：10,000 円÷（6 時間＋4 時間）＝1,000 円/時間
製品Xへの配賦額：1,000 円/時間×6 時間＝6,000 円
製品Yへの配賦額：1,000 円/時間×4 時間＝4,000 円

　この配賦額が原価計算表の該当欄に集計される。なお，原価計算表は個別の製造指図書ごとに発行されるが，月間で製造された全製品の計算結果をまとめた原価計算表が作成されることもある。これは総括表と呼ばれている。

　配賦される額の多寡は，配賦基準数値に依存している。この例であれば，機械運転時間が多いほど製造間接費も多く発生するという仮定が置かれた計算となっている。その意味で，配賦基準は，製造間接費の発生と密接に関連しているものを選択すべきである。たとえば，製造間接費のうち機械の減価償却費の占める割合が高い場合には，配賦基準を機械運転時間とするのは理に適っているだろう。

　それでは，以下の箇条書きの資料に基づいて，原価計算表（総括表）を完成させてみよう。なお，原価計算表の＃付きの番号は製造指図書番号を示している。

- ・直接材料費の当月消費額，#1：650,000 円，#2：450,000 円，
  #3：900,000 円
- ・直接労務費の当月消費額，#1：350,000 円，#2：250,000 円，
  #3：400,000 円
- ・直接経費の当月消費額，#1：50,000 円，#2：80,000 円，
  #3：20,000 円
- ・製造間接費発生額 4,400,000 円（配賦基準は直接材料費）
- ・当月に，製造指図書 #1 と #2 は完成したが，#3 は月末現在，未完成の仕掛品である。
- ・#1 は，前月から製造に着手しており，前月末までに消費された原価の総計は 150,000 円であった

表 7.1 が完成した原価計算表である。#1 は前月から製造が開始されており，前月に消費された額が繰り越されるので，前月繰越欄にその金額 150,000 円を記載する必要がある。製造直接費は製造指図書番号ごとに識別されているので，資料にある金額をそのまま転記すればよい。製造間接費は直接材料費を配賦基準とするようにと指示があるので，製造間接費発生額 4,400,000 円を直接材料費の合計額の 2,000,000 円で割って，製造間接費配賦率 @2.2 円を計算する。各製品への配賦額は，各製品の直接材料費の金額に配賦率を掛ければよい。#1 なら，@2.2 円に 650,000 円を掛けて，1,430,000 円の製造間接費配賦額となる。

表 7.1　原価計算表（総括表）の例

（単位：円）

	#1	#2	#3	合 計
前月繰越	150,000	—	—	150,000
直接材料費	650,000	450,000	900,000	2,000,000
直接労務費	350,000	250,000	400,000	1,000,000
直接経費	50,000	80,000	20,000	150,000
製造間接費	1,430,000	990,000	1,980,000	4,400,000
総製造原価	2,630,000	1,770,000	3,300,000	7,700,000
備　考	完成	完成	未完成（仕掛）	—

（出典）　著者作成。

7.3　製造間接費の予定配賦

7.3.1　実際配賦の問題点

　前節で学習した製造間接費の配賦は，実際に発生した製造間接費と実際の配賦基準数値を使った計算となっている。これを製造間接費の**実際配賦**といい，計算される配賦率は実際配賦率と呼ばれる。材料費や労務費の計算で予定という考え方が登場したが，製造間接費の配賦においても同様に**予定配賦**という考え方がある。

　製造間接費を実際配賦するには，その計算期間（通常，1ヶ月）の製造活動終了後に，実際に発生した製造間接費を全て集計し，さらに配賦基準関連のデータも収集しなければならない。そのため，製造間接費の実際配賦額，ひいては製品原価を算定するまでには，かなりの時間がかかってしまう。また，製造間接費を実際配賦すると，配賦額が安定しないという問題が生じやすい。この点は以下で補足する。

　第3講までは変動費と固定費の区分に注目してきた。製造間接費に対しても，この区分を適用できる。CVP分析にてコスト・ビヘイビアを考えるときの横軸（活動量）は売上高をとっていたが，製造という文脈では，工場の稼働状態を示す**操業度**を横軸として，具体的には生産数量，直接作業時間，機械運転時間などを採用することが多い。ここでは，操業度を生産数量で捉えることにする。

　生産数量の変動に比例的に増減する変動製造間接費としては，水道光熱費の一部や燃料費，補助材料費などがある。一方，固定製造間接費としては，減価償却費，工場長の給料，保険料などがある。これらのコスト・ビヘイビアを図示し，生産数量を配賦基準とした場合，配賦基準数値の合計額に伴い，配賦率の変化を示したものが図7.2である。

　図7.2は，固定製造間接費が48,000円，生産数量単位あたり変動製造間接費が70円/個の製造間接費のコスト・ビヘイビアが示されている。たとえば，生産数量が600個のときの製造間接費額を計算してみよう。固定製造間接費は生産数量の変動に関係ないので48,000円のままだが，変動製造間接費は単位あたり変動製造間接費の70円/個に600個の生産数量を掛けた42,000円となる。よって，生産数量600個のときの製造間接費の総額は90,000円（＝48,000＋42,000）

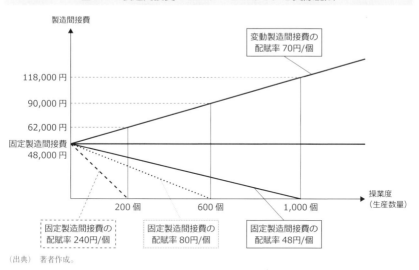

図 7.2 製造間接費のコスト・ビヘイビアと実際配賦

（出典） 著者作成。

となる。

　次に，生産数量を配賦基準とした場合の配賦率を計算してみよう。**図 7.2** では，3 つの生産数量の値が書き込まれている。順に見ていこう。まず，実際の生産数量が 1,000 個だったとする。実際配賦率の計算は製造間接費の発生額を配賦基準数値の合計で割るので，実際配賦率は 118 円/個（＝118,000÷1,000）となる。この数値例では，変動費と固定費に分けられているので，118 円/個の内訳は，変動製造間接費の配賦率 70 円/個と固定製造間接費の配賦率 48 円/個となっている。同様に，生産数量が 600 個，200 個のときも計算すると，変動製造間接費の配賦率は 70 円/個で変わらないが，固定製造間接費の配賦率が 80 円/個，240 円/個となるので，それに合わせて，実際配賦率も 150 円/個，310 円/個となる。

　このように，製造間接費を固定費と変動費に区分して捉えると，配賦基準数値の合計が増えると，固定製造間接費の配賦率の値が小さくなるので，それに伴い，全体の製造間接費の配賦率の値も小さくなっていく。つまり，実際生産数量が増加（減少）すると，製品 1 単位あたりに配賦される製造間接費が小さく（大きく）なる。なお，生産数量以外の直接作業時間や機械運転時間を配賦基準にしたとしても，これらは生産数量と高い相関関係にあるので，上記の議

論の本質は変わらない。

　生産数量によって，各製品に配賦される単位あたり製造間接費が異なるということは，結局のところ，製品の実際製造原価が変動するということに他ならない。そうすると，どの生産数量のときの製品単位原価がその製品の真実の原価なのか不明確になってしまい，原価情報の信頼性が損なわれてしまう。こうした問題点を回避すべく，製造間接費の配賦に関しては，実際配賦ではなく，予定配賦という手続きがとられることがある。

7.3.2　予定配賦の計算手続き

　予定配賦では，以下の計算式で計算される予定配賦率を用いて，各製品への配賦額を決定する。

$$予定配賦率 = 年間の予定製造間接費 \div 年間の予定配賦基準数値合計$$
$$各製品への予定配賦額 = 予定配賦率 \times 各製品の実際配賦基準数値$$

　簡単な数値例を使って，計算手続きを確認しておこう。いま，年度初めに，向こう 1 年間の予定機械運転時間が 120 時間，その予定機械運転時間で発生すると見込まれる 1 年間の予定製造間接費が 60,000 円だとする。機械運転時間を製造間接費の配賦基準として予定配賦率を計算すれば，500 円/時間（＝60,000÷120）となる。今月，製品 X と製品 Y の実際機械運転時間がそれぞれ，15 時間，10 時間だったとする。両製品への製造間接費の予定配賦額は，予定配賦率を用いて，7,500 円（＝500×15），5,000 円（＝500×10）と計算できる。

7.3.2.1　製造間接費予算

　予算管理を行っている場合には，年の予定製造間接費として**製造間接費予算**の金額を用いる。製造間接費予算の設定方法は，**固定予算**と**変動予算**と呼ばれる 2 つに大別される。固定予算とは，製造間接費の金額を当初想定された操業度水準に対してのみ設定する方法であり，多くの企業で採用されている（清水，2022）。実際の操業度水準が事前の想定値と乖離しても，予算額は変更されない。一方，変動予算とは，図 7.2 で示したように，操業度の変化に応じて，予算額が変更される方法である。図 7.2 のように 1 次関数のコスト・ビヘイビアを想定した予算は公式法変動予算と呼ばれている。他には，操業度の増減に伴い複数の固定費額と変動費率を想定する実査法（多桁式）変動予算があるが，実務

での採用率は高くない（清水，2022）。

7.3.2.2　配賦基準数値と基準操業度

一般に生産関連の配賦基準が用いられるので，想定される操業度の水準（基準操業度と呼ばれる）に基づいて，年間の予定配賦基準数値が設定される。**基準操業度**には，以下の 4 つの水準がある。

① 最大操業度（理論的生産能力）

　　理論上想定しうる最大操業水準のことで，機械や工具が常に最大能率で活動することを前提している。また，機械の整備や故障，不良材料，工具の欠勤や休息など不可避的に生じる作業の中止を全く考慮していないのも特徴である。あくまで理論上の値であって，実際に適用できるものではないが，以下の基準操業度設定の基礎となる。

② 実際的操業度（実際的生産能力）

　　最大操業度では考慮されていなかった不可避的に生じる作業の中止分を差し引いたもので，実際に達成可能な水準の操業度である。ただし，これらは技術的要件のみを考慮したもので，需要，つまり販売可能性については加味されていない。

③ 正常（平均）操業度（正常生産能力）

　　過去の長期的な平均操業度から異常値を除外した上で，将来の販売可能性も加味して決定される操業度水準である。

④ 期待実際操業度（短期予定（予算）操業度）

　　正常操業度よりも，もっと短期的（1 年間）な需要動向に基づいて決定される操業度水準である。

　通常，配賦基準数値の予定額は，③正常操業度あるいは④期待実際操業度の水準に基づいて決定されることが多い。なお，固定製造間接費の配賦に関していえば，③正常操業度の方が適している可能性が高い。固定製造間接費は，減価償却費に代表されるように，一定の生産能力を維持するために発生する原価である。この生産能力をどの程度の水準にするのかという意思決定は，中長期の正常生産能力に基づいていると考えるのが普通である。たとえば，生産設備の規模は，次年度の販売数量のことだけではなく，その機械の稼働期間を見据えた中長期的な予測のもとで決定されるだろう。そのため，固定製造間接費の発生とより関連があるのは，短期的な生産数量の変動を加味する期待実際操業

度よりも正常操業度の方といえる。

それでは，数値例を用いて，理論的生産能力，実際的生産能力，正常生産能力，期待実際操業度を求めてみよう。

- 保有する生産設備は切削機械10台であり，1日3交代制により，24時間これらの機械を稼働させている。
- 年間の操業日数は300日である。
- 切削機械は整備で年間3,500時間休止する。
- 製品1個の切削に要する機械運転時間は4時間である。
- 過去5年間における製造販売実績から，年間の平均操業度は，実際的生産能力の80%相当と見込まれている。
- 次年度に想定されている生産販売数量は12,000個である。

上記の6項目の記載情報を用いて，最も厳しい操業度水準から順に計算していけばよい。まず，理論的生産能力は理論上想定しうる最大操業度である。

$$理論的生産能力：10台 \times 24時間 \times 300日 = 72,000時間$$

次に，実際的生産能力は理論的生産能力から不可避的に発生する作業中止分を差し引いて計算する。

$$実際的生産能力：72,000時間 - 3,500時間 = 68,500時間$$

そして，正常生産能力と実際的生産能力との異なる部分は中長期の販売可能性を加味している点にある。

$$正常生産能力：68,500時間 \times 80\% = 54,800時間$$

最後に，期待実際操業度は向こう1年間の販売可能性を加味したものである。

$$期待実際操業度：12,000個 \times 4時間 = 48,000時間$$

7.3.2.3 製造間接費配賦差異

材料費の予定価格や労務費の予定賃率と同様に，予定配賦率を用いて予定配賦額を計算する場合も原価差異が認識される。**製造間接費配賦差異**と呼ばれるこの原価差異は，製造間接費予定配賦額と製造間接費実際発生額との差額であ

る。つまり，事前に配賦した額が，実際に発生した製造間接費に比べて，多かったのか少なかったのかが，差異として計算される。有利差異となるのは，予定配賦額よりも実際発生額の方が小さい配賦超過の場合で，逆に不利差異となるのは，予定配賦額よりも実際発生額の方が大きい配賦不足の場合である。これも数値例で確認しておこう。

予定配賦率 20 円/時間，実際配賦基準数値合計 40 時間で予定配賦をしていたとする。月末に，製造間接費の実際発生額を集計したところ，間接材料費 250 円，間接労務費 300 円，間接経費 100 円であった。生産された製品に対して配賦された製造間接費の総計は，予定配賦額の 800 円（＝20×40）である。一方，今月実際に発生した製造間接費の合計は 650 円（＝250＋300＋100）である。つまり，製造間接費の実際発生額は 650 円にもかかわらず，予定配賦では 800 円も製品に製造間接費を割り当ててしまったことになる。よって，これらの差額である製造間接費配賦差異 150 円は有利差異となる。

それでは，以下の箇条書きの資料に基づいて，予定配賦を行い，原価計算表（総括表）への記入を行った上で，製造間接費配賦差異を計算してみよう。

- 11 月 1 日から 11 月 30 日までの各製造指図書に対する材料と賃金の消費額は以下の通りであった。
  材料の当月消費額（No.25：800,000 円，No.50：650,000 円）
  賃金の当月消費額（No.25：900,000 円，No.50：750,000 円）
- 年間の予定機械運転時間は 144 時間で，年間の製造間接費予算は 720,000 円である。11 月の各製品の実際機械運転時間は，No.25 が 20 時間，No.50 が 35 時間であった。
- 製造指図書番号のない実際製造間接費は，材料費 60,000 円，労務費 20,000 円，経費 200,000 円であった。
- 今月（11 月），得意先から受注した 2 つの製品（指図書番号 No.25 と No.50）を製造開始し月末までに完成させた。
- 製造間接費は機械運転時間を配賦基準として予定配賦を行っている。

表 7.2 は，予定配賦を行った場合の原価計算表である。製造直接費は指図書番号通りに直課させる。製造間接費の配賦計算は，以下の通りである。

$$予定配賦率：720,000 円 ÷ 144 時間 ＝ 5,000 円/時間$$

表7.2 予定配賦を行った場合の原価計算表

原価計算表（総括表） (単位：円)

	No.25	No.50	合　計
前月繰越	－	－	－
直接材料費	800,000	650,000	1,450,000
直接労務費	900,000	750,000	1,650,000
製造間接費	100,000	175,000	275,000
総製造原価	1,800,000	1,575,000	3,375,000

（出典）著者作成。

No.25 への配賦額：5,000 円/時間×20 時間＝100,000 円

No.50 への配賦額：5,000 円/時間×35 時間＝175,000 円

　実際製造間接費は，指図書番号の記載のない3つの製造間接費の合計である
ので，280,000 円（＝60,000＋20,000＋200,000）となる。製品に予定配賦された金
額は275,000 円（＝100,000＋175,000）であるので，実際発生額よりも5,000 円少
なくなっている。つまり，配賦不足が生じており，5,000 円の不利差異となる。

引用文献

清水孝（2022）「わが国原価計算実務の現状」『早稲田商学』462：1-47.

● 練習問題 ●

　A社は実際個別原価計算を採用している。次の資料に基づいて，下記の問に答え
なさい。

（資料）

製造指図書番号	直接材料費	直接労務費	直接作業時間	備　考
#2（10月分）	76,000	70,000	80	10/17 製造着手　11/4 完成　11/10 販売
#2（11月分）	243,000	125,000	140	
#3	1,040,000	890,000	660	11/18 製造着手　11/26 完成　11/30 在庫
#4	94,000	55,000	45	11/29 製造着手　11/30 仕掛

（注）製造間接費は，直接作業時間を配賦基準として予定配賦している。

　　製造間接費予算額（年間）：8,400,000 円

　　正常直接作業時間（年間）：12,000 時間

　　11 月の製造間接費実際発生額：835,400 円

(1)　11 月の原価計算表を完成させ，月末仕掛品原価と完成品原価の総額を求めなさい。

(2)　製造間接費配賦差異を求めなさい。

【解答欄】

(1)

原価計算表

	#2	#3	#4	合　計
月初有高				
直接材料費				
直接労務費				
製造間接費				
合　計				

月末仕掛品原価＿＿＿＿＿＿＿＿＿＿＿＿円

完成品原価　　＿＿＿＿＿＿＿＿＿＿＿＿円

(2)

製造間接費配賦差異＿＿＿＿＿＿＿＿＿＿円（　有利差異　・　不利差異　）いずれかを○で囲む

第**8**講

部門別原価計算

ケース（8） 弥生の主力メニュー別の原価とは？

　「ラーメン以外の原価はどうなっているのか」，「もっと正確に原価を集計したらどうなるのか」といった孝太郎の疑問から，山村は部門別計算の実施を提案し，その意義を説明する。

　2021年5月，ゴールデンウィークを迎える直前，孝太郎は先日集計したラーメンの原価についてどうしても納得がいかないことがあり，山村に電話をかけていた。

孝太郎「山村先輩，お忙しいところすみません」

山村　「ゴールデンウィークは書き入れ時で忙しいだろう。どうしたんだ？」

孝太郎「先日見ていただいた原価に関してなんですが，もっとちゃんとした方がいいのかなと考えていまして」

山村　「具体的にどういう点についてだ？」

孝太郎「まず，前回は3種類のラーメンしか取り上げませんでした。主力メニューは，ラーメンだけじゃなくて，餃子やチャーハンもあるので，それらの原価も把握しておくべきだろうなと考えています。それに，製造に関連した原価を中心に注目したので，お店全体での原価は考えていませんでした。たとえば，接客が基本業務のパートタイマーの給与はラーメンの原価に含めていませんでした。あと，前回の調査で把握した製造間接費はいろいろな種類がありましたが，そういう違いは無視して配賦計算をしていました」

山村　「数値がちゃんとわかっていないと，経営者というのは不安になるものだよ。孝太郎も経営者らしくなってきたということか。結局，製造間接費を1つにまとめて，3つのラーメンの売上高を配賦基準にして計算した

と，後日，報告してくれたよな」

孝太郎 「そうです，あのときはひとまず計算を完成させることを優先して，簡単
な方法にしました。しかも，ラーメンだけしか取り上げませんでした」

山村 　「メニュー別の売上高のデータは餃子やチャーハンも把握できるだろうか
ら，その方法でいいなら配賦はできるな。それに，直接材料費と直接労
務費の計算はラーメンと同じようにやればいいから，主力メニューの原
価は現状の方法を踏襲するなら計算はできるけど，気になるところがあ
るということだな」

孝太郎 「さすが先輩，きれいにまとめていただいてありがとうございます」

山村 　「製造原価だけではなく，お店で発生する全ての原価を製品に紐づけてみ
たいということか。たしかに，飲食店一店舗だったら，ほとんどの機能
がメニューの提供に関わっていると考えても差し支えないかもしれない
な」

孝太郎 「そうなんです。メニューの収益性とかは変動費だけを差し引いた限界利
益に基づいて判断するという話でしたが，やっぱりトータルで考えたら
どうなっているのか知りたくなって」

山村 　「なるほど，まあ分析すること自体に弊害はないだろうから，やってみた
らどうだ」

孝太郎 「はい。ただ，ほとんどの原価がメニューに直接関連づけるのが難しい間
接費だと思うんです。だから，どうやって配賦するのがいいのかなと疑
問に思いまして」

山村 　「これは製造業での製造間接費の配賦の話になるけど，より精緻に配賦を
する方法はあるぞ。部門別に間接費を集計して，配賦をやっていく方法
だ」

孝太郎 「部門ですか，うちでは，〜部門みたいなのは設置していないですよ」

山村 　「たしかにな，でもここでいう『部門』というのは，原価の集計場所とい
う意味だ。自分たちが集計したい場所を部門として設定するんだ」

孝太郎 「たとえば，俺は具材を調理しながらラーメンを茹でているので，ラーメ
ン部門担当として考えられそうです。もう一人，餃子を焼くやつがいる
んですけど，彼は餃子部門ですかね」

山村 　「そうそう，その部門に，弥生で発生する間接費を集計することになる。も
ちろん，想定できる部門は他にもあるだろう」

孝太郎 「そうですね，製麺部門やドリンク部門なども設定できそうです」

山村 　「製造部門以外も考えるなら，フロア部門，洗い場部門，食材保管部門，伝
票整理部門なども考えることができるかもしれないな」

孝太郎 「こうした部門に間接費を集計するんですよね」

山村　「そうだ，間接材料費，間接労務費，間接経費の間接というのは，メニューと直接関連づけることが難しいという意味だったろ。ただし，こうした特徴を持っている間接費でも，これらの部門とは個別に紐づけることができるものもあるだろう」

孝太郎「そうですね，パートの人は基本的に接客が主体なので，この間接労務費はフロア部門にすごく関係があると思います」

山村　「その一方で，電気代みたいに複数の部門に共通するものもあるだろう。こういうのは，各部門に対して配賦するしかないんだ」

孝太郎「その配賦計算をしても，各部門に原価が集計されているだけなんで，メニュー別の原価はわからないんじゃないですか」

山村　「ちゃんとわかってるじゃないか。そこで大事になってくるのが，部門を大きく 2 種類に区分しておくということなんだ。一つは製品の製造に深く関連した製造部門，もう一つはその製造部門をサポートする補助部門だ」

孝太郎「ラーメン部門，餃子部門は製造部門ですね。他は補助部門になりますかね」

山村　「今回の場合は，製造に関係ないものも含んでいるから，厳密には補助部門には該当しないかもしれないが，ひとまず製造以外は補助部門としたらどうかな」

孝太郎「わかりました，次はどうするんですか」

山村　「補助部門に集計されている金額を製造部門に配賦するんだ。次に，この配賦額を，製造部門に最初に集計してあった金額に加算して合計額を求める。この合計額を各メニューに配賦するという流れだ」

孝太郎「えっ…，配賦計算をさらに 2 回やるということですか」

山村　「そうだな，部門間に共通して発生する間接費を各部門に，補助部門の間接費を製造部門に，製造部門の間接費を各メニューに，ということで，全部で 3 回の配賦計算を繰り返す。通しで見れば，最初は間接材料費，間接労務費，間接経費と分類集計されていたものが，製造部門と補助部門を通過して，最終的に各メニューに配賦されるというわけだ」

孝太郎「かなり面倒な手続きになるんですね」

山村　「原価の計算で正確さとか精緻さを求めると，多くの場合，計算手続きは複雑になってしまうんだ。でも，この計算は各部門で発生している原価も把握できるから，原価の管理という点でも意味があるはずだ」

孝太郎「なるほど，一石二鳥になるかもしれないということですね」

山村　「それは孝太郎次第だな（笑）」

　孝太郎は，山村に教えてもらった計算過程のメモを取り，早速，正史に相談の

| メッセージを送っていた。

ラーメン店では調理担当などの製造部門のほかに，接客担当や洗い場担当などの補助部門も設定できる。補助部門は製造を支えているので，これらの原価を配賦することで，より正確にラーメンの原価を算定できる（撮影者：町田遼太）

　孝太郎は山村に教えてもらった製造間接費の新たな配賦計算に取り組んでいます。決めなければならないことは数多くありますが，適切な配賦基準の設定は特に重要です。たとえば，「電気代の各部門への配賦」や「洗い場部門に集計された金額の製造部門への配賦」の際には，どのような配賦基準が適切と考えられるのか検討してみましょう。

　このケースで紹介される製造間接費の配賦方法は，製造業を対象とした原価計算では部門別計算と呼ばれています。これは第6講で学習した費目別計

算の後に実施される計算になります。本講では，部門別計算の基本的な計算
手続きについて解説します。

8.1　部門別計算の概要

　部門別計算とは，原価計算の第2段階に位置する計算で，費目別計算を通じ
て把握された原価要素を，原価部門別に分類集計する手続きである。一般的な
工業簿記や原価計算のテキスト，各種検定試験では，製造間接費のみが部門別
計算の対象とされているので，本講でも製造間接費を対象とした部門別計算を
解説する。

　部門別計算は，製品別計算にて個別原価計算が採用されている場合に実施さ
れる可能性がある計算で，部門別計算を実施する個別原価計算のことを**部門別
個別原価計算**，部門別計算を実施しない個別原価計算のことを単純個別原価計
算という。**第7講**で学習したのは単純個別原価計算であった。なお，もう一つ
の製品別計算である総合原価計算においても，部門別計算は採用できる。ただ
し，総合原価計算では，「部門」ではなく「工程」という呼び方が一般的となっ
ており，工程別総合原価計算として，他の総合原価計算の形態と区分されてい
る。総合原価計算については，**第9講**で取り扱う。

　一般的に，工場の規模が小さく製造工程が複雑でなければ，製造間接費の種
類・金額がそれほど大きくならないため，部門別計算を実施しない単純個別原
価計算が適用されることが多い。一方，工場の規模が大きく製造工程が複雑に
なっていくと，製造間接費の種類・金額ともに増大する傾向にあるため，部門
別計算を実施する部門別個別原価計算が適用されるようになる。実態調査（清
水，2022）では，回答企業の7割を超える企業で，全ての工場で部門別計算を
行っており，部門別計算を行っていない企業は2割弱となっている。

　ここから部門別計算を実施する目的・意義が見えてくる。**第7講**で学習した，
雑多な製造間接費をただ1つの配賦基準により配賦するという方法は，原価計
算システムの構築や維持に関わる手間という点では優れている。しかし，製造
間接費と分類される原価の種類が増えていくと，コスト・ビヘイビアを適切に

反映した製品原価計算が実現できない。さらに，製造間接費の金額が増大すれば，その影響もより深刻になるし，それだけ管理上の関心を向ける必要性が高まる。つまり，原価管理という視点からも部門別計算の必要があるといえる。そのため，製造直接費も含めて部門別計算を実施することもある。

部門別計算の計算手続きでは，費目別計算で集計された製造間接費を部門ごとに集計し直し，部門ごとに適した配賦基準を用いて各製品に配賦計算を行う。以下では，この手続きの詳細について解説する。

8.1.1 原価部門

部門別計算にとって，部門は重要な概念となる。一般的に部門という言葉を使うときは，「～部門に在籍しています」や「～部門所属です」というように，実際に組織上で区分された集団を指す。しかしながら，部門別計算における**原価部門**という用語は，原価を分類集計する計算組織上の区分を指す。原価の分類・集計を目的とすることから，原価部門は**コスト・プール**（cost pool）とも呼ばれる。基本的には，名刺の所属に記載されるような部門の区分と原価部門の区分は一致していることが多いが，それは絶対ではない。

さて，原価部門は，**製造部門**と**補助部門**に大別される。製造部門は，材料の一部を削り取る切削部門，部品を組み合わせて仕上げる組立部門，製品を塗料の被膜で覆う塗装部門などの，製品の加工に直接従事する部門である。一方で，補助部門は，製品の加工に直接従事しないが，製造部門を支援するサービス（用役とも呼ばれる）を提供する部門である。たとえば，生産設備に動力（電力などのエネルギー）を供給する動力部門，生産設備が故障したときに修繕サービスを提供する修繕部門，伝票や帳簿の整理・記帳などの事務管理サービスを提供する工場事務部門などがある。動力部門や修繕部門などは製造部門に対して直接的にサービスを提供するので，補助経営部門と呼ばれる。それに対して，工場事務部門や企画部，生産管理部門などの管理的機能を行う諸部門は工場管理部門と呼ばれている。

8.1.2 部門別配賦の３つのステップ

単純個別原価計算と部門別個別原価計算の計算手続き上の相違点は，製造間接費の配賦方法にある。**第７講**で学習した，単一の配賦基準により製造間接費を各製品に配賦する方法は**総括配賦**と呼ばれる。対して，部門別計算において

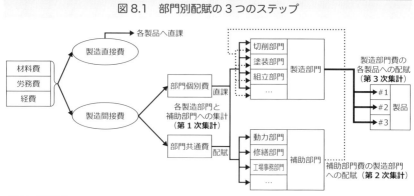

図 8.1　部門別配賦の 3 つのステップ

(出典)　著者作成。

は，**部門別配賦**と呼ばれる方法で製造間接費が各製品に配賦される。この部門別配賦では，**図 8.1** で示される 3 つのステップ（第 1 次集計，第 2 次集計，第 3 次集計）により配賦計算を行う。

8.2　第 1 次集計

第 1 次集計では，費目別計算を通じて集計された製造間接費を製造部門と補助部門に振り替える。そのためにまず，製造間接費を**部門個別費**と**部門共通費**という 2 つに分類する。

部門個別費とは，原価部門に直接集計できる原価である。たとえば，特定の部門のみで使用する生産設備の減価償却費は，当該部門の部門個別費として集計される。よって，部門個別費は各部門に直課される。

これに対して，部門共通費は，複数の原価部門に共通して発生している原価である。たとえば，工場建物の減価償却費は，全ての部門で利用している資産から発生する費用なので，部門共通費として集計される。部門共通費を各部門に集計するには，適切な配賦基準を設定し各部門に配賦する必要がある。たとえば，工場建物の減価償却費の配賦額を計算する場合には，各部門の占有面積といった配賦基準が設定される。下記の計算式に示されるように，部門共通費ごとに適した配賦基準が設定できれば，配賦率を求めてから各部門への配賦額

表 8.1　第１次集計のための資料

① 部門個別費

	組立部門	仕上部門	動力部門	修繕部門	工場事務部門
間接材料費	463,600 円	401,000 円	91,000 円	112,000 円	–
間接労務費	212,000 円	143,000 円	80,200 円	74,600 円	54,400 円

② 部門共通費

福利施設負担額 1,200,600 円	建物減価償却費 871,200 円	電力料 547,400 円

③ 配賦基準

	組立部門	仕上部門	動力部門	修繕部門	工場事務部門
従業員数	20 人	30 人	19 人	12 人	6 人
占有面積	55m^2	25m^2	15m^2	15m^2	11m^2
電力消費数量	60kWh	45kWh	30kWh	18kWh	8kWh

（出典）　著者作成。

表 8.2　部門費集計表

（単位：円）

摘　要	配賦基準	合　計	製造部門		補助部門		
			組立部門	仕上部門	動力部門	修繕部門	工場事務部門
部門個別費							
間接材料費		1,067,600	463,600	401,000	91,000	112,000	–
間接労務費		564,200	212,000	143,000	80,200	74,600	54,400
部門共通費							
福利施設負担	従業員数	1,200,600	276,000	414,000	262,200	165,600	82,800
建物減価償却費	占有面積	871,200	396,000	180,000	108,000	108,000	79,200
電力料	電力消費数量	547,400	204,000	153,000	102,000	61,200	27,200
部門費		4,251,000	1,551,600	1,291,000	643,400	521,400	243,600

（出典）　著者作成。

を計算する。

　　部門共通費配賦率＝部門共通費÷各部門の配賦基準数値合計

　　各部門への部門共通費配賦額＝部門共通費配賦率×各部門の配賦基準数値

　全ての部門共通費について各部門への配賦額が計算できれば，これを部門ごとに合計し，部門個別費と合わせて部門費を計算する。製造間接費を全て製造部門と補助部門に集計することが第１次集計の目的となる。

　部門別計算はしばしば表を用いて集計されることがある。第１次集計では，部門個別費と部門共通費を集計する部門費集計表と呼ばれる表が用いられる。表 8.1 の資料に基づき，記入された部門費集計表が表 8.2 である。

　まず，**表8.1** の①部門個別費には各部門の部門個別費が記されているので，これを部門費集計表の部門個別費の欄に記入する。次に，②部門共通費に記されている3つの部門共通費を③配賦基準によって各部門に配賦する。内容的な関連性から福利施設負担額には従業員数，建物減価償却費には占有面積，電力料には電力消費数量が適切な配賦基準だと考えられる。配賦率を下記のように求めれば，各部門の配賦基準数値を掛けて，各部門への配賦額を部門費集計表に記入できる。

福利施設負担額配賦率：$1,200,600$ 円 $\div (20$ 人 $+ 30$ 人 $+ 19$ 人 $+ 12$ 人 $+ 6$ 人$)$
$$= 13,800 \text{ 円／人}$$
建物減価償却費配賦率：$871,200$ 円 $\div (55 \text{ m}^2 + 25 \text{ m}^2 + 15 \text{m}^2 + 15 \text{ m}^2 + 11\text{m}^2)$
$$= 7,200 \text{ 円／m}^2$$
電力料配賦率：$547,400$ 円 $\div (60\text{kWh} + 45\text{kWh} + 30\text{kWh} + 18\text{kWh} + 8\text{kWh})$
$$= 3,400 \text{ 円／kWh}$$

　たとえば，組立部門への建物減価償却費の配賦額であれば，配賦率 $7,200$ 円／m^2 に配賦基準数値 55m^2 を掛けた $396,000$ 円となる。このように計算される各部門への部門共通費の配賦額を部門費集計表に1つずつ埋めていけばよい。

8.3　第2次集計

　第2次集計とは，各補助部門費を製造部門に配賦する手続きである。ただし，補助部門のサービスの提供形態の捉え方に応じて，複数の配賦方法が認められている。本書では，最もシンプルな配賦方法である直接配賦法を解説する。

　直接配賦法とは，補助部門と製造部門の直接的な関係のみに注目して配賦額を計算する方法である。補助部門から補助部門へのサービスの提供があったとしても，計算上はこれを無視するということである。そのため，直接配賦法では，下式の波線に示されるように，補助部門費配賦率を計算する際の配賦基準数値合計は製造部門のみの値から構成される。

図 8.2 補助部門間のサービスのやり取りと直接配賦法

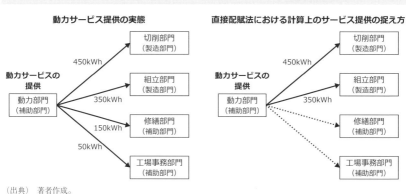

（出典）著者作成。

補助部門費配賦率＝補助部門費÷製造部門の配賦基準数値合計

各製造部門への補助部門費配賦額＝補助部門費配賦率×各製造部門の配賦
基準数値

　図 8.2 の左図は，補助部門の一つである動力部門による動力サービスの提供
実態を表している。動力部門が提供している動力サービスは，製造部門のみな
らず補助部門でも消費されている。しかしながら，直接配賦法は，補助部門間
でのサービスのやり取りを計算上無視するので，図 8.2 の右図では，それが破
線で示されている。2 つの補助部門に提供される動力が 0kWh であると考える
のと同じことである。

　それでは，動力部門に集計された部門個別費と部門共通費の合計額が
2,500,000 円，動力部門費の配賦基準を各部門が利用した動力消費数量だとし
て，直接配賦法による配賦計算がどうなるか確認しておこう。下式に示される
ように，直接配賦法では，製造部門の動力消費数量のみを使って配賦率と配賦
額を求めるのが特徴である。

　　動力部門費配賦率：2,500,000 円÷（450kWh＋350kWh）＝3,125 円/kWh
　　切削部門への補助部門費配賦額：3,125 円/kWh×450kWh＝1,406,250 円
　　組立部門への補助部門費配賦額：3,125 円/kWh×350kWh＝1,093,750 円

　動力部門から 2 つの補助部門への配賦計算が無視され，2,500,000 円の動力部
門費が全て製造部門へと配賦されている。修繕部門と工場事務部門の配賦計算

表8.3　第2次集計のための資料

	合　計	組立部門	仕上部門	動力部門	修繕部門	工場事務部門
部門費	4,251,000 円	1,551,600 円	1,291,000 円	643,400 円	521,400 円	243,600 円
補助部門費配賦基準						
動力消費数量	105kWh	50kWh	30kWh	―	15kWh	10kWh
修繕作業時間	58 時間	30 時間	20 時間	8 時間	―	―
従業員数	87 人	20 人	30 人	19 人	12 人	6 人

（出典）　著者作成。

　も同様に行えば，全ての補助部門費が製造部門に配賦される。第1次集計と同様に，第2次集計も表を使って配賦結果を示すことができる。この表は補助部門費配賦表と呼ばれている。

　それでは，表8.2 の続きとして，表8.3 の数値例を用いて，直接配賦法による補助部門費の製造部門への配賦計算を行い，その計算結果を表8.4 の補助部門費配賦表に記入（各製造部門への配賦額は薄く塗りつぶしている部分に記入済）する方法を確認する。

　まず，補助部門費配賦表の一番上の部門費の欄には，第1次集計で集計された各製造部門費と各補助部門費の金額を記載する。そして，この補助部門費を製造部門へと配賦するのが第2次集計である。補助部門費の配賦基準は，その内容から最も適切と考えられるものを選択する。そして，補助部門費の配賦率を計算する。直接配賦法では，補助部門から製造部門への配賦のみを考慮する点に注意が必要である。

　　動力部門費配賦率：643,400 円÷（50kWh ＋ 30kWh）＝ 8,042.5 円/kWh
　　修繕部門費配賦率：521,400 円÷（30 時間＋ 20 時間）＝ 10,428 円/ 時間
　　工場事務部門費配賦率：243,600 円÷（20 人＋30 人）＝ 4,872 円/人

　上記の配賦率に各製造部門の配賦基準数値を掛ければ，各製造部門への補助部門費の配賦額を計算できる。配賦額を計算できれば，表8.4 の補助部門費配賦表の薄く塗りつぶされている部分に配賦額を記入する。たとえば，動力部門費の組立部門への配賦であれば，配賦率 8,042.5 円/kWh に配賦基準数値 50kWh を掛けた 402,125 円を動力部門費の組立部門への配賦欄に記入する。全配賦額の記入を終えれば，製造部門の部門個別費と全配賦額を合計し，総合計を補助部門費配賦表の一番下の欄の製造部門費に記入する。たとえば，組立部門であ

表 8.4　補助部門費配賦表（直接配賦法）

（単位：円）

摘　要	合　計	製造部門		補助部門		
		組立部門	仕上部門	動力部門	修繕部門	工場事務部門
部門費	4,251,000	1,551,600	1,291,000	643,400	521,400	243,600
動力部門費		402,125	241,275			
修繕部門費		312,840	208,560			
工場事務部門費		97,440	146,160			
	4,251,000	2,364,005	1,886,995			

（出典）　著者作成。

れば，部門個別費の 1,551,600 円に配賦された補助部門費 402,125 円，312,840円，97,440 円を合計した 2,364,005 円が製造部門費となる。当然のことながら，配賦前の部門費合計と配賦後の製造部門費合計は一致する（**表 8.4** の数値例では 4,251,000 円）。

●コラム 9　補助部門費の配賦方法

　補助部門間のサービスの授受の捉え方に応じて，補助部門費の製造部門への配賦方法は，直接配賦法，相互配賦法，階梯式配賦法という 3 つに分類される。計算手続きの簡便性という点では，直接配賦法，階梯式配賦法，相互配賦法の順で徐々に低くなり，配賦計算の正確性という点では，逆に，この順で徐々に高くなる傾向がある。どの方法を採用するのかは，分析の費用対効果に基づいて判断すべきだろう。実態調査によれば，補助部門は複数の製造および補助部門にサービスを提供していると回答している企業が多いにもかかわらず，補助部門費は製造部門のみに配賦する直接配賦法を採用している企業が多い（清水，2022）。この結果は，計算の手間などを考慮した配賦方法を選択している可能性を示唆する。

　また，上記の配賦方法の選択のみならず，補助部門費の配賦計算のとりうる選択肢は多岐にわたっている。たとえば，変動費と固定費とに分けて，それぞれ別個の配賦基準を適用する方法だったり，補助部門費を，製造部門を通過させずに，製品に直接配賦する方法（『原価計算基準』十八「部門別計算の手続」（二））もある。

8.4　第 3 次集計

　第 3 次集計では，製造部門費を各製品に振り替える手続きを行う。第 2 次集計が終了した段階で，全ての製造間接費が製造部門に集計された状態にある。そのため，製造部門費を各製品に配賦すれば，製造間接費の配賦計算が完了する。ここでも，製造部門費の発生と関連が深いと考えられる配賦基準を選択する必要がある。たとえば，人が主に製造作業を行っている場合には直接作業時間，機械製造が主な場合には機械運転時間を配賦基準として利用する。第 3 次集計の配賦計算の手続き自体は，単純個別原価計算と基本的には変わらない。

　　製造部門費配賦率＝製造部門費÷全ての製品の配賦基準数値合計

　　各製品への製造部門費配賦額＝製造部門費配賦率×各製品の配賦基準数値

　製造指図書ごとに配賦額が計算できれば，その結果を原価計算表に記載すれば，すでに記入済みであるはずの製造直接費と合計して，製品原価を把握できる。それでは，表 8.4 の続きとして，表 8.5 の数値例を用いて，第 1 次集計から第 3 次集計までの流れと表 8.6 の原価計算表（総括表）への記入を確認しておこう。なお，表 8.6 の前月繰越欄に示されている通り，指図書番号 #1 は当月以前に製造が開始されており，前月からの繰越額が 975,000 円ある。

　製造直接費に関しては，表 8.5 の①当月の製造直接費に記載されている金額をそのまま原価計算表（表 8.6）の直接材料費と直接労務費の欄に転記すればよい。製造間接費に関しては，表 8.5 の②〜④までに資料が示されており，これが部門別計算による製造間接費の配賦の手続きを説明している。

　まず，表 8.5 の②製造間接費の製造部門と補助部門への直課・配賦額は第 1 次集計の結果を意味している。つまり，部門個別費の直課と部門共通費の配賦を終えた後の各部門の金額が示されている。次に，③補助部門費の製造部門への配賦額は第 2 次集計の結果を意味している。つまり，②で示された補助部門に集計された金額の製造部門への配賦額を示している。動力部門費 643,400 円は，組立部門に 402,125 円，仕上部門に 241,275 円配賦されている。修繕部門費 521,400 円は，組立部門に 312,840 円，仕上部門に 208,560 円配賦されている。工場事務部門費 243,600 円は，組立部門に 97,440 円，仕上部門に 146,160 円配

表8.5 第3次集計のための資料

①当月の製造直接費

直接材料費	2,325,000 円（#1: 375,000 円, #2: 1,050,000 円, #3: 900,000 円）
直接労務費	3,175,000 円（#1: 1,450,000 円, #2: 1,200,000 円, #3: 525,000 円）

②製造間接費の製造部門・補助部門への直課・配賦額

組立部門	仕上部門	動力部門	修繕部門	工場事務部門
1,551,600 円	1,291,000 円	643,400 円	521,400 円	243,600 円

③補助部門費の製造部門への配賦額

	組立部門	仕上部門
動力部門	402,125 円	241,275 円
修繕部門	312,840 円	208,560 円
工場事務部門	97,440 円	146,160 円

④製造部門費の製造指図書別配賦額

	#1	#2	#3	合 計
組立部門費	623,000 円	1,230,005 円	？ 円	2,364,005 円
仕上部門費	942,905 円	？ 円	544,050 円	1,886,995 円

（出典） 著者作成。

表8.6 原価計算表（総括表）

費 目	#1	#2	#3
前月繰越	975,000 円	—	—
直接材料費	375,000 円	1,050,000 円	900,000 円
直接労務費	1,450,000 円	1,200,000 円	525,000 円
製造間接費			
組立部門費	623,000 円	1,230,005 円	511,000 円
仕上部門費	942,905 円	400,040 円	544,050 円
合 計	4,365,905 円	3,880,045 円	2,480,050 円
備 考	完成	完成	未完成（仕掛）

（出典） 著者作成。

賦されている。

　第2次集計までが終了した段階で，全ての製造間接費が製造部門に集計されていることになる。その金額は，第1次集計で製造部門に集計された金額（組立部門 1,551,600 円，仕上部門 1,291,000 円）に，第2次集計で配賦された補助部門費の金額（組立部門 812,405 円（＝ 402,125 ＋ 312,840 ＋ 97,440），仕上部門 595,995 円（＝ 241,275 ＋ 208,560 ＋ 146,160））を加算した額となる。つまり，第3次集計にて，3つの製品に対して配賦される製造部門費の金額は，組立部門が 2,364,005

円（＝1,551,600＋812,405），仕上部門が 1,886,995 円（＝1,291,000＋595,995）となる。こうして集計された製造部門費（組立部門費と仕上部門費）を各製品に配賦するのが第 3 次集計となる。この配賦額を示しているのが，資料④の各指図書別配賦額である。なお，この資料では一部空白になっているが，配賦される総額は判明しているので，「?」と表示されている金額も求めることができる。たとえば，組立部門費の指図書番号 #3 への配賦額であれば，511,000 円（＝2,364,005−(623,000＋1,230,005)）となる。同様に，仕上部門の指図書番号 #2 の金額であれば，400,040 円（1,886,995−(942,905＋544,050)）となる。資料④の金額は，各製品（指図書）への製造部門費の配賦額なので，原価計算表（表 8.6）の製造間接費の組立部門費と仕上部門費に金額を記入すればよい。

8.5 製造部門費の予定配賦

　ここまでの説明では，実際に発生した製造間接費を配賦するという実際配賦を念頭に置いてきた。ただし，第 3 次集計である製造部門費の各製品への配賦は予定配賦によってもできる。予定配賦を行うには，下式で求められる予定配賦率を確定させる必要がある。

予定配賦率＝製造部門費予算額÷年間の予定配賦基準数値合計

　予定配賦率を求めるのに用いる製造部門費予算額は，会計期間の期首段階にて，次のようにして計算される。まず，第 1 次集計で製造間接費の予算額から部門費予算額を集計し，次に第 2 次集計で補助部門費予算額を製造部門に配賦することで，製造部門費の予算額を求めることができる。

　配賦基準数値の合計は，前講で説明した基準操業度に基づいて設定される。予定配賦の配賦基準となる操業度に関して，実態調査の結果によれば，次期の販売予測に基づいた期待実際操業度が多数派で，長期的なトレンドに今後の趨勢を加味した正常操業度が次に続いている（清水，2022）。

　毎月の原価計算期間では，各製造部門の実際配賦基準数値が確定するので，下式によって，各製品への製造部門費の予定配賦額を計算する。

表 8.7 配賦に関する資料

①予定配賦額に関する資料

	配賦基準	実際機械運転時間	実際直接作業時間	予定配賦率
切削部門費	機械運転時間	320 時間	200 時間	1,000 円 / 時間
組立部門費	直接作業時間	240 時間	160 時間	1,500 円 / 時間

②製造間接費実際発生額

材料費 200,000 円, 労務費 150,000 円, 経費 220,000 円

③部門費の集計（第 1 次集計）

切削部門 250,000 円, 組立部門 200,000 円, 動力部門 80,000 円, 修繕部門 40,000 円

④補助部門費の実際配賦に関する資料

	切削部門	組立部門
動力部門費	55%	45%
修繕部門費	60%	40%

（出典） 著者作成。

各製品への製造部門費予定配賦額＝予定配賦率×各製品の実際配賦基準数値

次に「8.1.2　部門別配賦の 3 つのステップ」で説明した手順の第 1 次集計と第 2 次集計を通じて，製造間接費の実際発生額を各製造部門に集計する。この製造部門費の実際発生額と製造部門費の予定配賦額との差額が，製造部門費配賦差異として認識される。この差異は，第 7 講で学習した製造間接費配賦差異と同じように，予定配賦額よりも実際発生額の方が大きい場合は配賦不足が生じたため不利差異，逆に予定配賦額の方が実際発生額よりも大きい場合は過大に配賦をしたため有利差異として捉える。

最後に，表 8.7 の数値例を用いて，製造部門費の予定配賦と配賦差異の計算方法について確認しておこう。

まず，①予定配賦額に関する資料から，製造部門費の予定配賦額（総額）を以下のように計算する。

切削部門費の予定配賦額：1,000 円/時間×320 時間＝320,000 円

組立部門費の予定配賦額：1,500 円/時間×160 時間＝240,000 円

次に，②製造間接費実際発生額を製造部門に集計する。表 8.7 にて示される，③第 1 次集計の結果（②の製造間接費実際発生額を部門ごとに集計）と，④補助部門費の実際配賦に関する資料に基づいて，下記に示す通り，補助部門費を各

製造部門へと配賦する。

> 切削部門への動力部門費配賦額：80,000円×55％＝44,000円
>
> 組立部門への動力部門費配賦額：80,000円×45％＝36,000円
>
> 切削部門への修繕部門費配賦額：40,000円×60％＝24,000円
>
> 組立部門への修繕部門費配賦額：40,000円×40％＝16,000円
>
> 切削部門への補助部門費配賦額合計：44,000円＋24,000円＝68,000円
>
> 組立部門への補助部門費配賦額合計：36,000円＋16,000円＝52,000円

この製造部門への補助部門費の配賦額に，③第1次集計で示されている製造部門に集計された金額を加算して，製造部門費の実際発生額を計算する。

> 切削部門費実際発生額＝68,000円＋250,000円＝318,000円
>
> 組立部門費実際発生額＝52,000円＋200,000円＝252,000円

この実際発生額と最初に計算した予定配賦額との差額が各製造部門の製造部門費配賦差異である。

> 切削部門費配賦差異：320,000円－318,000円＝2,000円
>
> 組立部門費配賦差異：240,000円－252,000円＝－12,000円

切削部門では実際発生額よりも多く配賦してしまっているので有利差異となるのに対して，組立部門では配賦された額よりも実際発生額の方が多いので不利差異となる。

引用文献

清水孝（2022）「わが国原価計算実務の現状」『早稲田商学』462：1-47.

● 練習問題 ●

A社は実際個別原価計算を採用し，製造間接費の計算は部門別計算を行っている。次の資料に基づいて，下記の問に答えなさい。

（資料1）

	合　計	切削部	組立部	修繕部	動力部	工場管理部
動力消費量（kwh）	1,000	450	250	150	―	150
従業員数（人）	125	40	50	10	15	10
修繕回数（回）	80	30	25	―	15	10

（資料2）

（単位：時間）

		製造指図書#1	製造指図書#2
切削部	直接作業時間	320	300
	機械稼働時間	800	400
組立部	直接作業時間	650	350
	機械稼働時間	480	420

(1) 直接配賦法によって，【解答欄】の補助部門費配賦表を完成しなさい。なお，資料1から適切なデータのみ選んで使用すること。

(2) (1)で計算した製造部門費を製品別に実際配賦する。当月では，製造指図書#1および製造指図書#2がともに完成している。資料2に基づいて，各製品に対する製造間接費配賦額を計算しなさい。なお，切削部では機械稼働時間，組立部では直接作業時間をそれぞれ配賦基準としている。

【解答欄】

(1)

費　目	合　計	製造部門		補助部門		
		切削部	組立部	修繕部	動力部	工場管理部
部門費	4,350,000	1,215,000	950,000	605,000	770,000	810,000
修繕部費						
動力部費						
工場管理部費						
製造部門費						

(2)

製造指図書#1 配賦額＿＿＿＿＿＿＿＿＿＿＿＿＿＿円

製造指図書#2 配賦額＿＿＿＿＿＿＿＿＿＿＿＿＿＿円

第9講
総合原価計算

　以前，ドラマのロケ撮影現場に提供した中華弁当が好評で，何度か同様の特別注文を受注していた弥生。主演人気女優がテレビ番組で取り上げてくれたことで，最近はかなり忙しい日々を過ごしていた。そんな折，冷凍食品の製造受託会社の営業マンが孝太郎のもとを訪ねてきて，弥生プロデュースの冷凍餃子を商品化してみないかという企画を持ちかけてきた。孝太郎にとって初めてのことだったので，どうすればよいのか山村に相談していた。山村は知り合いの冷凍食品工場の見学に孝太郎を誘い出した。

孝太郎「先輩，これはかなりのチャンスですよね」

山村　「着実に仕事をやってきた結果，徐々に知名度が上がってきているんだろうな。でも，浮かれているだけではダメだぞ。どういう話かちゃんと確認したか」

孝太郎「できるだけ弥生の餃子の味を再現できるような生産体制は整っている，みたいな説明はしていました」

山村　「作り手としては，ラーメンはもちろん，餃子にもいろいろこだわりがあるだろう」

孝太郎「そうですね，味付けはもちろん，野菜のカットの仕方とか豚ひき肉の脂肪分のバランスとか，いろいろ考えてつくってます」

山村　「許容できる原価の範囲内で，そのこだわりをどこまで忠実に再現できるかだな。店の餃子よりも美味しくはならないだろうけど，店の味と比べて極端に劣っていては，悪影響しかないから」

孝太郎「たしかにそうですね」

山村　「餃子をつくるといっても，『料理人が厨房で作業する』のと『工場で製品

　　　として製造する』のはずいぶん異なるからな。孝太郎は食品工場のライ
　　　ンを見に行ったことはあるのか」

孝太郎「工場見学なんて小学校のとき以来行ったことないですよ」

山村　「俺の知り合いの社長で冷凍食品会社を経営している人がいるから，その
　　　人に頼んで，今度，冷凍餃子の生産ラインを見学させてもらおう」

孝太郎「ありがとうございます」

　2021年6月の弥生の定休日。孝太郎は山村と一緒に冷凍食品工場の見学に来
ていた。挨拶も早々に済まし，クリーン服に着替えて工場に入っていく。お目当
てはもちろん，冷凍餃子の生産ラインだ。このラインでは，キャベツやひき肉な
どの食材の洗浄とカットを行う「仕込み」，食材を混ぜ合わせて餃子の具を生産
する「タネ」，出来上がったタネをロボットが皮に高速で包む「包み」，容器に敷
き詰め，冷凍加工する「冷凍」，袋詰めして完成させる「梱包」の5つの工程の
様子を見ることができる。

孝太郎「すごい規模とスピードで，圧倒されますね」

山村　「日産でどの程度なんですか」

工場案内担当者「そうですね，概ね日産2万パックですね。うちの餃子は中堅ど
　　　　　　ころなので，大手だと，この倍ぐらい生産してますね」

孝太郎「1パック12個入りだから，餃子24万個。うちの何百倍…」

山村　「そりゃ比べるもんじゃないから」

孝太郎「素人目には，食品というよりも工業製品を生産しているように見えます。
　　　作業している人がほとんどいないですし」

工場案内担当者「野菜や肉のカットなどは，形が不揃いなこともあって，昔は直
　　　　　　接作業する工員がいたんですが，最近はAI技術が発展したこと
　　　　　　もあって，不定形な食材でも，機械を使ってうまく切り分けて，
　　　　　　食べられない部分を除去できるようになりました。なので，生
　　　　　　産ラインに立っている数少ない従業員のほとんどが，機械の運
　　　　　　転状況を管理監督する人たちですね」

山村　「最近の生産設備の進歩はすごいですね」

孝太郎「人の手でつくるのと比べて，原価の大きな割合をロボットや加工機械に
　　　関わる原価が占めそうですね」

山村　「ああ，材料費や労務費の割合は相対的に小さくなるな。孝太郎，すっか
　　　り頭の中が原価計算になっているな（笑）」

孝太郎「もはや職業病です」

工場案内担当者「最近では，AIによる画像センシング技術の発展で，異物混入の
　　　　　　チェックなどに関する設備投資も増えていて，原価的には減価
　　　　　　償却費をはじめとする製造間接費は相対的に増大傾向にありま

　　　　　　すね。」

孝太郎　「たしかに異物混入は死活問題になるから，衛生面はすごく気を使いますよね。うちではそんな AI を使ったりとかはないですけど。ところで，この冷凍餃子の原価はどのように計算しているんですか」

工場案内担当者「うちは，基本的に年間の需要予測に基づいて，見込みで大量生産していますし，ご覧の通り冷凍餃子は複数の工程を経て生産されますので，工程別総合原価計算を採用しています。もちろん，工場では他の製品も生産していますが，製品種類ごとに生産ラインが綺麗に分かれていて，かなりの原価がラインごとに集計されていて，集計しきれない部分は各製品に配賦しています」

孝太郎　「工程別ということは，各工程に原価が集計されるということでしょうか」

山村　　「そうだな，以前，部門別計算の話をしたことがあっただろう。あれの総合原価計算バージョンと考えればいいかな」

孝太郎　「うちの場合は，１日単位での平均注文数から，毎日餃子を何人前仕込むと決めているから，個別原価計算的に捉えることができると，以前，先輩はおっしゃってましたよね」

山村　　「そうそう。製品別の原価を計算する方法には個別原価計算と総合原価計算の２つがある。ここの冷凍食品工場のような場合は，基本的に見込み生産が続けられるから，製品原価を計算しようとすると，人為的に計算期間を区切る必要があるんだ。こうした場合に採用されるのが総合原価計算だ」

　　孝太郎にとっての初めての冷凍食品工場見学は，多くの学び・気づきがある有意義なものとなった。

孝太郎　「今日の工場を見てしまうと，営業してきたところの話は断るかな」

山村　　「そもそも製造受託だけだから，販売網を構築せずに，そんなことしたら，弥生はたちまち倒産しちゃうぞ」

孝太郎　「えー，先輩，最初からそう思ってたんですか」

山村　　「でも，今日の工場見学は勉強になっただろう。ただ，弥生がもっと有名になったら，本当に大手の会社からライセンスの依頼があるかもしれないから，いろいろ知っておくのは大事なことだぞ」

仕掛品の一例（味付けをしたラーメンの具材）。モデルとなったラーメン店では月末まで仕掛品として残っていることはほとんどないが，大量見込み生産され，かつ保存がきくものについては，仕掛品として認識しうる（撮影者：町田遼太）

　孝太郎は冷凍食品工場の見学を通じて，大量見込み生産される製品の製品別計算が総合原価計算であることを学びました。このように見込み生産されている製品にはどのようなものがあるのか，そしてそれらの製品がどのような生産工程を経て完成品へと至っているのか想像してみましょう。最近では，YouTube にて，メーカー自らが自社の生産ラインを公開していることも少なくありませんから，ぜひ検索してみてください。

　これまで費目別計算，単純個別原価計算，部門別個別原価計算と学習してきました。第9講では，もう一つの製品別計算である総合原価計算について学習します。総合原価計算は，製品の特徴や生産形態に応じて，図9.1 で示されるような複数の種類に分けることができます。

　まず，単一製品のみを製造している場合の単純総合原価計算の解説から始めます。その後，複数の異種製品を生産している場合の組別総合原価計算，同種製品でありながら重量や長さなどで区別できる場合の等級別総合原価計算，最後に，ケースで登場した複数工程を通じて製品が生産される場合の工程別総合原価計算について解説します。

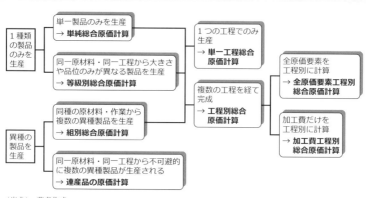

図9.1　総合原価計算の種類

（出典）　著者作成。

9.1　総合原価計算とは

　第7講・第8講で学習してきた単純個別原価計算と部門別個別原価計算は，主には受注生産されるような製品を対象とした原価計算であった。受注や生産計画に基づいて製造指図書が発行され，その指示のもと製造活動が行われ，原価は指図書ごとに発行される原価計算表に集計されていく。一方，需要予測に基づいて見込み生産が続けられる製品の製造時には，継続製造指図書と呼ばれる指図書が発行されるが，終了を宣言されないかぎり生産活動は継続される。よって，製品原価を計算するには，人為的に原価計算期間を区切る必要がある。通常，原価計算期間は暦上の1ヶ月とされることが多く，以下の説明もこれに従う。

　原価計算期間が一旦区切られる月末段階では，完成した製品（完成品）のみならず，まだ製造途中で販売できない仕掛品があることも多い。つまり，当該期間に発生した原価を全て集計しても，それがそのまま完成品の原価とはならず，原価を完成品分と月末仕掛品分に分ける計算手続きが必要になる。こうした計算手続きとして説明されるのが総合原価計算である。

図9.2 ボックス図

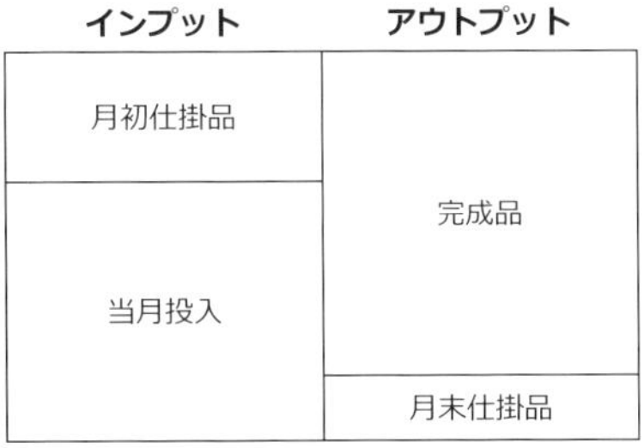

（出典）著者作成。

9.1.1 インプットとアウトプット

　図9.2はボックス図と呼ばれるもので，左側のインプットには，月初仕掛品（先月末に仕掛かった在庫）と当月の新たな投入分，つまり，その月の間に作業着手されるものが配置される。対して，右側のアウトプットには，その月の作業の成果である完成品と月末仕掛品（当月末に仕掛かった在庫）が配置される。ボックスの高さが左右で等しいのは，インプットされた数量や金額の合計とアウトプットされた数量や金額の合計が必ず同じになるからである。

　インプットが生産工程を経てアウトプットへと変換されるという過程なので，総合原価計算では，期間中に発生したインプットの原価を集計して，それをアウトプット，すなわち完成品と月末仕掛品とに配分する計算手続きとなっている。よって，アウトプットに関する原価を計算する上で把握しておくべきデータは，インプットの数量と金額，アウトプットの数量となる。

9.1.2 月末仕掛品の評価
9.1.2.1 基本的な考え方

　インプットの原価を，どのようにアウトプットの完成品と月末仕掛品に配分すればよいのだろうか。図9.2の構造をもとに考えれば，月末仕掛品の原価がわかれば完成品の原価が計算できる。なぜなら，インプットの金額の合計から月末仕掛品原価を差し引くことで，完成品の原価の総額を計算できるからである。これを完成品総合原価という。そして，完成品総合原価を完成品数量で割れば完成品単位原価を計算できる。

　たとえば，月末仕掛品40個，完成品数量100個，月初仕掛品20個，当月投

入数量120個分，インプットの金額総計（月初仕掛品原価と当月製造費用）が120,000円であるとしよう。月末仕掛品原価が36,000円と計算できたとすると，完成品総合原価は84,000円（＝120,000−36,000），完成品単位原価は840円/個（＝84,000÷100）と計算できる。このように，総合原価計算の手続きでは，月末仕掛品原価をどのように評価するかが重要となる。

　月末仕掛品の評価において重要なポイントは2つある。1つ目は，完成品と月末仕掛品との違いである。ここでいう「違い」とは，完成品と月末仕掛品の1単位あたりに投入された原価における差である。たとえば，製造開始段階で全材料が投入（インプット）され，あとは加工作業だけで完成品に至る製品を考える。この製品の完成品と月末段階で加工途中の月末仕掛品では，投入された材料費に違いはなく，加工に要する原価のみが異なる。もちろん，材料が少しずつ投入される製品であれば，完成品と月末仕掛品とでは投入される材料費も異なる。総合原価計算では，こうした違いを加味する必要があり，**直接材料費**と**加工費**（直接労務費と製造間接費の合計）とに分けて，月末仕掛品が評価されると多くのテキストでは説明される。ただし，実態調査（清水，2022）によれば，直接材料費と加工費という区分を用いている企業は4割弱（37.9%）であり，直接材料費，直接労務費および製造間接費とに分け，仕掛品に集計する手続きをとっている企業がそれ以上（44.8%）存在している。

　2つ目は，月初仕掛品と当月投入分を比較すると，直接材料費や加工費の単価が一致するとは限らないということである。一致しないことで問題になるのが，月末仕掛品の中身である。つまり，月初仕掛品の作業が終了せずに月末仕掛品となっているのか，あるいは，当月に投入された分が未完成となり月末仕掛品となっているのか，あるいは月初仕掛品と当月投入分が混在しているのかといったことである。この問題は**第5講**で学習した材料費の払出単価の計算と同じである。総合原価計算では，月初仕掛品の加工と当月投入分の加工を並行して平均的に進めるという仮定を置く**平均法**と，時間的に古い月初仕掛品から先に作業を開始して，その加工作業が終了してから当月投入分の加工に着手するという仮定を置く**先入先出法**の2つが代表的な方法である。実態調査（清水，2022）によれば，先入先出法よりも平均法の採用率（5割弱）の方が高い。また，同調査では，月末仕掛品を予定原価や正常原価で評価している企業（3割強）もあることが報告されている。

　上述してきた総合原価計算のポイントをまとめると，以下のようになる。

・月末仕掛品の評価（月末仕掛品原価の計算）を通じて，完成品総合原価，完成品単位原価を計算する。
・月末仕掛品の評価に際しては，直接材料費と加工費に分けて計算し，その方法には平均法と先入先出法がある。

9.1.2.2　平　均　法

表9.1 の数値例を用いて，平均法と先入先出法の計算手続きを確認する。

①生産データでは，当月に作業着手されたインプット（月初仕掛品数量と当月投入数量）とそれらのアウトプット（完成品数量と月末仕掛品数量）が示されている。②原価データでは，直接材料費と加工費に分けて，インプットである月初仕掛品原価と当月投入分に該当する当月製造費用が示されている。インプットの数量と金額，アウトプットの数量に関するデータが揃っているので，月末仕掛品と完成品の原価を計算できる。総合原価計算に慣れるまでは，**図9.3** のようなボックス図を描いて，データを整理するとよい。

平均法と先入先出法では，ボックス図で薄く塗りつぶされている部分である月末仕掛品原価の評価単価の計算方法に基本的な違いがある。

平均法は，月初仕掛品と当月投入分を区別せずに，それらの合計額から平均単価を求め，月末仕掛品を評価する方法である。まず，**表9.1** の（注）に記載されている「材料は始点投入されている」という文は，作業着手時点で全材料が投入されていることを示している。そのため，完成品と月末仕掛品とで1個あたりに含まれる直接材料費は同一であると考えられる。そのため，直接材料費の計算に際しては，仕掛品数量と完成品数量はそのまま加減算できる。「月初仕掛品数量 400 個，当月投入 1,800 個分」あるいは「完成品数量 1,700 個，月末

表9.1　今月のデータ

①生産データ

月初仕掛品	400 個	（50%）
当月投入	1,800 個	
小　計	2,200 個	
月末仕掛品	500 個	（20%）
完成品	1,700 個	

②原価データ

	直接材料費	加工費
月初仕掛品原価	15,000 円	6,400 円
当月製造費用	57,600 円	80,000 円
合　計	72,600 円	86,400 円

（注）材料は始点投入されている。（　）内の数値は加工進捗度を示す。
（出典）著者作成。

図9.3　数値例のボックス図

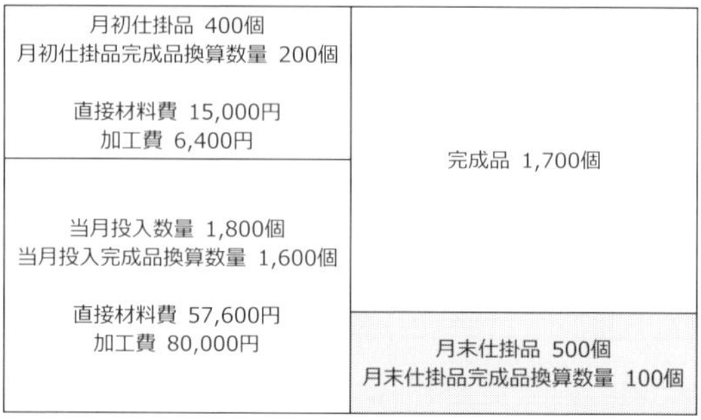

月初仕掛品　400個 月初仕掛品完成品換算数量　200個 直接材料費　15,000円 　　加工費　6,400円	完成品　1,700個
当月投入数量　1,800個 当月投入完成品換算数量　1,600個 直接材料費　57,600円 　　加工費　80,000円	月末仕掛品　500個 月末仕掛品完成品換算数量　100個

（出典）　著者作成。

　仕掛品数量500個」から，当期のインプット合計数量は2,200個である。直接材料費のインプット合計金額は，月初仕掛品原価15,000円に当月製造費用57,600円を加えた72,600円となる。よって，月末仕掛品を評価するための1個あたり直接材料費は33円/個（＝72,600÷2,200）となる。月末仕掛品は500個であるから，評価単価を掛けた直接材料費分の月末仕掛品原価は16,500円（＝33×500）となる。最後に，インプット金額の合計72,600円から月末仕掛品原価16,500円を差し引いた56,100円が，直接材料費分の完成品原価となる。

　一方で，加工費の計算では，「月初仕掛品数量と当月投入数量」あるいは「完成品数量と月末仕掛品数量」を単純に足し合わせることはできない。なぜなら，工程の始点で投入される直接材料費とは異なり，加工費は加工作業の進み具合に伴い発生するからである。つまり，月初仕掛品，当月投入分，月末仕掛品の加工の進み具合が異なれば，それぞれに消費されている加工費の程度（単価）も異なる。そこで，加工進捗度と完成品換算量という概念を用いて，この加工の進み具合のずれを調整する。

　加工進捗度とは，完成品を100%とみなしたときに加工作業がどの程度進んでいるのかを示した値で，通常はパーセント表記あるいは0〜1までの間の値で示される。そして，**完成品換算量**とは，仕掛品の数量を完成品の数量に換算した値である。実際の計算では，仕掛品数量に加工進捗度を掛けて計算される。表9.1の数値例では，月初と月末のそれぞれの仕掛品数量のすぐ後ろに示されている括弧内の値が加工進捗度である。月末仕掛品500個は加工進捗度が20%とあるので，完成品に換算すれば100個分（＝500×0.2）とみなせる。完成品は

加工進捗度が100％なので，完成品数量はそのままで1,700個分（＝1,700×1）となる。要するに，月初および月末仕掛品の実数量を，完成品換算量という単位に修正していると考えればよい。仕掛品数量を完成品換算量に修正することで，完成品数量との加減算を可能にしている。

　数値例では，完成品数量1,700個と月末仕掛品換算数量100個の合計1,800個が，完成品換算量で見たときのアウトプット数量合計値である。これはインプット数量の合計値と一致するので，加工費についても月末仕掛品を評価するための単価を計算できるようになった。つまり，加工費の月初仕掛品原価6,400円に当月製造費用80,000円を加算したインプット合計金額86,400円を，完成品換算量で計算したアウトプットの数量合計1,800個で割れば，月末仕掛品を評価するための1個あたり加工費は48円/個（＝86,400÷1,800）と計算できる。月末仕掛品原価を計算する際に，この評価単価に掛ける数量も完成品換算量を用いる。よって，加工費分の月末仕掛品原価は4,800円（＝48×100）となり，インプット金額の合計86,400円からこの月末仕掛品原価4,800円を差し引いた81,600円が，加工費分の完成品原価となる。

　直接材料費と加工費ごとに，月末仕掛品と完成品の原価が計算できたので，最後にそれらを合計すれば，月末仕掛品原価21,300円，完成品総合原価137,700円となる。完成品数量は1,700個であるので，完成品単位原価は81円/個となる。なお，平均法では，月末仕掛品と完成品の評価単価が同一なので，評価単価に完成品数量を掛けることで，完成品総合原価を直接求められる。同様に，完成品単位原価は，直接材料費と加工費の評価単価を合計することで直接求められる。

9.1.2.3　先入先出法

　先入先出法は，月初仕掛品から先に加工着手されて完成していくと想定する方法である。したがって，月末仕掛品が当期投入分から生じたと考え，月末仕掛品への配分額を求める際に当月投入分の数量と金額を用いる。ただし，月初仕掛品が当月完成品よりも多い場合には，完成品単位原価は月初仕掛品の単価を用いて評価し，インプットの総額から完成品総合原価を控除することで月末仕掛品原価を求めることができる。それでは，先に説明した平均法と同じ数値例で，直接材料費と加工費の順に計算結果を確認していこう。

　まず，数量データで月末仕掛品が当月投入分のみから構成されるかどうか確

認する。月初仕掛品数量 400 個と完成品換算量 200 個は，完成品数量 1,700 個よりも少ないので，月末仕掛品は全て当月投入分から構成されていると仮定できる。

　当月製造費用である直接材料費 57,600 円を当月投入数量 1,800 個で割ると，月末仕掛品を評価するための配分単価が 32 円/個（＝57,600÷1,800）と計算できる。そうすれば，この評価単価に月末仕掛品数量 500 個を掛けて，月末仕掛品原価が 16,000 円（＝32×500）と計算できる。あとは，インプット合計金額から月末仕掛品原価を差し引いた 56,600 円（＝15,000＋57,600－16,000）が直接材料費の完成品原価となる。

　加工費の計算に際しては，数値データに示されている当月投入分の数量はそのまま使えない。なぜなら，この数量は加工進捗度を加味していないためである。よって，当月投入分の完成品換算量を計算する必要がある。各仕掛品の完成品換算量と完成品数量が把握できている状態なので，インプット数量とアウトプット数量が等しいという関係を用いれば，当月投入分の完成品換算量は，月末仕掛品完成品換算量 100 個と完成品数量 1,700 個の合計から月初仕掛品完成品換算量 200 個を差し引いて，1,600 個（＝1,700＋100－200）と計算できる。残りの計算手続きは，始点投入の直接材料費と同様である。当月製造費用 80,000 円を当月投入分の完成品換算量 1,600 個で割って，配分単価が 50 円/個（＝80,000÷1,600）と計算できる。この評価単価に月末仕掛品完成品換算量 100 個を掛けて月末仕掛品原価 5,000 円（＝50×100）を算定する。最後に，月初仕掛品原価と当月製造費用のインプットの合計額から月末仕掛品原価を差し引いた 81,400 円（＝6,400＋80,000－5,000）が加工費の完成品原価となる。

　直接材料費と加工費ごとに，月末仕掛品と完成品の原価が計算できたので，最後にそれらを合計すれば，月末仕掛品原価 21,000 円（＝16,000＋5,000），完成品総合原価 138,000 円（＝56,600＋81,400）となる。完成品数量は 1,700 個であるので，完成品単位原価は約 81.18 円/個となる（小数点第 3 位を四捨五入，小数点第 2 位までを表示）。

　表9.2 に示されている通り，月末仕掛品の評価方法によって，計算結果に若干の違いがある。月末仕掛品原価と完成品総合原価の合計額（159,000 円）は一致しているので，違いは月末仕掛品原価と完成品総合原価のそれぞれの大小関係にある。この数値例では，平均法の方が，月末仕掛品原価は 300 円高く，その分だけ完成品総合原価が低くなっている。この差異は，月初仕掛品の直接材

表9.2 計算結果：平均法と先入先出法の比較

月初仕掛品の評価単価		月末仕掛品の評価方法	月末仕掛品の評価単価		月末仕掛品原価	完成品総合原価	完成品単位原価
直接材料費	加工費		直接材料費	加工費			
37.5円/個	32円/個	平均法	33円/個	48円/個	21,300円	137,700円	81円/個
		先入先出法	32円/個	50円/個	21,000円	138,000円	約81.18円/個

（出典）著者作成。

料費・加工費のそれぞれの単価と当月投入分の直接材料費・加工費のそれぞれの単価が同一ではないために生じている。

　表9.2 に示されている月初仕掛品の評価単価は，月初仕掛品原価を月初仕掛品数量・完成品換算量で割って求めたものである。平均法では，これと当月投入分の加重平均をとるのに対して，先入先出法では当月投入分のデータのみから月末仕掛品の評価単価を計算している。この数値例での先入先出法（当月投入分）の評価単価（直接材料費32円/個・加工費50円/個）と月初仕掛品の評価単価（直接材料費37.5円/個・加工費32円/個）を比較すると，直接材料費は当月投入分の方が安くなっているが，加工費は当月投入分の方が高くなっている。この評価単価の差異からすれば，月末仕掛品原価は，先入先出法の方が高くなりそうではあるのだが，実際は平均法の方が高くなっている。

　なぜこのような計算結果になるのだろうか。結論から述べれば，評価単価の差だけではなく，月末仕掛品数量と月末仕掛品完成品換算量との差も，月末仕掛品原価の差に大きく影響するからである。月末仕掛品の評価単価を比較すると，直接材料費は1円/個だけ平均法が高く，加工費は先入先出法の方が2円/個高いが，月末仕掛品の加工進捗度（20％）が低く，完成品換算量が元の数量の5分の1となっている。つまり，加工費の評価単価の差の2円/個は，この比率分だけ薄まってしまう。なお，厳密には，評価単価の計算に対しても，仕掛品の加工進捗度は影響している。

　完成品の原価に注目すれば，平均法は，月初仕掛品と当月投入分の材料消費単価や作業能率の違いを加重平均してしまうが，先入先出法は，これらの相違を反映させた計算も可能な方法であり，この点では先入先出法の方が優れているといえる（Datar and Rajan, 2020）。表9.2 のデータの場合でいえば，月初仕掛品の評価単価と月末仕掛品の評価に用いた当月投入分からの単価でそれぞれ完成品原価を分けて計算できるということである。このように，月初仕掛品か

らの完成品原価と当月に着手した分からの完成品原価を区別して計算する方法は，**純粋先入先出法**と呼ばれる。一方，本書で説明した先入先出法では，インプット金額の合計からアウトプットの一部である月末仕掛品原価を差し引いて，完成品原価を計算している。よって，月初仕掛完成分と当月投入完成分を特に区別していない方法となっており，これは**修正先入先出法**と呼ばれている。

●コラム10　直接材料の投入パターン

　本書の数値例では，直接材料は工程の始点で全て投入されていた。直接材料の投入パターンは，下記に示すように，他にもいくつかあり，それに伴い，完成品と月末仕掛品に対してどのように原価を按分するのかが変わる。なお，投入パターンの異なる直接材料が投入される場合には，パターンが一致している直接材料ごとに計算を行う。

材料の投入パターン	完成品と月末仕掛品への按分方法
工程始点で投入される	数量費で按分する（加工進捗度で表現すれば100％とする）
工程途中の特定点（例：20％といったように，加工進捗度で表現される）で投入される	投入される特定点を通過した加工品に対して数量比で按分する（月末仕掛品の加工進捗度の方が材料投入の特定点よりも進んでいれば，完成品と月末仕掛品に負担させるが，逆の場合は完成品のみに負担させる）
工程の終点（加工進捗度で表現すれば100％）で投入される	完成品のみに負担させる（終点を通過しているのは完成品のみ）
工程平均投入（加工作業に比例して投入）	加工費の計算と同様に，完成品換算量比で按分する

9.2　組別総合原価計算

　完全に同一ではないものの，同種の材料を用い，同種の加工が施されるような製品を製造することもある。たとえば，自動車工場では，複数の異なる種類の自動車を製造しているが，材料や加工作業は同種だといえる。このように，同種の材料・加工作業のもと，生産される製品種類のことを**組**と呼ぶ。こうした組製品の製造を行っている場合に適用される総合原価計算が**組別総合原価計算**である。

表9.3 今月の組製品ごとのデータ

①生産データ

組	月初仕掛品	完成品数量	月末仕掛品	機械運転時間
X	200個（0.4）	1,800個	400個（0.5）	3,000時間
Y	150個（0.3）	1,650個	300個（0.5）	5,000時間

材料は工程の始点で全て投入されている。
（　）内の数値は加工進捗度を示す。

②原価データ

(単位：円)

組	月初仕掛品		当月組直接費		当月組間接費
	直接材料費	加工費	直接材料費	加工費	
X	180,000	250,000	700,000	450,000	1,200,000
Y	400,000	380,000	1,550,000	850,000	

月末仕掛品の評価は平均法に基づき，組間接費の配賦基準は機械運転時間とする。

（出典）著者作成。

　計算上の特徴は，各組製品に対してどれだけ投入できたのかが明確に認識できる組直接費は各組製品に直課し，各組製品に共通して発生する原価である組間接費は各組製品に配賦されるという点にある。そして，直接労務費，直接経費，組間接費の各組製品への配賦額の合計が加工費として扱われる。表9.3の数値例を用いて，計算過程を確認しておこう。

　まず，②原価データを見ると，当月製造費用が組直接費と組間接費とに分かれていることが確認できる。そして，組間接費は，組製品であるXとYごとに把握されていない状態にある。他の原価は全て組製品ごとに把握できているため，組製品ごとの計算ができる。そこで，最初に，組間接費を各組製品に配賦する。表9.3より，配賦基準は機械運転時間で，配賦基準数値合計は8,000時間（＝3,000＋5,000）と確認できる。よって，組間接費の配賦率と配賦額は以下のように計算される。

　　組間接費の配賦率：1,200,000円÷8,000時間＝150円/時間
　　X組製品への配賦額：150円/時間×3,000時間＝450,000円
　　Y組製品への配賦額：150円/時間×5,000時間＝750,000円

　配賦された組間接費は，当月投入分の加工費として扱われるので，当月組直接費の加工費と合計する。あとは，下記に示すように，通常の単純総合原価計算を組製品ごとに行うだけである。

【X 組製品】

月末仕掛品の評価単価

　直接材料費：$(180,000 円 + 700,000 円) \div (1,800 個 + 400 個) = 400 円/個$

　加工費：$(250,000 円 + 450,000 円 + 450,000 円) \div (1,800 個 + 400 個 \times 0.5)$
　　　　　　$= 575 円/個$

月末仕掛品原価

　直接材料費：$400 円/個 \times 400 個 = 160,000 円$

　加工費：$575 円/個 \times (400 個 \times 0.5) = 115,000 円$

　合計：$160,000 円 + 115,000 円 = 275,000 円$

完成品原価

　直接材料費：$180,000 円 + 700,000 円 - 160,000 円 = 720,000 円$

　加工費：$250,000 円 + 450,000 円 + 450,000 円 - 115,000 円 = 1,035,000 円$

完成品総合原価：$720,000 円 + 1,035,000 円 = 1,755,000 円$

【Y 組製品】

月末仕掛品の評価単価

　直接材料費：$(400,000 円 + 1,550,000 円) \div (1,650 個 + 300 個)$
　　　　　　　$= 1,000 円/個$

　加工費：$(380,000 円 + 850,000 円 + 750,000 円) \div (1,650 個 + 300 個 \times 0.5)$
　　　　　　$= 1,100 円/個$

月末仕掛品原価

　直接材料費：$1,000 円/個 \times 300 個 = 300,000 円$

　加工費：$1,100 円/個 \times (300 個 \times 0.5) = 165,000 円$

　合計：$300,000 円 + 165,000 円 = 465,000 円$

完成品原価

　直接材料費：$400,000 円 + 1,550,000 円 - 300,000 円 = 1,650,000 円$

　加工費：$380,000 円 + 850,000 円 + 750,000 円 - 165,000 円 = 1,815,000 円$

完成品総合原価：$1,650,000 円 + 1,815,000 円 = 3,465,000 円$

9.3 等級別総合原価計算

　冷凍餃子の6個入り，8個入り，12個入りといったように，同一材料を投入して同一工程で同一の加工作業を通じて，大きさや品位などで区分できる異なる製品（等級製品と呼ばれる）が大量生産される場合がある。この場合には，組別総合原価計算のように異種製品として扱わず，等価係数と呼ばれる値を利用することで，手数を省略して各製品の原価を計算できる。こうした総合原価計算のことを**等級別総合原価計算**という。この方法は，組別総合原価計算の簡便法であり，単純総合原価計算と組別総合原価計算の中間に位置する計算方法といえる。

　ここでは，冷凍餃子の数値例で等級別総合原価計算の計算手続き（等価係数を適用する部分）を確認しておこう。冷凍餃子は，6個入り，8個入り，12個入りが生産され，各生産数量が150パック，300パック，180パックだとしよう。そして，投入される材料の量や加工作業時間の違いを比率で示した場合，0.6：1：1.5だったとする。この比率が等価係数と呼ばれるもので，等級製品の原価の負担割合を示す。等価係数を使うことで，原価の配分が簡単になる。

　まず，3つの冷凍餃子を1つとみなした場合の完成品総合原価を計算する。そして，この合計された完成品総合原価を，等価係数を用いて等級製品に按分する。ただし，等価係数をそのまま使うのではなく，生産数量の違いも考慮に入れる。つまり，積数と呼ばれる，等価係数に各等級製品の生産数量を掛けたものを使う。これは等級が異なる製品を等価係数1.0の製品を基準に換算した際の量を表している。表9.4にまとめられているように，6個入りの冷凍餃子150パックは8個入りの冷凍餃子90パック分，12個入り180パックは8個入り270パック分に相当することを意味している。積数合計の660パック（＝90＋300＋270）は，製品が全て8個入りであった際の生産数量総計を表している。

　1つの製品とみなして算定された完成品総合原価を積数合計で割ったものを積数単位原価という。完成品総合原価が198,000円とすると，積数単位原価は300円/パック（＝198,000÷660）となる。表9.4に示されている通り，積数単位原価に各等級製品の積数を掛けることによって，3つの等級製品の完成品総合原価を求めることができる。

表9.4　等級別総合原価計算の計算表

等　級	等価係数	数量（パック）	積数（パック）	完成品総合原価(円)
6個入り	0.6	150	90	300×90＝27,000
8個入り	1.0	300	300	300×300＝90,000
12個入り	1.5	180	270	300×270＝81,000
合　計			660	198,000

（出典）　著者作成。

　なお，上記の数値例では完成品に関する積数合計から求めた積数単位原価によって原価を各等級製品に按分した。等級別総合原価計算には，月末仕掛品の評価時あるいは当月投入分の当月製造費用の計算時といったように，積数を適用して原価を按分するタイミングの違いによるバリエーションがある。

●コラム11　製品別計算採用に影響する要因

　本文の説明にある通り，製品別計算は製品の生産形態（個別受注生産と大量見込み生産）に応じて，採用される計算手続きが異なるとされる。しかしまずもって，製品別の原価計算を実施するかしないかも，企業ごとの判断によるところがある。町田ほか（2020）は，本書の編著者らが中心となって，「企業はどのようなきっかけで，製品単位（サービス単位）に原価を集計するようになるのだろうか？」という疑問の解明に取り組んだ研究である。群馬県に所在する，中小規模を含む製造業の175工場・事業所を対象とする質問票調査を実施した結果，規模の条件については次の2点が明らかとなった。

　条件1：従業員数115人以上
　条件2：従業員数115人未満であっても総資産2億1千万円以上

　これらの条件を満たす工場・事業所の多くが製品単位での原価計算を採用していた。この論文では，この辺りの規模水準が，経営者が日常の情報から製品原価を推定することが困難になり，製品原価計算によって計算された製品原価情報を用いた経営判断が求められる分岐点になるのではないかと考察している。
　これらの規模より小さい場合でも，次の条件のもとでは製品別計算が採用されやすかった。

　条件3：生産現場に情報が多く蓄積され，かつ工場の管理者が情報を得ることが困難であるという，管理者が情報劣位の立場にある場合

　この条件下の工場・事業所では，生産現場の情報が管理者に伝わりづらいため，原価計算によって，現場の能率情報などを管理者が獲得しようとしている可能性がある。

このように，製品別計算は管理者や経営者に対して有用な情報を提供できると認識されている可能性が高い。

　組織の成長や管理者の情報要請から製品別計算が実施されるようになるということは，原価計算の知識が，大企業のみならず中小企業や零細企業においても有用である可能性が高い。

9.4　工程別総合原価計算

　これまでの総合原価計算の説明は全て単一工程で製造作業が完了することを前提としていた。しかしながら，単一工程で製造完了となる製品は珍しく，実際は複数の工程での加工作業を経て完成品となるものが圧倒的に多い。複数の工程を通じた大量見込み生産を行う場合に適用されるのが**工程別総合原価計算**である。なお，組製品や等級製品が複数工程を経て製造される場合には，組別工程別総合原価計算や等級別工程別総合原価計算といった組み合わせの総合原価計算となる。

　工程別総合原価計算とは，部門別計算の考え方を総合原価計算に適用したものといえる。そのため部門と同様に，工程が原価の集計単位となる。また，部門が組織上の部門と一致するとは限らないことと同様に，作業単位としての工程が全て原価計算上での工程となるわけではない。溝口（1973）によれば，原価計算上の**工程**になる要件は2つある。第1の要件は，各工程で生産される中間生産物が半製品として外部に販売可能であるか，一時的に貯蔵が可能な状態であることである。たとえば，冷凍餃子のタネが完成した段階で，タネを必要とする外部業者に販売することも社内で貯蔵することも可能である。したがって，「タネづくり」は工程としての要件を満たしている。第2の要件は，工程の区分に基づいて原価計算が可能であり，かつ，有効であるという点である。工程を増やせば，それだけ原価計算を行うための手間が増える。そのため，工程の区分により原価計算の正確性が向上する場合や各工程に責任者が割り当てられており原価管理上有効な場合など，費用対効果を熟慮する必要がある。

　工程別総合原価計算の計算方法には，**累加法**と**非累加法**の2つがある。累加法は，各工程の完成品原価を計算して，これを次工程に繰り越していく方法で

図9.4　累加法による工程別総合原価計算

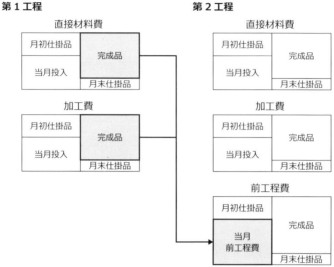

（出典）　著者作成。

ある。非累加法は，最終完成品に含まれる各工程費を直接計算する方法である。また，工程別計算の範囲を加工費のみとするのか全原価要素とするのかによって二分される。以下では，数値例を用いて，累加法による全原価要素を対象とした工程別総合原価計算の解説を行う。

　累加法による計算プロセスを示しているのが**図9.4**である。各工程では直接材料費と加工費に分けて計算が行われ，各工程の完成品総合原価が計算される。そして，この完成品総合原価を，その完成品が投入される次工程に**前工程費**として送る。こうした計算を最終工程まで続けていくと，最終工程の完成品総合原価が当該製品の完成品総合原価となる。それでは，数値例を用いて計算手続きを確認しておこう。

　2つの工程を経て製品を製造しているとする。**表9.5**のデータに基づき，全原価要素を対象に累加法による工程別総合原価計算を行って，最終的な完成品総合原価を計算する。

　累加法では工程順に計算を行っていくので，まず直接材料費と加工費について，第1工程の完成品総合原価を計算する。

表9.5　今月の工程別のデータ

①生産データ

	第1工程	第2工程
月初仕掛品	4,000kg（0.5）	6,000kg（0.5）
当月投入	76,000kg	72,000kg
合　計	80,000kg	78,000kg
月末仕掛品	8,000kg（0.25）	2,000kg（0.75）
完成品	72,000kg	76,000kg

材料は全て第1工程の始点で投入されているとする。
（　）内の数値は加工進捗度を示す。

②原価データ　　　　　　　　　　　　　　　　　　　　　　　（単位：円）

	第1工程			第2工程		
	直接材料費	加工費	合　計	前工程費	加工費	合　計
月初仕掛品原価	30,000	7,500	37,500	67,500	18,000	85,500
当期製造費用	630,000	319,950	949,950		447,000	
合　計	660,000	327,450	987,450		465,000	

月末仕掛品の評価は，第1工程では平均法，第2工程では先入先出法を用いる。

（出典）　著者作成。

【第1工程】

月末仕掛品直接材料費：660,000 円 ÷（72,000kg ＋ 8,000kg）× 8,000kg
$$= 66,000 \text{ 円}$$

月末仕掛品加工費：327,450 円 ÷（72,000kg ＋ 8,000kg × 0.25）×（8,000kg × 0.25）
$$= 8,850 \text{ 円}$$

完成品総合原価：987,450 円 －（66,000 円 ＋ 8,850 円）＝ 912,600 円

　この第1工程の完成品総合原価が第2工程では前工程費として当月に投入される分となる。この金額が，②原価データの第2工程の前工程費の当期製造費用の空欄に入る。この第1工程完成品は第2工程では始点から投入されて加工されると一般的には考えられるので，始点投入時の直接材料費と同じように計算できる。この数値例では，材料が第1工程の始点で全て投入済みであるので，第2工程で直接材料費は発生しないが，第2工程始点投入の直接材料がある場合には，前工程費と合計して計算できる。第2工程での前工程費と加工費，そして完成品総合原価は以下の通りである。なお，この数値例では第1工程では平均法が用いられていたが，第2工程では先入先出法となっている点には注意が必要である。第2工程での加工作業の着手順の仮定としては，第2工程月初仕掛品，第1工程の作業完成分（前工程からの当月投入分）となる（もし，第1

工程も先入先出法なら，第1工程月初仕掛品完成分，第1工程当月投入完成分の順となる)。

【第2工程】

月末仕掛品前工程費：912,600 円÷72,000kg×2,000kg＝25,350 円

月末仕掛品加工費：447,000 円÷(76,000kg＋2,000kg×0.75－6,000kg×0.5)
　　　　　　　　　×(2,000kg×0.75)＝9,000 円

完成品総合原価：912,600 円＋67,500 円＋465,000 円－(25,350 円＋9,000 円)
　　　　　　　　＝1,410,750 円

●コラム12　先入先出法による累加法の問題

　片岡・平井（2017）は，工程別総合原価計算の累加法において先入先出法を適用すると，前工程の現場での在庫管理の良否が，後工程の期末仕掛品原価の評価に大きな影響を与える可能性があることを，計算構造のモデル化による検証を通じて明らかにしている。

　先入先出法による累加法は，期首仕掛品から先に完成することを仮定した方法である。にもかかわらず，前工程の期首仕掛品原価が後工程の期末仕掛品原価に影響を及ぼす計算構造となっている。影響を及ぼすというのは，後工程の期末仕掛品原価に前工程期首仕掛品原価が含まれているということである。この論文では，この前工程期首仕掛品原価が後工程の期末仕掛品原価へ及ぼす影響を定式化し，その計算式から，前工程における期首仕掛品の価格要因と当期着手分の価格要因との差分が大きいほど，前工程の期首仕掛品進捗度が100％に近いほど，後工程における期末仕掛品在庫量が多いほど，この影響がより大きくなる傾向を示している。

　このことは実際の製造活動や在庫管理活動を原価計算が適切に写像できなくなる危険性を示唆している。後工程の管理者の責任下にある期末仕掛品原価が，自らの管理可能ではない要因である前工程の期首仕掛品原価によって影響を受けるためである。よって，製造現場における在庫管理・進捗管理を適切に実施できるように，原価計算上の工程の区切り方を，先の影響度を見据えながら検討する重要性が指摘されている。

引用文献

Datar, S. M., and Rajan, M. V.（2020）. *Horngren's cost accounting: A managerial emphasis*（17th global edition）. Pearson Education.

片岡洋人・平井裕久（2017）「工程別計算における FIFO の計算構造と仕掛品評価への影響」『原価計算研究』41（1）：90-102.

清水孝（2022）「わが国原価計算実務の現状」『早稲田商学』462：1-47.

町田遼太・上田巧・牧野功樹・妹尾剛好・新井康平（2020）「製品原価計算の採用：決定木分析による探求」『原価計算研究』44（2）：137-148.

溝口一雄（1973）『原価計算入門』税務経理協会。

● 練習問題 ●

　A 社は単純総合原価計算を採用している。次の資料に基づいて，【解答欄】の原価計算表を完成し，完成品単位原価を求めなさい。なお，月末仕掛品を評価する方法として平均法を用いること。

（資料）

生産データ

月初仕掛品	800 個（50%）
当月投入量	4,200 個
合　計	5,000 個
月末仕掛品	1,000 個（50%）
完成品	4,000 個

原価データ

月初仕掛品原価	
直接材料費	2,355,000
加工費	1,040,000
小　計	3,395,000
当月製造費用	
直接材料費	7,428,000
加工費	12,460,000
小　計	19,888,000
合　計	23,283,000

（注）　材料は始点投入されている。（　）内の数値は加工進捗度を示す。

【解答欄】

総合原価計算表

	直接材料費	加工費	合　計
月初仕掛品原価			
当月製造費用			
合　計			
月末仕掛品原価			
完成品総合原価			

完成品単位原価＿＿＿＿＿＿＿＿円（小数点第一位まで）

第10講
原価管理のための原価計算

　山村の教えのもと，原価計算について理解を深めてきた孝太郎と正史。詳しくなるほど，今まであまり気にしていなかった部分が気になるものである。最近は，各商品のレシピと販売数量に基づいて計算された食材の消費数量と実際に冷蔵庫・食材庫からなくなった消費数量との差異のことを改めて考えていた。山村はそんな孝太郎たちに，仕損や減損，さらには原価管理の話をする。

　2021年も7月に入り，気温も湿度もぐっと上がっていた。コロナの影響も落ち着き，利益率の高い瓶ビールが昼営業でも結構出るシーズンということで，孝太郎は嬉しそうにしていた。その一方で，猛暑と降水量不足で野菜価格が高騰している上に，仕入れた野菜の品質も若干低下気味であることについて，孝太郎と正史は話をしていた。

正史　　「今月の材料の消費単価は上がってしまうだろうな」

孝太郎「お天道様が原因ではどうしようもないし。ただ，納入される野菜の状態が以前よりよくないから，同じ量でも調理に使えない部分が少し増えている気がするんだ」

正史　　「以前から，レシピで想定される材料の消費数量に対して，実際に冷蔵庫・食材庫から減ってる材料の量が多い傾向にあったけど，それに拍車がかかってしまうなぁ」

孝太郎「できるだけ可食部が多くなるように工夫してカットしているし，どうしても商品にできない部分は，まかない料理に使ったりしているよ。もちろん，ほんとに食べられなかったり，調理に時間がかかりすぎてしまうところは廃棄するけどね」

正史　　「今までこういうところは，金額的にも大きくないから気にしてなかった

けど，ちゃんとするにはどうしたらいいんだろう？」

孝太郎　「まかない料理って，販売品ではないけど，営業するには必要だよ。パートタイマーの人たちも結構気に入ってくれてるし。俺も食べるから，飽きないように洋食にしたり，いろいろ工夫してるんだよ」

正史　「そりゃ，役得だよ。俺は食べたことないからな。今度，美味しいのつくってくれよ」

　ちょうど話が脱線しかけたところで，突然，山村が訪ねてきた。

山村　「久しぶり。ちょっと近く通ったから」

孝太郎　「お疲れ様です，山村先輩。今日はほとんど売り切れちゃって，ご飯系はなにもないですけどビールとつまみくらいならありますよ」

山村　「おー景気いいな。しかもビールって。なんか聞きたいことあるんだろ？」

孝太郎　「さすが山村先輩です。俺の心の声が聞こえたようで（笑）」

正史　「実は，材料の切れ端はまかない料理に使ったり，一部の使えない部分は廃棄したりしています。こういう部分の材料費って，そんなに大きくないだろうということでこれまで無視してきたんですが，厳密にはどう扱えばいいのかって，ちょうど孝太郎と話をしていたんですよ」

山村　「通常の原価計算だと，加工作業で出る残り屑のうち価値のあるものは作業屑とされる。また，一定の品質や規格を満たさない不合格品とか出ることがあるだろ。そういうのは仕損品（しそんひん・しそんじひん）と呼ばれているんだ」

正史　「あー，なんか聞いたことある気がする。失敗するという意味の『しそんじる』からきてるやつだ。作業屑の方は価値があるのに，屑って呼ぶんですね」

山村　「『仕損（しそん・しそんじ）が発生する』とか『仕損が出る』といった言い方もよくするかな。それで，仕損品は補修されたり廃棄されたりするんだけど，それに応じて原価計算上の対応も変わるんだ」

孝太郎　「うちの場合だと，注文ミスですね。間違ったものをつくってしまうと，後で俺か他の人が食べちゃいますけど」

山村　「普通の工場だと，食べるとか誰かが持って帰るというのはあり得ないけど，いずれにしても，その原価をどう扱えばいいかはいくつか方法がある。ちなみに，仕損と似ている用語に減損がある。これもラーメン作りと関わりが深いんじゃないかな」

孝太郎　「減損の『げん』ってどんな字を書くんですか？」

正史　「減るじゃないの」

山村　「そう正解」

正史　「ということは，材料が減った分か。でもどう減るんだろう？」

山村　「原材料の一部が，蒸発，粉散，ガス化，煙化などの原因によって消失してしまうことをいうんだ」

孝太郎「あっ，スープか。長時間煮込むから結構蒸発しているはずです」

山村　「そうそう，原価計算では，仕損と減損がそれぞれどう対応されるのかは，製品別計算によっても変わるし，いくつかのパターンがあるよ。また，作業屑も別の対応だ」

孝太郎「こういう処理に加えて，そもそも当初の計画と実績のずれをなんとかするための方法って，原価計算で何かあるんですか？」

山村　「事前に単位あたり製品原価でどれくらい発生するのか科学的に見積もって，事後的に実際発生額との差異を計算・分析するという標準原価管理があるよ。弥生だと，事前のレシピ情報と販売数量で原価を捉えているから，この方法に近いといえるな」

　山村は，手持ちのノートとペンを取り出し，詳しい原価計算や原価管理の方法を孝太郎たちに説明し始めた。

スープを煮出す様子（写真左）。煮出し終え，濾された後のガラは廃棄されるか，肥料として再利用されることもある（写真右）。これらは原価計算上どのように扱えばよいだろうか？（撮影者：町田遼太）

調理担当者が素早く取り出せるように，調理補助者がラーメン１杯分に使用する具材（タケノコ，ニンジン）を専用のネットに入れていく様子。こうしたきめ細かい準備が正確で迅速な商品提供を支えている（撮影者：町田遼太）

　食品に限らず，使用される材料の量と完成品に含まれる材料の量が一致しないことはよくあります。山村が説明しているように，製造上の失敗に起因する仕損，製造中にやむを得ず消失する減損があります。こうした仕損や減損に関連した原価は製品の原価に含めるべきなのかどうか考えてみましょう。また，仕損や減損が，昨今の SDGs に代表される環境保全の取り組みとどのように関連するのかも考えてみましょう。

　第 10 講では，仕損や減損など，投入されたものの完成品や月末仕掛品にならなかった材料の製品原価計算上の取り扱いを解説します。これらは製品とならないため，できるだけ少ない方が望ましいはずです。もちろん，それだけではなく，材料の消費数量そのものの低減や作業能率の向上も業績改善のためには重要です。

　仕損・減損の説明の後には，原価管理という観点から，理解しておくべき基礎的な概念や手法を解説し，それから近年，提唱されたり導入され始めている新しい手法や技術をいくつか紹介します。

10.1　仕損と減損

10.1.1　仕　損

　加工作業で失敗し，事前に定められた品質水準や規格を満たさない不合格品が発生してしまうことを，**仕損**という。発生してしまった不合格品を**仕損品**，そして，この仕損の発生によって生じた費用や損失を**仕損費**という。

　個別原価計算では顧客からの受注品を製造しているので，仕損が発生すると，補修して完全品にするか，補修できない場合には代品の製造が行われる。代品が製造される場合には，仕損品が残る。個別原価計算を採用している場合の，仕損への処理と仕損費の計上は，**表 10.1** に示される通りである。

　仕損費の計上は，仕損が**正常仕損**か**異常仕損**かで異なる。その判断は，仕損の発生原因や数量により行われる。原価となるのは正常仕損分のみで，その仕損費は直接経費や間接経費として処理される。異常仕損の場合は**非原価項目**，つまり費用や損失として計上される。

　正常仕損が特定の製品の製造のみに関連づけて把握できる場合には，その仕損費は直接経費として計上（当該仕損に関係のある製品に負担させる），すなわち

表 10.1　個別原価計算における仕損品・仕損費の処理

仕損への処理	指図書の発行	仕損費の計上
補修して完全品にする	補修指図書を発行する	補修指図書に集計された製造原価を仕損費とする
	補修指図書を発行しない	仕損の補修にかかった製造原価を見積もって，仕損費とする
補修不可能で代品を製造する	代品を製造するための新しい製造指図書を発行する	旧製造指図書の全部が仕損となったときは，旧製造指図書に集計された製造原価を仕損費とする ただし，仕損品に売却価値や利用価値がある場合には，その見積額は差し引く
		旧製造指図書の一部が仕損となったときは，新製造指図書に集計された製造原価を仕損費とする ただし，仕損品に売却価値や利用価値がある場合には，その見積額は差し引く
	代品を製造するための新しい製造指図書を発行しない	代品製造にかかった製造原価を見積もって，仕損費とする ただし，仕損品に売却価値や利用価値がある場合には，その評価額は差し引く
	軽微な仕損の場合には，仕損費を計上せずに，その見積売却価額や利用価額を製造指図書に集計された製造原価から差し引く	

（出典）　著者作成。

直課すればよい。一方，正常仕損が複数製品の製造に携わる部門に置かれている設備の不調が原因で生じた場合，この設備を用いて製造している製品全てに仕損が生じる可能性がある。このようなときは，正常仕損費は当該部門で発生する製造間接費として扱い，配賦計算を通じて関連する製品全てに正常仕損費を負担させる。仕損品が売却可能であったり再利用可能である場合，売却価値や利用価値があるとみなす。仕損品に売却価値や利用価値があるとき，その価値を見積り，差し引いた金額を仕損費として計上する。

　ケースの中で孝太郎が話をしていた注文ミスの場合，すぐに代品が製造され，誤った製品は全て仕損になることが多いだろうから，その製造原価は仕損費とするのが妥当だろう。そして，一定の確率で注文ミスが生じると考えるならば，ある程度の水準までの仕損品の発生は正常なものとされる。直接経費とするか製造間接費とするかは，ミスの原因次第である。

10.1.2　作 業 屑

　作業屑とは，製造作業中に生じる材料の切屑や残り屑などのうち，売却価値や利用価値があるものをいう。たとえば，アルミニウム・鉄・木材・紙・革などの材料の切屑や裁断屑は，売却や再利用されることがしばしばある。弥生での野菜や肉の切れ端は，まかない料理として利用価値があると捉えることができる。作業屑が製品ごとに把握できる場合には，その製品の直接材料費もしくは製造原価から作業屑の評価額を差し引く。一方，製品ごとに把握できない場合には，製造間接費やこの作業屑が発生した部門の部門費から差し引く。なお，作業屑の評価額がわずかな場合には，製造原価から差し引かずに，後日それを売却したときに雑益（雑収入）とすることも認められている（『原価計算基準』二八「副産物等の処理と評価」）。

10.1.3　減 　 損

　製品の加工中に原材料の一部が蒸発・粉散・ガス化・煙化などの原因によって消失することを減損という。仕損や作業屑とは異なり消失してしまうので，減損は製品化されない無価値な部分として捉えることができる。

　投入される原材料を基準に考えると，仕損は有形の歩減（歩減りと書くこともある）であり，減損は無形の歩減である。歩減とは，原材料の投入量に対して製品として最後まで残らなかった分量のことを指す。反対に，原材料の投入量

に対して製品として最後まで残った分量のことは**歩留**（歩留まり，歩留りと書くこともある）という。よって，投入量に対する仕損（減損）量の比率は歩減率，投入量に対する良品量の比率は歩留率と呼ばれることもある。

　仕損と減損は，形や処分価値の有無という点で違いはあっても，歩減という点では共通している。特に，総合原価計算が採用される大量見込み生産される製品では，処分価値を有せず，補修がなされないこともあるので，総合原価計算では仕損費・減損費は同様に処理されることが多い。以下では総合原価計算における仕損費・減損費の処理について解説する。

10.1.4　仕損費・減損費の良品への負担

　正常な仕損費・減損費は，良品（完成品や月末仕掛品）を生産するためにやむを得ず発生した原価であるという考えから，良品に負担させるという計算手続きがとられる。なお，「1.2.2　原価と費用」の原価の定義にある通り，異常な状態を原因として生じたものは原価に含めないので，仕損や減損が異常なものである場合には，費用や損失として計上される。

　正常な仕損費・減損費を良品に負担させる際には，それら原価の負担先の決定および負担計算の方法の2点を検討する必要がある。以下，順に解説する。

　負担先の決定には，仕損・減損がどこで発生したか，すなわち仕損・減損の発生点の特定が必要である。工程には，通常いくつかの検査点が設けられており，仕損品はその検査点で発見される。ただし，検査点は工程に無数にあるわけではなく，厳密に仕損が発生した地点の特定は難しいので，通常は検査点を仕損の発生点として捉える。仕損・減損の発生点とは，仕損・減損がどこで発生したのかという場所を，加工の進捗状況で表現したものである。仕損の場合には，工程の始点，工程途中の一定点（加工進捗度と同様に表現される），工程の終点といった表現がなされる。もちろん，こうした処理が可能なのは仕損が有形の歩減だからである。材料の減耗・摩耗・蒸発といった減損は無形の歩減であるため，その歩減を直接認識できない。減損は投入数量と良品数量を比較して事後的に計算することしかできない。よって，減損の場合は，工程にわたって平均的に生じていると捉えられることが多い。

　仕損費・減損費の負担先は，仕損・減損の発生点と月末仕掛品の加工進捗度との比較によって決定される。仕損発生点が40%，月末仕掛品の加工進捗度が20%といったように，月末仕掛品の加工進捗度が仕損発生点よりも小さい場合

には，仕損費は完成品のみに負担させる。一方，仕損発生点が40%，月末仕掛品の加工進捗度が60%といったように，月末仕掛品の加工進捗度が仕損発生点よりも大きい場合には，仕損費は月末仕掛品と完成品の両方に負担させる。なお，仕損発生点と月末仕掛品の加工進捗度が等しい場合も，月末仕掛品と完成品の両方に負担させる。つまり，仕損の発生が確認される検査点を月末仕掛品が通過していない場合は，月末仕掛品から仕損は発生していないから完成品のみに負担させ，通過している場合は，月末仕掛品と完成品の両方から仕損が発生しているから両者に負担させるという考え方である。

　最後に，投入した原材料が加工作業の進捗に伴ってだんだんと目減りしていくような場合を確認しておこう。この場合は，仕損が工程で平均的に発生していると考えて，仕損費・減損費の負担先は完成品と月末仕掛品の両者となる。また，工程平均発生とは，さまざまな進捗度で発生する定点発生の集合体といえるので，それらの平均をとれば，仕損・減損の発生点を50%とみなして計算することができる。

　次に，負担計算の方法であるが，仕損費・減損費を直接求めてから良品に負担させる方法と仕損費・減損費の金額を直接計算することなく間接的にこれらの原価を良品に負担させる方法がある。本書では後者の計算方法について説明する。図10.1は，仕損費を直接求めることなく，良品に負担させる方法をボックス図で示したものである。上図が完成品のみ負担（月末仕掛品加工進捗度＜仕損発生点），下図が完成品と月末仕掛品の両者負担（月末仕掛品加工進捗度≧仕損発生点）の場合を示している。このように区分されているのは，完成品のみ負担と完成品と月末仕掛品の両方に負担させる場合とで，計算方法（月末仕掛品の評価方法）が異なってくるためである。

　図10.1に記された数値データを使って，計算方法を確認しておこう。簡略化のために始点投入の直接材料費の計算（平均法）を念頭に説明する。インプット側のデータは月初仕掛品200個と当月投入分2,000個の計2,200個となっているのに対して，アウトプット側は，完成品1,800個と月末仕掛品136個の計1,936個となり，インプット側の合計数値と一致しない。この不一致分が仕損品となってしまった分である。この仕損品の原価を直接計算せずに，いかにして良品に負担させるのかが計算上のポイントとなる。

　まず完成品のみ負担の場合には，月末仕掛品は仕損費を負担する必要がない。仕損費を負担させない形で，月末仕掛品の評価単価を計算するには，特別なこ

図10.1　仕損費を直接求めずに良品に負担させる方法

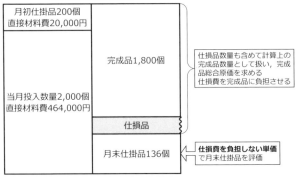

（出典）　著者作成。

とは何もする必要はない。これまで学習した通りに，インプットの金額合計（月初仕掛品原価と当月製造費用の合計）を，インプットの数量合計（月初仕掛品数量と当月投入数量の合計）で割るだけでよい。この数値例では，220円/個（＝(464,000＋20,000)÷(2,000＋200)）となり，これで月末仕掛品136個分を評価すると，月末仕掛品原価は29,920円となる。あとは，インプットの金額合計から月末仕掛品原価を差し引けば，完成品総合原価454,080円（＝464,000＋20,000－29,920)を計算できる。この引き算によって自動的に仕損品に要した原価が完成品総合原価に含まれることになるのはボックス図から明らかであろう。なお，平均法なので配分単価の220円/個を用いて完成品総合原価を計算する際には，完成品数量の1,800個ではなく，仕損品数量264個（＝2,000＋200－1,800－136)

を合計した2,064個を掛けることで完成品総合原価を計算できる。

次に，両者負担の場合を解説する。上の完成品のみ負担の場合との違いは，月末仕掛品にも仕損費を負担させるということである。そのため，月末仕掛品の評価単価を計算する際に，インプット数量の合計から仕損品の数量分を差し引くことで，月末仕掛品にも仕損費を負担させる。数値例だと，250円/個（＝$(464{,}000+20{,}000) \div (2{,}000+200-264)$）となる。仕損品の数量分がインプットである投入時になかったものと計算上みなすことで，通常の配分単価の220円/個から30円/個上昇しており，仕損費を負担した単価となっていることがわかる。あとは，インプットの金額合計から月末仕掛品原価34,000円（＝250×136）を差し引けば，完成品総合原価450,000円（＝$464{,}000+20{,}000-34{,}000$）を計算できる。

あらためて計算結果を確認しておこう。月初仕掛品原価と当月製造費用というインプットの金額合計は484,000円で，完成品のみ負担の場合には，月末仕掛品原価29,920円と完成品総合原価454,080円，両者負担の場合には，月末仕掛品原価34,000円と完成品総合原価450,000円となる。つまり，完成品総合原価は完成品のみ負担の場合の方が4,080円（＝$454{,}080-450{,}000$）高く，月末仕掛品原価は両者負担の場合の方が4,080円（＝$34{,}000-29{,}920$）高い。いずれの方法でも完成品は必ず一定の負担が強いられるが，両者負担になれば，月末仕掛品への負担が発生するので，その金額分（この数値例では4,080円）だけ月末仕掛品原価が増大することを確認できる。

10.2 標準原価管理

これまで説明してきた原価計算は，実際にかかった原価をそのまま集計して製品の原価を計算する**実際原価計算**と呼ばれる方法である。しかしながら，実際原価計算には，次の2つの問題がある。1つ目は，費目別・部門別・製品別という順に原価を積み上げる，いわゆる「ころがし計算」をする必要があるために，製品原価の計算が遅延するという問題である。2つ目は，実際原価がその月々に発生した偶発的な状況を反映した数値となっているため，どれが望ましい数値であるのかの判断がしづらく原価管理には不適切であるという問題で

ある。

　こうした問題への対応策として，**第 6 講・第 7 講**では予定の価格・賃率・配賦率の適用を学習してきたが，このアイデアをさらに一歩進めたのが**標準原価計算**である。標準原価計算は，ムダや不能率を改善していく原価計算である。計算方法は，まず，**原価標準**と呼ばれる製品単位あたりの目標となる原価を設定する。実際生産数量が確定したら，この原価標準を掛けることで，標準原価が計算できる。最後に，実際原価と比較して，原価差異を計算・分析することで，ムダや不能率の原因が特定できる。なお，標準原価計算は**原価計算制度**としての運用も認められており，その場合は，原価差異の会計処理を行う必要がある。

　原価計算では，原価は「金額」と「量」の掛け算によって計算される構造となっている。たとえば，直接材料費であれば材料消費単価と消費数量，直接労務費であれば賃率と作業時間，製造間接費であれば配賦率と操業度，といった具合である。よって，製品単位あたり目標原価となる原価標準も，下記に示すように，これらの原価要素の区分で設定される。特に，量に関連した消費数量・作業時間・操業度については，科学的・統計的調査に基づいて決定されるべきとされている。

$$直接材料費（の原価標準）　=　標準価格 \times 標準消費数量$$
$$直接労務費（の原価標準）　=　標準賃率 \times 標準作業時間$$
$$製造間接費（の原価標準）　=　標準配賦率 \times 標準操業度$$

　たとえば，直接材料の標準価格が 100 円/kg，標準消費数量が 5kg，標準賃率が 1,200 円/時間，標準直接作業時間 3 時間，標準配賦率が 500 円/時間，配賦基準が直接作業時間とすると，原価標準は 5,600 円（＝ 100×5 ＋ 1,200×3 ＋ 500× 3）となる。ここまでの計算は，原価計算期間開始前段階で可能である。そして，生産数量がたとえば 10 個と判明すれば，原価標準 5,600 円/個に生産数量 10 個を掛けて，完成品総合原価が 56,000 円とすぐに計算できる。こうして計算されるのが**標準原価**である。なお，月末仕掛品は，原価標準に基づきつつも，加工進捗度や材料の投入方法を加味して評価される。

　実際に発生した原価が後に集計されると，原価要素ごとに差異の分析が行われ，その原因解明を次期への改善に向けた対応策が検討される。そして，最新の情報に基づいて，次期の原価標準が改訂される。このように，標準原価計算

に基づいた**原価管理**では，PDCA（plan-do-check-action）の管理サイクルを回すことで，目標値である標準原価の達成が目指される。

上記の数値例では，減損や仕損が生じない場合であったが，正常な状態にて経常的に減損や仕損の発生が見込まれる場合には，それらを織り込んで**原価標準**を設定する必要がある。あらかじめ織り込まれる一定量の仕損（減損）を標準仕損（減損）という。

そして，実際に仕損（減損）が発生すると，それらを正常・異常に二分する。特別な原因がない場合には，正常仕損（減損）量と異常仕損（減損）量の把握は，正常仕損（減損）率による。正常仕損（減損）率とは，標準の良品量のなかに占める標準の仕損（減損）量の比率を指す。たとえば，標準の良品量が 8kg，標準の仕損量が 0.48kg であるなら，正常仕損率は 0.06（＝0.48÷8）となる。この正常仕損率に，仕損の発生点を通過した良品数量を掛けて，正常仕損量を把握する。そして，この正常仕損量を超過した分が異常仕損量とされる。

なお，標準原価計算は全部原価計算のみならず直接原価計算と組み合わせて実行することもできる。この場合，原価標準は変動費（販管費も含む）に対してのみ設定され，固定費は全額実際発生額が期間原価として差し引かれる。

●コラム 13　マテリアルフローコスト会計

仕損に密接に関わっている管理手法として，マテリアルフローコスト会計（material flow cost accounting：MFCA）がある。これは環境管理会計を構成する手法の一つで，「企業活動の現場においてマテリアルのフローを物量ベースと金額ベースで追跡し，工程から生じる製品と廃棄物をどちらも一種の製品とみなしてコスト計算する手法」（中嶌・國部，2008，p.17）と定義される。MFCA は，マテリアル（原材料）のロスを物量と金額で見える化することで，経済的な効率性向上と環境（資源）面での効率性向上を同時に成し遂げることを意図している。

MFCA は，ドイツの IMU（Institut für Management & Umwelt）で開発され，2000 年に日本に紹介された。その後，経済産業省が主導して，日本国内での MFCA の開発と普及を図ってきた。さらに，MFCA の国際標準化も日本から提案されるなど，MFCA は日本における環境会計の主要な一つの手法としての地位を確立している。経済産業省は，MFCA の豊富な事例集も公開しているので参照してみてほしい。

MFCA は経済と環境の両立に貢献する可能性の高い手法である一方，興味深い事例も報告されている。東田・國部（2014）は，MFCA の導入企業の 10 年間を追跡した事例研究である。事例研究の結果，得られた含意は，「環境経営を目指す活動が本業の経済活動に近づき，コスト削減という形で効果が明確に示されるほどに，環境の視点を

長期的に維持することが難しくなる。環境経営は企業活動の本業と結びつくことで促進されるが，そのことによって環境の視点が経済の視点に飲み込まれる危険性を高めている」（東田・國部，2014，p. 98）というものであった。すなわち，MFCA の実践が進み，本来の企業活動へ一体化するほど，経済の視点と環境の視点は離反していき，経済効率の追求が環境負荷削減（保護）よりも優先される可能性があることを示唆している。企業経営にはさまざまな要因をバランスさせることが求められるが，経済性の追求と環境の保護は現代企業にとって重要な課題の一つであろう。

10.3　原単位と工数

　図 10.2 は，組織階層に応じた管理サイクルと必要な情報特性を示した概念図である。この図で示される通り，基本的に，組織の上位層には，より集約された全体情報が長いサイクルで提供されるのに対して，製造現場といった下位層には，より分解された詳細情報が短いサイクルで提供される傾向がある。**標準原価管理**をこの概念図に当てはめると，現場作業者のレベルでは，材料の消費数量や工数（作業時間）などの物量が重要視されるのに対して，ある階層以上の管理者のレベルでは，利益との関連を明確にするために，先の物量に単価を掛けた原価情報が重要視されることになる。

図 10.2　組織階層と管理サイクルと必要な情報

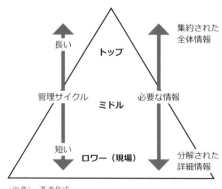

（出典）　著者作成。

　原価標準の設定にて説明したように，原価は「金額」と「量」に分解できる。この量は，一定単位の給付（製品・サービス）を生産するために必要な生産要素の物量であり，一般に**原単位**と呼ばれている。物量とあるが，原材料の量のみならず，時間，工数，エネルギー，廃棄物量などにも適用される概念である。つまり，原材料消費，設備の稼働，作業，エネルギー消費などに対して，製品単位あたりで必要な値を設定することになるので，原価標準の計算は，標準原単位に標準価格を掛けたものとして捉えることができる。なお，原単位は製品単位のみならず，部門・作業・機械など目的に応じた区分ごとに設定することもできる。それゆえ，第一線の生産活動に従事している現場作業員や管理者にとって，これらの能率を示す原単位情報は有効な管理資料となる。

　以下では，代表的な原単位の一つである工数について紹介しておこう。**工数**とは，単位あたり延べ作業時間（人時/個）で計算される値で，ある作業や製品1単位の生産を完成させるのに必要な作業量を人員数と時間数で表したものとなる。たとえば，平均的な直接工10人が月間120時間ずつ作業し，600個の製品を生産する場合の工数は20人時/個（＝10×120÷600）となる。**人時**は，英語（man hour）の読み表記でマンアワー，MH，M/Hと示されることもある。なお，時間ではなく，日や月で計算される場合もあり，そのときは人日，人月となる。また，作業員の作業量を指す言葉として，人工と表現されることもある。たとえば，3人で2日かかる作業は，6人日もしくは6人工となる。

　なお，作業時間が与えられていなくても，次のように工数を求めることはできる。たとえば，時間あたり生産個数が4個，この生産作業に投入される直接工が80名だったとすると，工数は20人時/個（＝80÷4）と計算できる。また，この直接工の賃率が1,500円/時とすると，製品1個あたり直接労務費は，30,000円/個（＝20×1,500）と計算できる。このように原単位情報は原価計算にとっても重要になる。

　こうした計算は製品原価の計算のみならず，さまざまな原価の計算に適用できるものである。たとえば，システム開発の原価は，システムエンジニアの月あたりの必要な作業量に人月単価を掛けて見積もることができる。もちろん担当するエンジニアの役割やスキルに応じて人件費が異なるので，これらの違いを反映させた計算も可能となる。工数のデータを適切に把握・管理しておくことで，見積精度の改善やプロジェクトの進捗状況と発生原価のリアルタイムでのモニタリングが可能となる。

　また，人員の配置という点でも工数は重要な情報を提供する。たとえば，1人あたり 1 日作業時間が 8 時間で，生産活動に 3 名の直接工が投入されているとする。つまり，この生産現場は，24 人時もしくは 1,440 人分の作業が可能ということである。この現場では，1 個あたり 10 分の作業が必要な部品を 1 日あたり 144 個生産していたが，需要減退から日産 120 個に減産したとしよう。工数でいえば，減産前の状態は 10 人分／個であったが，減産後は 12 人分／個（= 1,440 ÷ 120）と効率が低下していることがわかる。必要な人員数で示せば，減産前は 3 人（= 144 × 10 ÷ 60 ÷ 8）であったが，減産後は 2.5 人（= 120 × 10 ÷ 60 ÷ 8）しか必要ないということになる。重要なのは，必要な作業量は 2.5 人分であるにもかかわらず，実際にそのような人数は用意できないということである。ただし，工数によって，どれだけの作業が余っているかや不足しているかを適切に把握しておけば，隣の工程から人員を融通するなど対応が可能であるかもしれない。

　上記に関連して，**トヨタ生産方式**の生みの親と言われている大野耐一氏は，著書『トヨタ生産方式』（大野，1978）のなかで，省人化のための自動化は上記のような減産時に人を抜けない弱点があるとして，目無しの少人化の重要性を説いている。これは，作業現場の作業者数を既定しておかない非定員制とすることで，生産数量の変動に合わせて，人的資源の調整と再配置を柔軟に実施する必要性を主張したものである。生産工程から人を動かせなければ，これらの労務費は，たとえ減産しても原価が変わらない固定費となる。一方で，定員化せずに，工数の余っているところや足りないところへと人を移動できれば，個々の工程のレベルでは変動費化できる。工数データを適切な水準で保持しておくことで，こうした人の移動の可能性が見えてくる。もちろん，実際にこうした柔軟な対応を可能にするには，工員の多能工化，標準作業の頻繁な見直し，工程レイアウトの工夫（近隣の工程と調整がしやすいような配置）が必要になってくることは忘れてはならない。

10.4　原価管理のための原価計算：新しい手法と技術

　伝統的に原価管理のための原価計算といえば，標準原価計算が取り上げられてきた。提唱されたのは100年以上前ではあるが，今でも多くの企業で標準原価管理は実践されている。ただし，現代的な製造環境により適合した新たな原価計算も提唱されてきている。これらはまだ広く普及している段階にはないが，どのような原価計算のあり方が模索されているのか把握することは，実際に原価計算システムを構築する上でも重要な知見になる。そこで，以下では，新たに提唱されている原価計算手法や最新の技術的展開として重要であるIoT（Internet of Things：モノのインターネット）による原価計算への影響について，最近の論考をいくつか紹介する。

10.4.1　四要素機能基準原価計算

　第6講の費目別計算にて学習したように，原価は材料費・労務費・経費の3つの要素に区分される。例外はあるにせよ，製造原価明細書や売上原価明細書における開示では，この区分が採用されていることが多い。こうした現状に対して，中嶋・田中（2020）は，原価管理目的に対する3つの要素への分類の有用性を疑問視し，設備費を加えた4つの分類を採用し，さらに活動を機能基準で体系化した**四要素機能基準原価計算**を提案している。特に，直接労務費のウェイトが低く，機械設備による製造作業が多く行われており，人はそれらの監視業務を主に遂行しているような企業では，彼らの提案する原価計算の有用性は高まると指摘されている。

　具体的な計算手続きは以下の通りである。原価は，材料費・設備費・労務費・経費の4つに分類される。設備費は，従来の3つの分類のもとでの材料費と経費のなかで設備に関する原価（燃料費，工場消耗品費，消耗工具器具備品費，設備関連の減価償却費・賃借料・保険料・修繕費・租税効果）を取り出したものである。そして，4つの要素に区別された原価は，さらに，製品別に消費数量が把握できるか否かで直接費と間接費に分類される。

　次に，間接費については，その発生に関わる業務活動を機能別に分解し，機能展開図を作成する。この手続きが通常の原価計算と大きく違う点である。機

能展開図とは，特定の業務活動をより細かな水準の機能へと分解していき，最終的には動作の素（動素という）になる水準まで分解・展開した図である。この論文では，1次レベルの機能，2次レベルの機能（部門機能），3次レベルの機能（単位機能），単位作業，単位動作，動素という6階層の展開が想定されている。たとえば，展開要素を1つだけ取り出して示すと，調達→外注品の購入→発注→注文書発行→注文書を取出す→探すといった具合である。ただし，実際に四要素機能基準原価計算で計算および集計の単位となるのは，1次から3次までの機能である。3次レベルの機能で示される単位機能ごとにレートを集計すれば，機能別に原価を集計することが可能となる。それ以降の単位作業・単位動作・動素は，3次レベルの単位機能の構成要素となる。これらは，工数データの活用が鍵となる工学的なアプローチによる管理対象とされる。

　以上が四要素機能基準原価計算の概要である。中嶌・田中（2020）で紹介されている同原価計算を導入した企業では，間接部門が予想よりも多くの原価をかけていること，さらに，機能面から見たときの，少量品と量産品に対して必要な製造間接費の金額と実際に配賦されている額に大きな差異があると判明したことが明らかにされている。

10.4.2　スナップショット・コスティング

　原材料購入の市況は常に変化し，現場の継続的な改善活動によって，歩留率や作業効率も向上するので，過去の支出を集計する原価計算ではそうした最新の状況を反映することは難しい。経営者や管理者はより最新の状況を反映した情報を欲するだろう。こうした問題意識のもと，尾畑（2014）は**スナップショット・コスティング**という考え方を提案している。スナップショット・コスティングとは，直近の原価計算期間における消費能率と現時点での調達価格を合成して製品原価計算する方法のことを指す。以下では，計算手続きの要点のみ説明する。

　尾畑（2014）で示されている具体例は，材料が始点投入され，各工程での作業が1ヶ月かかる4つの工程を通じて完成する製品がロット生産される場合を想定したものとなっている。1月に第1工程の作業が開始され，第1工程完成品が2月に第2工程に投入され，第2工程完成品が3月に第3工程に投入され，第3工程完成品が4月に第4工程に投入され，4月に完成品となり，5月に販売されるという流れである。

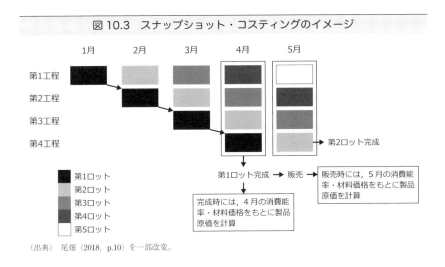

図10.3　スナップショット・コスティングのイメージ

(出典)　尾畑（2018, p.10）を一部改変。

　そして，2月には次のロットの生産が第1工程で始まっており，以降の工程の流れは最初のロットと同じである。同様に，3月にはその次のロット生産が第1工程で，4月にはその次のロット生産が第1工程で開始という流れである。第2工程以降も順に次のロット生産が開始される。これらをまとめると，**図10.3** のように示すことができる。

　通常であれば，4月末の最初のロットの完成品の製造原価は，1月から4月に計算された各工程の実際原価が累積される形で評価される。たとえば，材料費であれば，1月の購入原価に基づいて計算される消費単価と始点投入された消費数量を掛けて計算される。労務費も各月各工程の実際作業時間を用いて計算される。対して，スナップショット・コスティングでは，4月には全ての工程がそれぞれのロットの生産を行っているので，その最新の実績情報を援用して製造原価を計算しようというものである。毎月の各工程の歩留率や作業時間はずっと一定であるとは限らず，改善活動によって生産能率は向上しているかもしれない。また，材料の購入原価も市況の変化や価格交渉によって変わっているかもしれない。この論文の数値例では，歩留率・作業時間ともに4月の実績はそれ以前と比較して改善しており，また材料の4月末段階での再調達原価は高くなっているものであった。なお，賃率と製造間接費の配賦率は予定が適用されているので，この部分については通常の原価計算の手続きと違いはない。ただし，作業時間は4月の第1工程から第4工程までの値が用いられるので，

直接労務費と製造間接費の金額は異なってくる。また，材料の消費単価は4月末の再調達原価を，消費数量は4月の最新の歩留率を仮定して計算された投入量を，それぞれ適用して，直接材料費は計算される。当該論文にて示される数値例では，最初のロットの完成品数量が120kg，4月の第1工程から第4工程までの歩留率が，0.967，0.947，0.898，0.857だったので，この比率を用いて，第1工程で投入される材料は約170.3kg（≒120÷0.857÷0.898÷0.947÷0.967）でよかったと仮定され，直接材料費が計算される。

　こうして計算される最初のロットの製品の製造原価は4月末段階のものであるが，この製品が販売されたのは5月であるので，販売時の製造原価は，さらに最新の5月の各工程のデータを用いて計算されることになる。このように計算されることで，仕掛品と完成品の原価はたえず最新の価格や作業能率のデータによって洗い替えされていくことになる。

10.4.3　IoTデータの活用

　昨今，従来はインターネットに接続されていなかったモノを遠隔でサーバーやクラウドサービスに接続させ，情報を伝達させたり，相互に情報交換させたりすることができるようになってきた。こうした技術や仕組みはIoTと呼ばれている。IoTの活用は工場にも広がっており，原価計算との関わりにも注目が集まっている。2017年と2018年には，日本原価計算研究学会と一般社団法人であるIVI（Industrial Value Chain Initiative）との共同研究会でIoTの原価計算への影響が検討された。この実証的知見は産学連携コストフォーラムにて報告されており，「原価計算研究」という雑誌の特集（2018年第42巻第2号，2019年第43巻第2号）にて，その内容を確認できる。さらに，この研究会を通じて，IoTデータを活用した実績データ取得，実際原価計算，原価分析のサービスを提供するベンチャー企業（株式会社KOSKA）も誕生している。

　一般にIoTによってできるようになることは多岐にわたっているが，原価計算にとって大きな影響力を有しているのが，リアルタイムで精度の高いデータが入手可能になるという点にある。たとえば，先の研究会に参加した武州工業株式会社では，スマートフォン3軸加速度センサアプリ，株式会社KOSKAが開発した重量センサ，カメラセンサ，加速度センサを用いて，作業1回あたり作業時間である**サイクルタイム**に関するデータを取得している（曽根・林，2019）。また，作業時間の集計にバーコードやセンサを使っている企業も現れ始めてい

る（清水，2022）。そのため，このメリットをいかに原価計算や原価管理に活か
すのかという点が注目されている。たとえば，上述したスナップショット・コ
スティングは，各工程の直近の価格や消費能率実績を原価に反映させる手続き
であるので，こうした IoT データの活用と非常に相性がよく，ようやく実証実
験ができる段階にまで進んできたと指摘されている（尾畑，2018；林，2018）。

　IoT によるデータ収集では，「何時何分に，誰が，どの端末から，どういう数
値を入れた」というタイムスタンプがついてくることが大きな特徴となってい
る（林，2018, p.23）。たとえば，センサを使用して 1 つの作業を検知してタイ
ムスタンプを作成していけば，そのスタンプの差分からサイクルタイムのデー
タを入手できる。一つ一つの作業に対してデータが取得できるので，サイクル
タイムの分布をヒストグラムで表現することが可能となる（曽根・林，2019）。
IoT 機器を使用せずに，こうしたデータをリアルタイムで比較的安価で取得す
ることは非常に難しかった。通常把握される 1 日の生産数量と作業時間のデー
タからでは，せいぜい単位あたり平均作業時間のデータを週次や月次で蓄積で
きる程度である。対して，IoT 機器を用いれば，毎回の作業に注目したミクロ
データを大量に入手することができ，データの分布といった新たな分析軸が与
えられる。

　実証実験の結果によれば，こうして作成されたサイクルタイムの分布は，図
10.4 で示されるような右に歪んだ分布になる傾向がある（曽根・林，2019；曽
根・成瀬・大島，2019；曽根・難波・岡田，2020）。こうした分布となるのには，
主に 2 つの理由がある。一つは，作業の中断によって，非常に長いサイクルタ
イムが時折発生するためである。少しの中断よりも非常に長い中断の方が発生
頻度は少なくなるので，右裾が長い分布となっている。もう一つは，作業時間
の短縮には技術的な限界値があるので，その水準以下のサイクルタイムに達す
る頻度が極端に少なくなるためである。

　曽根・難波・岡田（2020）は，IoT センサによるサイクルタイムのデータに基
づいた標準原価管理アプローチを提示し，そのメリットとして，次の 3 点を挙
げている。

① 標準設定に製造現場の最新の実情を反映させることができる

　標準原価計算における原価標準，特に動作研究や時間研究を用いた標準作業
時間の厳密な設定には手間がかかりすぎる。また，簡便法では実情を十分に反
映できているかどうか担保できない問題がある。さらに，ストップウォッチに

図10.4　サイクルタイムのヒストグラム分布図

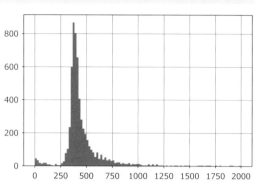

（出典）曽根・成瀬・大島（2019, p.32）。

よる時間の測定時のみ作業者が普段の実力以上の能率を発揮してしまうことで
実情と乖離する危険性がある。対して，IoT機器を用いれば，作業者に負担な
く自動で大量のデータ取得が可能になるので，製造現場の実情を反映した標準
作業時間の設定が期待できる。

② 　差異の正常・異常の判別が容易になる

　原価管理においては，作業時間差異が正常か異常かで対策が異なるため，こ
れらを区別して取り扱うことが重要となる。しかしながら，従来の標準原価管
理では，一定期間の平均作業時間を用いて差異が計算されていたので，その発
生可能性に関するデータは全く得られていなかった。一方，IoT機器を用いた
場合には，作業1回あたりのデータが蓄積されるので，平均値のみならず，最
頻値，最小値，最大値，中央値，四分位点，分散，標準偏差などの統計量も計
算可能となる。図10.4のような分布が描けるということは，どの程度の原価
差異がどのくらいの頻度で発生したのかも把握できるので，その正常・異常に
ついて推測することが可能となってくる。特に頻度の少ない箇所については，
何かしら特別な事態が生じたかもしれないと推測できる。さらに，これらのデ
ータがいつどこで得られたものかを遡ることで，異常事態の特定精度はさらに
向上するだろう。この点は次の3つ目のメリットにつながるものである。

　なお，曽根・難波・岡田（2020）は，多くのデータが図10.4のように正規分
布に従っていないことから，平均値や分散を中心とした生産性の測定には疑問
を投げかけており，中央値がより妥当な代表値になる可能性を指摘している。

③　差異の原因分析が容易になる

　タイムスタンプによって，いつどこで発生したのかというデータが取得されていることは，差異の原因分析における大きな強みとなる。通常の標準原価管理の差異分析は一定期間の集計結果となっているので，有利・不利を問わず，差異がいつどこで生じたのかをピンポイントで特定することはできない。しかしながら，IoT によるデータを用いた作業 1 回あたり水準での分析では，大きな差異を認識した際に，それが具体的にいつどこで発生したのかさらに遡って特定していくことが可能である。さらに，作業種類，作業者，期間などデータの取得状況に応じて，分析単位は任意に変更ができるので，それらの条件を変更した場合の結果を比較することでより有用な情報が得られる。

引用文献

大野耐一（1978）『トヨタ生産方式：脱規模の経営をめざして』ダイヤモンド社。

尾畑裕（2014）「スナップショット・コスティングの展開」『商学論纂』55（4）：1-20.

尾畑裕（2018）「IoT の原価計算・コストマネジメントへの活用」『原価計算研究』42（2）：1-11.

清水孝（2022）「わが国原価計算実務の現状」『早稲田商学』462：1-47.

曽根健一朗・成瀬優一・大島啓輔（2019）「企業独自の IoT データを利用した原価分析の実証実験」『原価計算研究』43（2）：28-36.

曽根健一朗・難波圭佑・岡田幸彦（2020）「標準原価管理の革新可能性」『経営会計レビュー』1（1）：63-78.

曽根健一朗・林英夫（2019）「IoT 機器を活用して製品の原価を見える化するシステムの実証実験」『原価計算研究』43（2）：21-27.

中嶋道靖・國部克彦（2008）『マテリアルフローコスト会計（第 2 版）』日本経済新聞出版社。

中嶋道靖・田中雅康（2020）「コストマネジメントにおける四要素機能基準原価計算の有用性」『原価計算研究』44（2）：26-36.

林英夫（2018）「IoT 導入による生産性向上への取り組み」『原価計算研究』42（2）：20-24.

東田明・國部克彦（2014）「企業経営における環境と経済の統合と離反：MFCA 導入事例を通して」『国民経済雑誌』210（1）：87-100.

● 練習問題 ●

次の正誤問題に答えなさい。

(1) 正常仕損であれば，原価として計上されるが，異常仕損であれば，損失あるいは費用として計上される。

(2) 総合原価計算では，仕損発生点の方が月末仕掛品の加工進捗度よりも前にある場合，仕損費を完成品にのみ負担させる。

(3) 原価標準とは，製品単位あたりの目標となる原価のことであり，標準原価とは，原価標準と実際生産量を掛け合わせたものである。

(4) 組織階層によって，必要な情報特性は異なる。

(5) 四要素機能基準原価計算では，原価を材料費，労務費，経費，設備費に分類する。

(6) スナップショット・コスティングとは，直近の原価計算期間における消費能率と調達価格を合成して製品原価を計算する方法である。

(7) IoT が原価計算に大きな影響を与える理由の一つは，リアルタイムで精度の高いデータが入手可能になるからである。

【解答欄】

(1)	(2)	(3)	(4)	(5)	(6)	(7)

第11講

価格設定と原価情報

都内の有名ラーメン店を食べ歩く孝太郎。サラリーマン時代からの趣味と，ラーメン店主としての実益を兼ねた時間。ラーメンが「安い」「早い」「うまい」の代名詞とされたのは一昔前。食材にこだわり抜いたラーメン店では1杯2,000円を超えることもある。また，そんな折，仕入先のヤマト商事から主要食材のいくつかを10％値上げすると連絡を受ける。困った孝太郎は，いつものように山村に相談することにした。山村は価格設定のさまざまなアプローチについて説明していく。

孝太郎「お疲れ様です。いまお電話大丈夫ですか？」

山村　「ああ，大丈夫だよ」

孝太郎「材料費や人件費などいろいろな原価が増えていて，流石に値上げしないとダメかなと考えています。でも，常連さんのことを考えると，なかなか踏ん切りつかなくて」

山村　「そもそも価格ってどうやって決めてたんだ？」

孝太郎「先代のときから変更していないですよ」

山村　「じゃあ，価格を決めたことはないのか」

孝太郎「はい，そうですね。だから先輩にこうやればいいという正解を教えて欲しいんですよ」

山村　「まぁそうなんだろうけどさ。ピンポイントで正解があるわけではないから，最終的には自分で考えて決めるしかない部分もあるんだよ。神様が決めてくれるわけでもないし」

孝太郎「神様が決めるわけじゃない…ですか。でも判断の軸になるような材料は必要だと思っています」

山村　「それはその通りだな。たとえば，どんなことがあると思う？」

孝太郎　「競合店の価格とかですかね。最近，近くにラーメン屋が 2 軒できたんですが，まだ食べに行けていないんです」

山村　「これまでは一人勝ちに近かったが，そうでもないんだな。他には？」

孝太郎　「お客さんの声ですかね。美味しいラーメンが食べたいと思って来ているお客さんもいれば，コスパを第一にうちの店を選んでくれている人もいるでしょうから。お客さんが何を求めてうちに来てくれているかを見極めるのが大事だと思います」

山村　「それも確かに要素の一つだ」

孝太郎　「あとは…原価ですかね。価格が原価割れしていたら商売になりませんから」

山村　「そうだな。なんだ，教科書通りの正解を出せたじゃないか」

孝太郎　「どういうことですか？」

山村　「教科書的には，価格は需要と供給で決まる。その需要と供給を決める要素が，競合，顧客，原価の 3 つだと原価計算のテキストには書いてある」

孝太郎　「なるほど」

山村　「まずは商圏調査をしてみようか。競合他社の価格や繁盛具合を調べてみるといい。また，弥生の全ての原価をラーメンに割り当てた場合の，ラーメン 1 杯あたりの原価情報も計算してみれば，今の価格でどれくらい儲かっているか明確になるよ」

孝太郎　「実は，最近の高級ラーメンの価格を見ていると，自分たちもそんな製品を提供してみたいなと考えています」

山村　「新製品の価格設定については，面白いアプローチもあるぞ」

孝太郎　「わかりますよ。新作のゲーム機が安い値段で発売されるとかじゃないですか」

山村　「浸透価格戦略というやつだな。でも，それだと，高級ラーメンにならないぞ」

孝太郎　「そうだった…俺が作りたいのは高級ラーメンでした」

山村　「価格設定のアプローチは多様だけど，一つ大事な点は必ずしも全部の製品で同じだけの利益を獲得する必要はないということだよ。飲み屋で酒などのドリンクの利益率が高いのはよく知られていることだろう」

孝太郎　「うちもそうですね。瓶ビールさまさまです（笑）」

山村　「その意味では，高級ラーメンですごく利幅の取れるような価格設定にする必要があるのかどうかはよく考える必要があるよ」

孝太郎　「たしかに，弥生にとってこの製品をどう位置づけるのかは大事ですね。まだ構想段階なんですが，どういうラーメンなのか，もっと話を聞いてくださいよ！」

| 孝太郎はこの後も理想のラーメンについて語り続けたのであった…

ケースにある「高級ラーメン」が成功するための商圏（顧客・競合）について考えて
みよう（写真左）。また、ランチタイムにラーメン大盛やライス無料のサービスを行う
ラーメン屋も多くある（写真右）。これはどのような顧客をターゲットにした施策（価
格設定）だろうか？（撮影者：町田遼太）

　数千円どころか1万円をも超える高級ラーメンが登場している昨今，孝太
郎は高級ラーメンを提供できるのでしょうか。さて，価格設定の話は，本書
で扱うテーマのなかで最も皆さんに身近なものでしょう。最近購入したもの
を1つ思い浮かべて，同種製品の価格と比べてみましょう。高低いずれかの
方向で突出した水準のものはありましたか。なぜそのような価格設定が可能
なのでしょうか。

　第11講では，価格設定の話をとりあげます。分野的にはマーケティング
領域で扱われることの多い話ですが，原価の把握は価格設定にとって重要な
情報の一つとなります。本講では，価格設定に影響する主要な3要素の解説
に始まり，どのような原価情報が価格設定において有用であるのか解説しま
す。

11.1　価格設定に影響を与える主要な 3 要素

　理論的には，市場の需要量と供給量の一致によって価格が決まる。具体例は枚挙にいとまがないが，**需要と供給**の急激な変動が価格に大きな影響を与えた事例の一つに，新型コロナウィルス感染症の拡大による海上コンテナ運賃の高騰があるだろう（日本経済新聞朝刊 2021 年 9 月 18 日 7 ページ）。この価格高騰はまさに，供給量が急速に低下するなか，需要量が急増したために生じたものであった。コロナの感染拡大で，コンテナの新造量の低下，港湾機能の低下，コンテナ運搬のトラックドライバーやシャーシの不足などが発生し，運搬できるコンテナの供給量が大幅に低下した。一方で，欧米諸国を中心に家具・玩具・家電などの巣篭もり消費によってアジア初の海上コンテナ輸送の需要が急増した。結果的に，フレイトス・バルチック国際コンテナ指数（要するに，コンテナ運賃）は過去最高値を記録し，海運会社は莫大な利益を叩き出すことになった。

　Datar and Rajan（2020）は，需要と供給に影響を与える要素として，**顧客，競合，原価**の 3 つを挙げている。まず，顧客が特定の製品やサービスの需要量を決める。たとえば，上記のコンテナ不足のなか，荷主企業は自分たちの商機を逃さないために必死にコンテナ確保に奔走した。こうした顧客の要求に伴う需要の増大はコンテナ運賃を高騰させた。次に，競合企業の数が多いほど競争が激しくなるので，価格は低下しやすい。逆に，競合企業の数が少なく，独自性の高い製品やサービスを提供できていれば，高価格を維持しやすい。船舶の供給過多で長期にわたり不況に苦しんでいた海運業界であるが，コロナの感染拡大を契機に需給関係が一気に均衡し，世界的に供給制約が高まった。そのため，コンテナ運賃が高騰しても，競合企業数が急増することなく，海運各社は当時高い運賃を享受し続けられた。最後に，原価は供給に影響を与えるため価格と結びついている。企業が利益を維持・拡大していくには，需要に深刻な問題を引き起こさないかぎり，原価の上昇分を価格に転嫁していく必要がある。先のコンテナ運賃の高騰は，輸送費の上昇として荷主企業の販売製品の価格に転嫁されることになった。また，同時期に各種資源の物価や賃金などが上昇していたために，当然これらの要因はコンテナ運賃高騰の一因にもなった。

11.2　価格設定の方法

　価格設定は検討すべき事項が多岐にわたるため，判断の難しい意思決定問題の一つである。上述した3要素はもちろんのこと，法的規制，企業の社会的責任，倫理といった側面も重要である。たとえば，生活必需品を生産している企業が，儲かるという理由だけで過度に高い価格を設定することは，企業のミッションや社会的責任の遂行に照らし合わせて許容されるのか，十分に検討すべきであろう。こうした考慮の必要性を念頭に置きつつも，利益獲得のための価格設定に際してどのような原価情報が有用であるのか，基礎的な価格設定の方法を説明する。

11.2.1　原価基準アプローチ
11.2.1.1　3つの価格設定の方法
　原価を基準とした価格設定アプローチには，コストプラス（原価加算）法，マークアップ法，CVP分析を利用した方法がある。

　コストプラス法は名称の通り，製品単位の製造原価や販管費に必要利益額を加えて価格を設定する方法である。販管費のなかに製品の開発費などを含んでいる場合には，当該製品の終了予定までの総販売数量を見込んで個々の製品に配分しないと，過大に高い価格になるので注意が必要である。

　マークアップ法は主に小売業者や卸売業者で呼ばれる名称で，原価にある一定の利益額（マークアップや値入と呼ばれる）を加えて価格を設定する方法である。この利益額の原価に占める割合がマークアップ率である。たとえば，原価が350円，マークアップ率を50％とすると，175円がマークアップされる利益額となる。マークアップ率は，目標利益率をベースに，当該製品の強さ，市況や業界相場，競合の動向などを踏まえて設定される。マークアップ法は原価に利益を加算して価格を設定するので，実質的にはコストプラス法の一種であるといえる。

　最後は，CVP分析を利用した価格設定である。CVP分析の考え方により，下記の11.1式が成立する。たとえば，目標利益額60,000円，固定費240,000円，目標販売数量600個，単位あたり変動費150円/個と見積もられていたならば，

11.1 式（販売価格を A とすると，$60,000 = (A - 150) \times 600 - 240,000$ となる）を解くことで販売価格は 650 円（$= 150 + ((60,000 + 240,000) \div 600)$）だとわかる。なお，利益額ではなく利益率を目標値として設定してもよい。たとえば，売上高営業利益率 20％として目標値が設定される場合，11.1 式（販売価格を B とすると，$B \times 600 \times 0.2 = (B - 150) \times 600 - 240,000$ となる）を解くことで，販売価格は 687.5 円（$= (600 \times 150 + 240,000) \div (600 - 600 \times 0.2)$）と計算できる。

$$営業利益 = 単位あたり限界利益 \times 販売数量 - 固定費 \quad \cdots \quad (11.1)$$

目標とする利益額や利益率に基づいているという点では，コストプラス法と同一ではあるが，設定価格の計算時に明示的に生産・販売数量を加味しているのが，この方法の特徴であろう。

11.2.1.2　ベースになる原価

原価基準アプローチを採用する際には，全部原価を基準とする場合と単位あたり変動費（**直接原価**）を基準とする場合とに分かれる。全部原価については，単位あたり製造原価を基準とする場合とそれに単位あたり販管費を加算した単位あたり総原価を基準とする場合に大別される。名前の通り，その製品の製造・販売のために必要な全ての原価を回収できる価格となるので，長期的見地からの価格設定という特徴を有している。この点に関連して，リスク回避的な意思決定者は全部原価に基づく価格を選好する傾向があることが知られている（Hilton, Swieringa, and Turner, 1998）。

ただし，短期的な時間軸では，固定費は価格設定において無関連原価とみなせるので，固定費を含む全部原価に基づいた価格設定は，誤った意思決定を導いてしまう危険性がある。こうした場合，単位あたり変動費以上の価格であれば，固定費の回収や利益の増大につながる可能性があることは，**第 3 講**で学習した通りである。よって，直接原価という基準は，価格設定の下限ラインを考える際に有用な情報を提供するものだといえる。

それでは，数値例を用いてそれぞれの価格設定方法について確認しておこう。**表 11.1** の製品 Z のデータに基づいて，①総原価に目標利益額を加算した価格，②製造原価を基準にマークアップ率を加味した価格，③変動費を回収できる価格，④変動費と個別固定費を回収できる価格を計算すると，以下のようになる。

表 11.1　製品 Z のデータ

1. 原価データ

単位あたり変動費		年間固定費	
直接材料費	200 円/個	固定製造間接費	3,000,000 円
直接労務費	110 円/個	固定販管費	5,000,000 円
変動製造間接費	50 円/個	合計	8,000,000 円
変動販売費	40 円/個	うち，製品 Z の製造・販売のため	
合　計	400 円/個	の個別固定費　1,200,000 円	

2. 年間計画販売数量　50,000 個

3. 目標営業利益　6,000,000 円

4. 製造原価に対する目標マークアップ率　30%

(出典)　著者作成。

① 総原価に目標利益額を加算した価格

　単位あたり変動費に年間固定費を年間計画販売量で割った単位あたり固定費を加算した金額が，単位あたり総原価となる。

$$単位あたり総原価：400 円 + 8,000,000 円 \div 50,000 個 = 560 円/個$$

　目標利益額は総額ベースで 6,000,000 円と示されているので，単位あたりの金額に直して，単位あたり総原価に加算することで，価格を計算できる。

$$価格：6,000,000 円 \div 50,000 個 + 560 円/個 = 680 円/個$$

●コラム 14　総原価の集計範囲と製品別計算の選択

　一般的に総原価は製造原価と販管費の合計を指すが，どこまでを製品単位に集計するかは企業によって異なっている。たとえば，森光・片岡・岡田（2018）では，株式会社日立製作所が，資金利子や営業外の損失の一部といった，一般に総原価と呼ばれる原価集計の範囲を超えた部分まで総原価として製造指図書別に集計し，これらの情報を採算把握や価格形成のために利用していることを報告している。

　なお，日立製作所では，興味深いことに扇風機や冷蔵庫のような量産型の家電製品でも，継続製造指図書の発行と総合原価計算を行うのではなく，量産品の注文の案件別に指図書を発行し，案件別の上記の総原価を集計し，価格設定や案件別の採算管理のためにこれらの情報を活用していたという。

　各案件を 1 つのロットとみなせば，この製品別計算はロット別個別原価計算として考えることができる。一般的なテキストでは，受注生産と大量見込み生産という区分の

もと，適用される製品別計算が異なると説明され，量産される家電製品は総合原価計算が適用される典型例である。しかしながら，連続生産を行う場合であっても，生産管理がロットごとに行われるのであれば，ロット別個別原価計算が総合原価計算に対して優位性を持つという主張（佐藤，1975）もある。この点について，小倉（2020）は，数値例を用いて，総合原価計算とロット別個別原価計算を比較検討し，両者からもたらされる原価情報の属性の違い（情報提供頻度，加工費進捗度の利用，仕損費の把握範囲）が，情報利用者が感じる有用性の差に結びつくという仮説を提示している。

　このように，実際に適用されている（されうる）原価計算システムというのは，必ずしも画一的ではなく，自社の目的に照らし合わせて設計・運用できる余地があるものである。さらに，今現在も，有用性の高い原価計算システムの模索は実務界・学界の双方で続けられている。

②　製造原価を基準にマークアップ率を加味した価格

　単位あたり製造原価は，変動費と固定費の製造原価部分のみを抜き出して，加算することで求めることができる

$$単位あたり製造原価：200 円 + 110 円 + 50 円 + 3,000,000 円 ÷ 50,000 個$$
$$= 420 円/個$$

　製造原価に対する目標マークアップ率が30％であるということは，この単位あたり製造原価の30％が加算されるマークアップ分となるので，価格は以下のように求めることができる。

$$価格：420 円/個 × (1 + 0.3) = 546 円/個$$

③　変動費を回収できる価格

　変動費を回収できる最低価格水準は，単位あたり変動費合計額の 400 円となる。この水準よりも下の価格帯にて，製品の製造・販売を継続することは非常に難しい。

　なお，既に生産済みの製品が過剰在庫になっていると，単位あたり変動費よりも低い価格で販売されることも少なくない。既に生産済みということから，ほとんどの変動費が既に発生しており，埋没原価となっているので，これらの原価はこの意思決定問題に際して検討してはならないことになる。また，販売しないという選択肢は，さらなる保管費や棚卸減耗のリスクを高める上に，その資金を他に回すことで得られる利益を犠牲にしてしまっている。つまり，機

会原価が発生するので，非常に低い価格であっても販売してしまう方が経済合理的である場合が多い。

④　変動費と個別固定費を回収できる価格

　上記で求めた単位あたり変動費に製品 Z の製造・販売のみに関わる単位あたり固定費を加算すればよい。

$$価格：400 円/個 + 1,200,000 円 ÷ 50,000 個 = 424 円/個$$

　個別固定費というのは，当該製品の製造・販売を中止すれば，節約可能な原価であるという点が共通固定費との大きな違いである。そのため，単位あたりの変動費と個別固定費の合計額よりも高い価格であれば，少なくとも，当該製品の製造・販売に直接的に関わる原価は全て回収済みで，さらに，共通固定費の回収に貢献できる余地があるということになる。なお，③と④の水準に，単位あたりの必要利益額を加え販売価格とすることもある。

　本業の儲けである営業利益は，全部製造原価のみならず，全販管費も回収できて初めて生み出すことのできる利益である。その意味では，全部原価，なかでも総原価に基づき目標利益額を加算した価格を設定できる製品の営業利益創出への貢献度は高い。一方，総原価より低い価格水準で販売されている製品は，未回収の費用があるので，営業損益の水準では赤字となってしまう。なお，全製品が営業黒字であるのは理想ではあるが，一部の製品が営業赤字であるのは珍しいことではない。営業赤字といっても，継続性の観点から許容されない場合もあれば，固定費回収に貢献するとして許容される場合もある。損益の適切な把握に基づいた価格設定には，製造原価と販管費の算定，それらの変動費と固定費の区別，そして，固定費の個別費と共通費の区別は欠かせない。

　たとえば，値下げの検討においては，変動費と固定費の区分が重要になる。値下げは通常，販売数量の増大をもたらすが，その数量増を維持できるのであれば，単位あたり固定費が低下した水準で安定する。この低下分が販売価格の引き下げ以上であれば，当初の全部原価を下回っている価格水準でもより多くの営業利益の獲得が期待できる。

●コラム 15　浸透価格戦略と経験効果

　価格戦略の一つに**浸透価格戦略**と呼ばれるものがある。浸透価格（penetration price）とは，製品の導入期から早期の市場普及を狙って，相対的にかなり安く設定される価格である。こうした価格戦略が成立する理論的背景には，**経験効果**（experience effect）がある（網倉・新宅，2011）。

　経験効果とは，累積生産量が倍増するたびに，習熟率と呼ばれる一定の比率で単位原価が減少する効果を指す。たとえば，習熟率 80% のもとでは，ある製品の累積生産量が 100 個から 200 個に増大すると，単位原価が 800 円から 640 円に減少するということである。習熟率は製品の種類によって異なることが知られている。なお，「倍増するとき」と示されているのは，このときの計算が単純になるからだけで，経験効果は累積生産量の増加率と単位原価の低下率との間に一定の関係があることを示すものである。そのため，倍増以外の増加率のときの単位原価の低下率も計算できる。

　経験効果は，規模が大きくなることで単位あたり平均原価が低減する規模の経済とは異なり，大量の生産・販売を 1 回行っただけでは発現しない。経験の蓄積が必要なので，時間を要するのがポイントである。なお，経験効果は当初累積生産量と作業時間との関係で捉えられていたが，さまざまな産業にて研究が行われ，製造原価のみならず，販売などの間接費も含めた単位原価でも同様の効果が発現することが明らかにされてきた。

　通常，どの企業も累積生産量は増大していくし，その市場が拡大しているのであれば，毎期の生産数量も増大するので，経験効果と規模の経済によって，単位原価が低下することで，市場価格も低下していく傾向がある。そうしたなかで，浸透価格戦略によって，全部原価を下回るような安い価格を設定したとしても，それで高い販売数量を確保できれば，その企業は他のどの企業よりも高い累積生産数量，すなわち経験を獲得できる可能性が高まる。そうすれば，最も高い経験効果を享受することができ，他の誰よりも単位原価低減の恩恵に与れる。つまり，市場価格の低下ペース以上に，経験効果によって単位原価を引き下げれば，当該製品の累積損益も好転させることができるという狙いである。

　また，浸透価格の設定は，低価格に設定されている製品と深く関連のある製品やサービスからの利益の拡大を意図したものであることもある。たとえば，ソニーグループ株式会社は 2020 年度第 3 四半期の決算説明会資料にて，ゲーム & ネットワークサービス分野の営業利益のマイナス要因の一つとして，PlayStation®5 ハードウェアにおける製造コストを下回る戦略的な価格設定による損失計上を挙げている。要するにハードウェアの販売のみでは赤字ということである。戦略的な価格設定というのは，そのハードウェアで遊ぶゲームソフトや利用されるネットワークサービス（PS Plus）による利益獲得が期待されているということであろう。実際に，このときの営業利益は前年同期比で 267 億円という大幅な増益を達成しており，ソフトウェアやネットワークサービスの増収効果があったと説明されている。

この説明資料のなかでは，営業利益のプラス要因の一つとして，PlayStation®4 ハードウェアの収益性改善が指摘されている。これは，経験効果の発現による結果かもしれない。また，2021 年度の決算説明会資料では，営業利益のプラス要因の一つに，PlayStation®5 ハードウェアの損失縮小が挙げられている。さらに，2021 年 5 月の IR DAY にて公表されたプレゼンテーション資料（ゲーム＆ネットワークサービス分野）には，PlayStation®5 のスタンダード・エディションの売上原価が低下傾向にあり，平均的な卸売価格にようやく追いつき，損益分岐点に到達する見込みであることが示されていた。

11.2.2　市価基準アプローチ

　原価基準によって，自らの必要な利益額を加算した価格で製品・サービスを販売し，計画販売数量を実現できる企業は，他社が提供できない価値を提供できるような競争上優位な立場にあることが多い。なお，こうした競争環境や優位性の状況に限らず，そもそも市場価格がない場合や他に代替品がほとんどない製品といった場合には，原価基準で価格が設定されることも多い。

　一方，新規参入が容易で激しい競争環境下であったり，各社が提供する製品・サービスが近似していたりするような場合には，明確なプライスメーカーさえおらず，市場参加企業はプライステイカーにならざるを得なくなる。つまり，自社で好きな価格を設定したとしても，それが顧客に受容される可能性は低く，市場で均衡した水準近辺の価格しか設定できなくなる。こうした価格設定の方法は，市場価格（市価）に依存して価格が決まってくるので，市価基準方式と呼ばれている。

　実質的な価格設定権が自社にないとすると，目標利益を達成するためにはどうしたらよいのだろうか。こうした状況下で，特に新製品開発を念頭に置いた原価管理の手法が**原価企画**（target cost management）である。市場で決まってしまう販売価格であっても，自社の望む目標利益を獲得できるように，想定される販売価格から単位あたり目標利益を差し引いて，新製品の目標原価（**許容原価**と呼ばれる）を設定する。原価企画は，対象となる新製品の原価要素を積み上げて集計された製造原価（**成行原価**と呼ばれる）と許容原価との差額を原価削減目標額として実施される原価管理である。原価企画そのものに関しては，原価管理や管理会計などのテキストで解説されているため，それらを参照されたい。以下では，なぜ原価企画に高い効果が期待されるのか，原価の発生と決定の違いから説明しておこう。

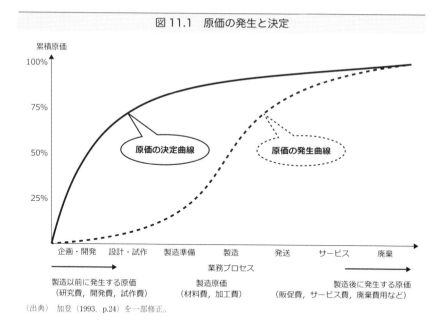

図11.1　原価の発生と決定

（出典）加登（1993, p.24）を一部修正。

　現在製造されている製品よりもむしろ新製品開発に注目する理由は，原価の発生と決定（確定）の違いを明確に意識しているからである。発生原価は特定の目的を達成するために経営資源が消費される時点での原価であるのに対して，決定原価はまだ発生していないがすでに行われた意思決定に基づき将来的に発生することが決まっている原価のことである。ある製品の企画開発から廃棄に至るまでの総原価の累積度の変化に関して，原価の発生と決定では，描かれる軌跡が随分と異なることが知られている。図11.1は，縦軸に累積原価の割合（パーセント表示），横軸に業務プロセスをとったときに，原価の発生曲線と決定曲線を示したものである。原価の発生曲線は，当該製品の総原価の大部分が製造段階で生じることを示している。対して，原価の決定曲線は，当該製品の総原価がどの程度なのかは開発・設計段階でかなりの部分確定してしまっていることを示している。要するに，設計図面がいったん確定してしまうと，どんな材料を使い，どのような加工や組立作業をするのかといった基本的事項の多くが定まってしまうので，その段階では，原価低減の大きな余地はもう残されていない。製造段階での原価の低減効果は決して無視できるものではないが，たとえば，数割の材料費の削減といった大幅な効果はあまり望めない。そのた

め，原価企画では，設計図面を描く段階，あるいはもっと遡って，製品企画の段階から，原価を考慮した活動を展開することで，大幅な原価改善効果と目標利益の実現を意図している。

●コラム 16　本当に顧客が価格を決める方法とダイナミック・プライシング

　市場によって価格が決まるといっても，値札に金額を書き込むのは通常企業側である。しかしながら，近年では，顧客が製品・商品・サービスを消費後に価格を設定する事例が見られるようになってきた。これらの価格設定は，PAYW（Pay As You Wish）やPWYW（Pay What You Want）と呼ばれることもある。日本でも，消費者が実際に製品・商品・サービスを体験した後から，自ら価格を設定し決済する仕組みを提供する企業が登場してきている。

　こうした方法は明らかに低すぎる価格（ときにはゼロ）になってしまうリスクを抱えている一方で，販売者の収益増につながる可能性があることを示唆する研究結果がある。具体的な成功事例として有名なものの一つに，イギリスのロックバンドであるレディオヘッドのアルバムの販売がある（Raju and Zhang, 2010）。このアルバムをダウンロードした人の60％が無料であったが，40％は平均2.26ドルを支払った。この金額は決して高いものではないが，海賊版や違法コピーによる利益減少の抑制，業界の慣行に嫌気が差していた消費者の信頼の獲得，原価削減，宣伝効果といった面で，このアルバムは十分に成功したと評価されている。また，Kim, Natter, and Spann（2009）は，3つの事例研究を通じて，PWYWでの支払いがゼロよりも統計的に有意に大きいことを発見し，さらに売り手の収益増大につながる可能性があることも示している。さらに，彼らは，低変動費・高固定費の製品・商品・サービスは，限界利益が赤字になる価格を設定される危険性がより低下するので，PWYWに適しているが，高価格帯の製品・商品・サービスは，不当に安い価格によって顧客が得られる利益が大きすぎるために，PWYWが適切に機能しない可能性が高いと述べている。

　こうした顧客による価格設定に加えて，近年多くの注目を集めているのがダイナミック・プライシングと呼ばれる価格設定方法である。繁忙期に価格を引き上げ，閑散期に価格を引き下げるといった変動的な価格設定は以前より行われてきたが，近年では，ビッグ・データの収集，プログラミング技術や機械学習の発展によって，より動的な形で需要と供給に合わせて価格を変動させることが可能になってきた。こうした価格設定方法は，ホテルの宿泊，スポーツ観戦チケット，テーマパークの入場チケット，航空チケット，鉄道運賃など実に多様な商品・サービスで見受けられるようになった。

　第5講で述べた通り，製造業にて在庫は不必要に抱えるべきものではないと捉えられてきた。つまり，需要水準に供給量を合わせるという発想である。その一方で，供給量を需要水準に合わせて弾力的に変更するのが困難な業種もある。たとえば，エアラインやホテルでは，供給される座席数や部屋数を，需要の増減に合わせて迅速に調

整することができない。これらのキャパシティに関わる固定費額は大きい一方で，商品・サービスの提供に伴う変動費は相対的に非常に低いという固定費型のコスト構造の企業が多い。また，特定の日付の座席や部屋は，その日時を過ぎてしまうと無価値になってしまう。こうした事業では，販売価格が全部原価を割り込んでいたとしても，変動費以上の水準であれば，固定費の回収と営業利益の創出に貢献できるので，需要に合わせた柔軟な価格設定によって，いかに稼働率を確保するのかが重要な経営課題となる。

　技術の進展に伴い，自動化，機械学習による予測，強化学習に基づいた AI（Artificial Intelligence）による判断といったように，価格変更はどんどんアルゴリズムを用いたデータドリブンな意思決定となってきている。ただし，需要と供給のバランス以外の要素の無考慮は，時に大きな失敗につながるリスクを抱えていることも指摘されている（Bertini and Koenigsberg, 2021）。とりあえずアルゴリズムを走らせておけばよいというわけではない点には注意が必要である。

引用文献

Bertini, M., and Koenigsberg, O.(2021). The pitfalls of pricing algorithms: Be mindful of how they can hurt your brand. *Harvard Business Review*, 99(5)：74-83.

Datar, S. M., and Rajan, M. V.（2020）. *Horngren's cost accounting: A managerial emphasis*（17th Global Edition）. Pearson Education.

Hilton, R., Swieringa, R., and Turner, M.（1988）. Product pricing, accounting costs, and use of product-costing systems. *The Accounting Review*, 63(2)：192-215.

Kim, J.Y., Natter, M., and Spann, M.（2009）. Pay what you want: A new participative pricing mechanism. *Journal of Marketing*, 73(1)：44-58.

Raju, J., and Zhang, Z. J.（2010）. *Smart pricing: How google, priceline, and leading businesses use pricing innovation for profitability*（1st edition）. FT Press. （藤井清美（訳）（2011）『スマート・プライシング：利益を生み出す新価格戦略』朝日新聞出版。）

網倉久永・新宅純二郎（2011）『経営戦略入門』日本経済新聞出版。

小倉昇（2020）「情報利用者の目的に適合した原価計算方法の選択」『経営会計レビュー』1(1)：16-29.

加登豊（1993）『原価企画：戦略コストマネジメント』日本経済新聞出版。

佐藤進（1975）『基準原価計算精説』中央経済社。

ソニーグループ株式会社（2021）『2020 年度第 3 四半期決算説明会資料』
　　https://www.sony.com/ja/SonyInfo/IR/library/presen/er/pdf/20q3_sonypre.pdf

（2024 年 4 月 10 日）

ソニーグループ株式会社（2022）『2021 年度決算説明会資料』

https://www.sony.com/ja/SonyInfo/IR/library/presen/er/pdf/21q4_sonypre.pdf

（2024 年 4 月 10 日）

ソニーグループ株式会社（2021）『Sony IR Day 2021 ゲーム＆ネットワークサービス分野』

https://www.sony.com/ja/SonyInfo/IR/library/presen/irday/pdf/2021/GNS_J.pdf

（2024 年 4 月 10 日）

森光高大・片岡洋人・岡田幸彦（2018）「超総原価計算制度の発見とその理論的意義」『原価計算研究』42(1)：110-122.

「米中物流，海上運賃 6 倍に：急速な経済回復／コロナ再拡大，長引く目詰まり」日本経済新聞。2021-9-18，朝刊，p.7.

● 練習問題 ●

次の正誤問題に答えなさい。

(1) 価格設定に影響を与える 3 要素は，顧客，競合，原価である。

(2) コストプラス法とマークアップ法は，原価に利益を加算して決める方法である。

(3) 原価基準アプローチにおいて，基準となる原価は，全部原価と直接原価に分類される。

(4) 新規参入が容易で激しい競争環境下や各社が提供する製品・サービスが近似している場合，マークアップ分を加算した価格で顧客に受容してもらえる。

(5) 企画・開発・設計段階よりも製造段階の方が，原価管理の手法による大幅な原価低減を期待できる。

【解答欄】

(1)	(2)	(3)	(4)	(5)

第**12**講
品質原価計算

ケース(12)　品質の原価とは？

　近所のスーパーで「お客様の声」が張り出されているのを見て，孝太郎もラーメンだけではなく店全体としてどう評価されているのかを知るために顧客アンケートをやってみることにした。この結果を山村に相談したところ，品質原価計算の考え方を参考にしてはどうかとアドバイスを受けた。

　飲食店経営では，食べ残しの量は一つのバロメーターだ。作り手として，たくさん残されてしまったときはすごくショックを受けるが，スープまで残さず食べてもらったときは何よりもうれしい気持ちになる。しかし，ラーメン屋では顧客は食べ終わったらササッと退店してしまうので，あまりコミュニケーションは取れない。孝太郎は顧客の感想が今更ながら少し気になり始めていた。
（実際にどんな感想なのか少しでも聞いてみたいな。他の店でもテーブルによく置いてあるアンケートでもやってみようかな。味の評点，接客の満足度，店の清潔感，価格の納得度と，いろいろ聞けそうだ）
　ということで，即席でアンケート用紙を作成・印刷し，各テーブルの上に設置し，店舗出口に回収ボックスを置いてみることにした。アンケート回答のお礼に飴玉を用意して1週間が経過した。孝太郎は回収ボックスを開封していた。
（今週もあっという間に過ぎていったな。アンケートを回答してくれるお客さんも結構いたし，内容を確認してみるか）

　　・味の濃さが週によって違うことがある
　　・いまどき現金オンリーはちょっと…
　　・商品によって提供されるまでの時間にかなりのずれがあった
　　・テーブルの油が拭き切れていなくてベトベトしている

・チャーハンの具が以前と変わっていた

・口コミレビューより全然おいしかった！

…と，さまざまな意見が記載されていた。なかには，裏の白紙部分までびっしりと長文で記載されているものもあり，孝太郎は驚いていた。ただ，やはりネガティブな内容は気になるもので，若干，落ち込みながらいつものように山村に電話をかけていた。

孝太郎「お疲れ様です，山村先輩」

山村　「おう孝太郎，なんか今日はさえない声だな。どうした？」

孝太郎「お客さんがどう思っているのかをアンケート取ってみたんですけど，結構厳しい意見をたくさんいただいてしまって。慰めてもらおうかと(笑)」

山村　「ははは，厳しいことを言われているうちが花ってやつだな。お客さんは静かに減っていってしまうもんだから，今のうちに対応しておく必要があるな。どんなことが書いてあった？」

　孝太郎は山村に一通り説明を終えると，一層落ち込んでしまった。

山村　「孝太郎，このアンケートに書いてあることを一つひとつバラバラに対応するんじゃなくて，品質原価計算の考え方を使って整理してみるといいかもしれない」

孝太郎「品質原価計算？　品質をどうやって計算するんですか？」

山村　「ちょっと言葉がややこしいけどな。品質そのものを計算するというよりも，品質をコントロールするためにどのくらいの原価がかかっているのか，どのように原価をかけていくべきなのかを検討しようというものだ。さらに，品質の失敗などがどれほどの影響を生み出しているのかも把握して，それらの関係性に注目するというのが狙いどころだ」

孝太郎「うちの店の場合の品質って，ラーメンとかの食べ物だけじゃなくて，店全体としての品質がどうかって考えた方がいいってことですか？」

山村　「なかなか勘が鋭くなってきたな。その通りだ。さっきのアンケートを振り返ってみよう。多くのコメントは，弥生が提供している商品やサービスの品質の高低もしくはばらつきに関するものだろう」

孝太郎「ただの文句として捉えてはダメということですね。全部品質の問題だったって捉えられるようになると，何とかしなきゃいけないと思いますね」

山村　「そもそも顧客の要求する品質水準に至っていない場合もあるけど，オペレーションの問題で品質が安定しないことも結構ある。味の濃さのコメントなんてまさにそうだし，清掃も常にしてないわけじゃなくて，ちゃんとできていないときがあったという感じじゃないかな。じゃあ，ラーメンの品質を安定させるにはどんな対策が考えられる？」

孝太郎「仕込みが終わったスープを俺1人だけじゃなくて，他のメンバーにも味見してもらって確かめるとか，ですかね。あとは，なんとなく習慣でやっていた作業をちゃんとマニュアル化していつも同じようにできるようにするとかですね。正直めんどくさいですが…」

山村　「今，孝太郎が言った『他のメンバーの味見』は評価だな。マニュアル化して仕込み工程がまちまちにならないようにするのは予防だな。品質原価計算の考え方に基づくと，品質原価というのは，予防原価，評価原価，内部失敗原価，外部失敗原価という4つに分類されるんだ。他のメンバーが味見をすれば材料を消費してしまうし，時間もかかってしまう。これは評価するための原価といえる。マニュアル化するときの孝太郎の作業時間やチェック時間は予防のための原価だな」

孝太郎「原価って聞いてしまうとなんか嫌なものに思えますが，これらをちゃんとやるとお客さんの不満って結構抑えられそうですよね。テーブルが汚いってのも，ちゃんと清掃の時間を確保したり，掃除道具を定期的に交換したりとかすればすぐに防げそうですもんね。これって予防原価ってやつですか？」

山村　「飲み込みが早くて助かるよ。でも，原価としてわざわざ測定するということは，これらの原価を無尽蔵にかければいいというわけでもないんだ。たとえば，清潔な食事空間が大事だとはいっても，毎日，営業後に清掃サービスを外注して埃一つないぐらい掃除するというのは，弥生にとってはやりすぎになるだろう」

孝太郎「そうですね，それは原価的にも無理だし，そこまでお客さんも求めていない気がします」

山村　「そうだな，町の定食屋さんのイメージと乖離しすぎちゃうかもな」

孝太郎「残りの失敗原価というのは，名前の印象そのままですか？」

山村　「基本的にはそうだな，内部と外部の失敗はお客さんへの商品やサービスの提供前後と考えるといいよ。内部失敗原価は餃子の焼き時間をミスして丸焦げにしてしまったときの材料費とかがわかりやすいかな。対して，外部失敗原価はお客さんに提供してしまった後の話だな」

孝太郎「ということは，食中毒とか異物混入が外部失敗原価ですよね。これは怖い」

山村　「そう。今の時代は，こうしたことはSNSですぐに拡散するし，そこからの復活も相当に難しくなっている。場合によっては，こうした将来の売上や利益の低下も外部失敗原価として捉えるべきという考え方もあるんだ。実際に計算上加味するかどうかは別にして，経営者としては意識しておかなければいけないことだよ。だからこそ，顧客に失敗が届かない

ように予防したり評価したりすることが重要なんだ」

仕込みを終えた具材を入れる大型冷蔵庫は，使う順序や取りやすさなどを考慮して，常に整理整頓された状態にある。もし整理整頓ができていなかったら，品質にどのような影響が及ぶだろうか？（撮影者：町田遼太）

　顧客獲得において，製品・サービスの品質改善は重要です。一方で，品質不良・品質不正・不祥事は，経営危機をもたらしかねません。近年では，飲食店を中心に我々の生活に身近なところでも，品質に関する問題が多発しました。そうした問題が発生した企業では，どのような対策が講じられたのか調べてみましょう。

　原価計算の目的は製品原価の計算だけではありません。**第12講**では，品質に関連した原価を体系的に集計・報告する品質原価計算について学習します。品質を向上させ，問題発生を防ぐ活動は決定的に重要ですが，そうした活動に資源を無尽蔵に投入できません。よって，品質に対して投入した資源の成果がどれほどのものであるのか，明確に把握する必要があります。品質原価計算は効率的・効果的に品質管理活動を展開していく上で重要な情報を提供します。品質に関する情報が体系的かつ貨幣的に集計されることで，品質管理活動の現状把握，総品質原価の削減，そして品質関連投資の経済性検討といった役立ちが期待できます。

12.1　品質原価計算

　品質に関連した情報全てを，既存の会計システムから集計できるわけではない。たとえば，品質改善のための教育訓練支出は，会計上，費用として捉えられるが，そうした訓練を通じた品質改善効果が記録されなければ，管理者は教育訓練への支出を躊躇するかもしれない。品質原価計算は，品質管理活動への資源投入のみならず，その帰結・成果も捉えることで，品質向上と利益獲得を支援できる。原価計算という名称を含んではいるが，これまで解説してきた原価計算手法のように特定の計算続きがあるのではなく，特定の分類のもと品質原価を測定し，そのコスト・ビヘイビアを踏まえて，管理活動を展開するのが品質原価計算の概要である。そこで，まずは品質原価の定義・分類，集計プロセスから見ていこう。

12.1.1　PAF 法による品質原価の分類

　品質原価は，1960 年代初頭に米国品質管理協会が提唱した PAF（prevention-appraisal-failure）法と呼ばれる枠組みのもと，表 12.1 に示される 4 つに分類されるのが一般的である。PAF は，予防（prevention），評価（appraisal），失敗（failure）の頭文字を指し，失敗はさらに内部と外部の 2 つに分けられる。

　細かくは上記の 4 つに分類される品質原価であるが，**予防原価・評価原価**と**失敗原価**では性格を異にしている。前者は品質管理や品質保証などの活動実施に伴い発生するのに対して，後者はこれらの活動が万全で十分な効果を発揮すれば回避できる可能性がある。こうした違いから，それぞれ，**品質適合原価**，**品質不適合原価**と呼ばれることもある。

　なお，一般に製品の品質は，**適合品質**（conformance quality）と**設計品質**（quality of design）に区分される。適合品質は，製品の品質水準と設計仕様との適合度に関連しているのに対して，設計品質は，製品に対する顧客の要求と設計仕様との適合度に関連した品質概念である。当初，品質原価は適合品質を対象としたものとして捉えられてきたが，設計品質への拡張適用についても議論されるようになっている。この点は後述する。

　さらに，品質管理や品質保証の活動は最終的には利益獲得のための支出を伴

表 12.1　品質原価の種類

分　類	定義と具体例
予防原価 (prevention cost)	品質水準を計画し，品質不良や欠陥の発生を未然に防止することに関連した原価 例：品質維持活動の進捗管理，工程管理，研修・訓練などに要する原価
評価原価 (appraisal costs)	設定された品質水準を維持しているかどうかの品質評価に関連した原価 例：受入部品検査・工程検査，完成品出荷前検査，品質監査，外部機関による保証に関わる原価
内部失敗原価 (internal failure costs)	社内の品質基準に適合しないことに対処するために生じる原価 例：廃棄，再作業（手直し），品質不適合の原因分析に関わる原価
外部失敗原価 (external failure costs)	不良品が市場に出回ってしまったことに生じる原価 例：クレーム対応，リコール，損害賠償，訴訟に関する原価

（出典）　著者作成。

う活動なので，予防原価や評価原価は文字通り利益獲得のための原価である。しかし，失敗原価のなかには，利益の獲得に貢献しない支出もあり，厳密には原価の定義に合致しないものも含まれている。そのため，品質の改善もしくは維持を通じた失敗原価の減少が，損失を回避したことになる。他の条件が一定であれば，損失回避は同額の利益増大を意味するので，失敗原価という損失には，利益の負の代理変数という側面があると指摘されている（伊藤，2005）。

　品質原価に関するデータは，現行のシステムから自動的に取得できるとは限らない。特別の手間を要することもあるし，集計に際して熟慮しなければならないこともある。品質管理部門で生じる原価の全てが，予防活動や評価活動のために生じているわけではない。また，他部門で実施される活動であれば，品質原価に該当する部分のみを切り離す必要がある。さらに，集計対象に直接的に関連づけられない間接費であれば，配賦手続きを決めなければならない。したがって，品質原価の測定には，品質管理部門，会計部門，購買部門，製造部門，製品設計部門，工程設計部門など実に多様な部門の協力のもとでの調査・分析を行い，組織内に点在したデータをうまく統合する必要がある。こうした点から品質原価集計の費用対効果を見積もり，どこまでを品質原価の対象に含めどの程度の正確さで各費目を追跡するのか決定する必要がある。

12.1.2　品質原価の集計
　以下では，冷蔵庫が主力製品の湘倉電子（仮）の事例を通じて，品質原価の集計プロセスを確認しておこう。

① 品質原価の集計対象の設定

　全社，工場，製品群，個々の製品といったように，どの水準で品質原価を測定するのか決めなくてはならない。個々の製品別といったように集計単位が細かくなると，原価の割り当てなど検討すべき事項も増える。湘倉電子では，品質問題を抱えていた冷蔵庫の2019年の品質原価を測定することにした。同製品は同社の主力製品で全売上高の80％を占めていた。

② 品質原価の分類と費目の確定

　品質原価をどのように分類するのか社内で検討した結果，より細かい分類法も提案されたが，まずはPAF法に従うことになった。次に，具体的にどのような費目を4つの品質原価に分類整理するのか検討が行われ，以下の原価が対象となった。

- 予防原価（工程管理費，教育訓練費）
- 評価原価（検査装置管理費用，出荷前検査費用）
- 内部失敗原価（生産ミスによる廃棄費用，作業のやり直し費用）
- 外部失敗原価（クレーム対応費用，保証修理費用）

③ 各品質原価の直接費の識別

　8つの品質原価に対して，最終製品である冷蔵庫に直接関連づけることができる直接費であるのか調査が行われた。その結果，いくつかの項目にて，冷蔵庫に直接関連づけることができるものがあることがわかった。これらは計算対象期間に発生した額が集計されることになった。

④ 各品質原価の間接費の配賦

　冷蔵庫に直接関連づけられない間接費は，同社の他の製品・サービスに対しても発生しているものなので，冷蔵庫に関連する部分は配賦手続きを通じて計算しなければならない。そこで，配賦基準，配賦率，配賦基準数値を確定させた。間接費の調査を行った結果，主にそれぞれの活動に求められた時間や量を基準に配賦を行うことにした。各設定値と配賦結果は表12.2に示されている通りである。なお，配賦計算をより精緻化し，品質原価をより効率・効果的に管理するために，第13講で学習する活動基準原価計算が適用される場合もある。

⑤ 総品質原価の計算

　各品質原価の直接費と間接費を合計するとともに，4つの品質原価の合計値

表12.2　品質原価の集計報告書

生産数量　　　500台
売上高　185,000,000円

	配賦率	配賦基準数値	間接費（円）	直接費（円）	合計（円）	台あたり（円）	対売上高比率
予防原価							
工程管理	2,500円 時間あたり	2,250時間	5,625,000	—	5,625,000	11,250	3.0%
教育訓練費用	2,000円 時間あたり	1,450時間	2,900,000	—	2,900,000	5,800	1.6%
合　計			8,525,000	—	8,525,000	17,050	4.6%
評価原価							
検査装置管理費用	1,800円 時間あたり	550時間	990,000	2,500,000	3,490,000	6,980	1.9%
出荷前検査費用	1,500円 時間あたり	750時間	1,125,000	—	1,125,000	2,250	0.6%
合　計			2,115,000	2,500,000	4,615,000	9,230	2.5%
内部失敗原価							
廃棄費用	1,200円 kgあたり	1,200kg	1,440,000	1,150,000	2,590,000	5,180	1.4%
やり直し費用	2,800円 時間あたり	320時間	896,000	1,850,000	2,746,000	5,492	1.5%
合　計			2,336,000	3,000,000	5,336,000	10,672	2.9%
外部失敗原価							
クレーム対応費用	2,500円 時間あたり	240時間	600,000	2,250,000	2,850,000	5,700	1.5%
保証修理費用	3,000円 時間あたり	380時間	1,140,000	6,500,000	7,640,000	15,280	4.1%
合　計			1,740,000	8,750,000	10,490,000	20,980	5.7%
総品質原価			14,716,000	14,250,000	28,966,000	57,932	15.7%

（出典）　著者作成。

である総品質原価を計算する。表12.2の合計欄に示される通り，外部失敗原価が最も大きく，以下，予防原価，内部失敗原価，評価原価という順序になっている。多額の外部失敗原価の発生は，不良品が企業外部に流出しているために生じており，評価原価や内部失敗原価の小ささを踏まえると，まずは検査体制を整え，不良品を外に出さない努力が必要だろうと，社内では検討されていた。

⑥　売上高や生産数量に対する比率を計算する

　品質原価は全て固定費とは限らないので，生産数量・売上高の増減に伴い増減する可能性もある。そのため，品質原価の対売上高比率や製品単位あたり品質原価を計算する。こうしたデータは，売上高や生産数量が異なる複数期間を対象とした場合に，特に重要となる。図12.1は同社のその後の数年にわたる品質原価の推移を示したものである。こうした時系列データが得られれば，過去の品質管理活動への取り組みが，品質原価にどのような形で反映されているのか確認できるし，今後の活動展開への示唆も得られるだろう。

　なお，湘倉電子の品質管理活動への取り組みは次のようなものであった。まず，多大な外部失敗原価の発生を問題視し，不良品を外部に流出させないよう，部品，仕掛品，完成品の検査活動を徹底し，出荷前での不良品発見に注力した。外部失敗原価の低減と内部失敗原価の増大を確認後，不良品発生を予防する品

図12.1　品質原価（上）と対売上高比率（下）の時系列推移

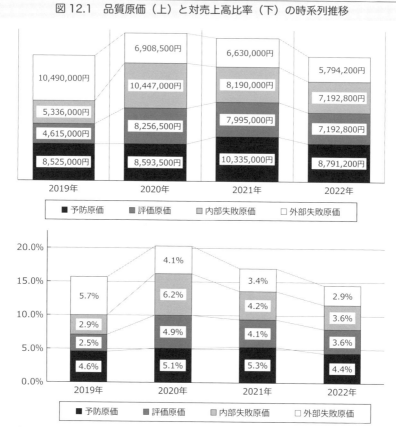

（出典）著者作成。

質管理活動を重点的に展開することで，評価原価と失敗原価，最終的には総品
質原価の低減につなげた。

12.2　品質原価のコスト・ビヘイビア

　上述した事例のように，品質原価の関係性を踏まえると，予防活動や評価活
動をして，品質水準を向上させて，できるだけ外部での失敗，つまり損失を回
避することが重要になる。ただし，これら品質原価を集計し，その関係性・傾

向を分析しなければ、計器なしで車を運転しているようなもので、適切に品質
管理活動に取り組めるとは限らない。予防原価・評価原価を増大させることで、
失敗原価の発生が抑制されるという関係がいつまでも持続すると安易に考える
のは危険である。つまり、品質適合原価と品質不適合原価の関係性を、実現さ
れる品質水準を踏まえて、検討することが重要になってくる。横軸に適合品質
水準（0〜100％）をとり、縦軸に単位あたり品質原価をとると、どのような品
質原価のコスト・ビヘイビアが想定できるのか見ていこう。

12.2.1 伝統的モデルとTQMモデル

　品質原価の議論では、大別すると2つのモデルが提示されてきた。一つは、
図12.2の左図で示されるものである。これは伝統的なモデルとされており、
予防原価・評価原価と失敗原価の合計額である総品質原価が最も小さくなるの
が、ある程度の欠陥を許容した品質水準になるというものである。予防原価・
評価原価の曲線の推移から、品質水準を向上させるには、予防活動・評価活動
に投資すればよいことが示唆される。一方、失敗原価は右肩下がりの曲線で示
されているので、品質水準の向上とともに低下していくことがわかる。つまり、
予防原価・評価原価の増大と失敗原価の減少というトレードオフ関係が想定さ
れている。ただし、曲線の傾きからわかるように、品質水準を1単位向上させ
るのに必要な予防原価・評価原価は徐々に増大していくのに対して、品質水準

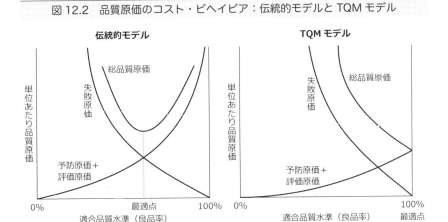

図12.2　品質原価のコスト・ビヘイビア：伝統的モデルとTQMモデル

（出典）Castillo-Villar, Smith, and Simonton（2012, p.5922）.

が1単位向上したときの失敗原価の減少度合いは徐々に低下していく。そのため，2つの曲線の交点は，ちょうど品質適合水準を1単位上昇させるのに，必要な予防原価・評価原価の上昇分と効果としての失敗原価の低下分が等しくなる点である。この交点よりも品質水準が高い領域では，失敗原価の低下分以上の予防原価・評価原価が発生するので，総品質原価が増大してしまう。逆に，この交点よりも品質水準が低い領域では，予防原価・評価原価をかけた以上に失敗原価が低下するので，総品質原価は低下する。したがって，総品質原価のコスト・ビヘイビアは，U字型の曲線となり，予防原価・評価原価の曲線と失敗原価の曲線の交点にて，総品質原価は最小になる。費用対効果の観点からは，この均衡する品質水準が，品質管理活動を実践する上で目標とすべき最適点となる。

　上記の伝統的なモデルに対して，ある一定水準の欠陥を許容するのではなく，ゼロディフェクト（無欠陥）である良品率100％という完全な適合品質水準のもとで，総品質原価が最小化するというのがゼロディフェクト・モデルやTQM（total quality management）モデルと呼ばれるものである（Crosby, 1979；Fine, 1986）。つまり，高品質と総品質原価最小化を両立させることができるとするモデルである。この関係を示しているのが図12.2の右図である。

　予防原価・評価原価が右肩上がりの曲線，失敗原価が右肩下がりの曲線であるという点においては，伝統的モデルと違いはない。しかしながら，予防原価・評価原価の上昇率が低く抑えられているのが特徴である。なぜ，このようなコスト・ビヘイビアの想定が可能になるのだろうか。それは，伝統的なモデルのように，一期間のみではなく，長期的なコスト・ビヘイビアを想定しているためである。より長い時間軸を想定することで，品質に対して経験効果が働くことで，より効率的に品質管理活動を実践できる。たとえば，品質不良予防のために改善活動に取り組み，適合品質を向上させると，その分だけ学習効果が累積されていき，その後の活動がより効率的に展開できる。また，予防のための活動が効果的に実践できるようになれば，不要な検査の削減などで評価原価を減少させることもできる。こうしたことから，予防原価・評価原価の曲線はより緩やかなものとなる。それに伴い，予防原価・評価原価と失敗原価との合計である総品質原価が最小になる適合品質水準が，伝統的モデルよりも，良品率がより高い水準に移動する。

　また，品質不良による長期的な影響を想定すると，ブランドイメージや信用

の失墜，それに伴う将来の獲得利益の喪失も失敗原価の範疇に含まれることになる。品質に関連した企業不祥事がもたらす影響の深刻さを踏まえれば，少しの欠陥率でも多大な失敗原価を生じさせるリスクがある。そのため，失敗原価の曲線の傾きがより急になるので，総品質原価が最小となる品質水準をもっと高い水準に移動させることになる。結果として，総品質原価が最小となる最適な適合品質水準は良品率100％点とされる。

●コラム17　隠れた品質原価

　品質不良がもたらす将来の獲得利益の喪失といった経済的影響は定量化が非常に困難である。こうした定量化が困難で品質原価の対象とされない可能性のある経済的影響は，隠れた品質原価と呼ばれる。たとえば，「不良品対応業務のために，他製品の生産が遅延し，生じた販売機会の損失」，「ある程度の不良品発生を見越して，必要量よりも多く生産し，ストックしておく原価」，「品質不良によって顧客が被る損失」，「顧客ニーズを製品にうまく取り込めないことによる販売機会の損失」など，非常に多様な隠れた品質原価が存在する。

　単純に定量化が困難という理由でこれらの品質原価を無視していると，品質原価計算の有効性が低下するリスクがある。そのため，隠れた品質原価を取り扱うための方法も検討されている。たとえば，タグチ・メソッドと呼ばれる手法では，工学的・統計的手法を用いて，製品や部品が出荷後に社会に対して与える損失として品質を定義し，これに関数定義を与え，どれだけの損失を社会に与えうるのか予測できるようにしている（伊藤，2005）。

　いずれのモデルのもとでも，品質原価計算が，品質改善活動の実施とその成果を財務的に捉え，その関係性を捉えやすい形で管理者に情報提供するための有用な枠組みであるという点に変わりはない。モデルの正確さを争うのではなく，両モデルから得られる示唆を品質管理活動に活かすことがより重要であろう。

　伝統的モデルは，品質改善活動の展開が，失敗原価，総品質原価の低減につながっているのか，追跡していくことの重要性を示唆している。ただし，曲線として示される適合品質原価と不適合品質原価の2分類ではなく，4つの品質原価，さらに個々の費目ごとに，追跡していく必要がある。それは，予防原価と評価原価を区別し，内部失敗原価と外部失敗原価を区別して検討することが重要になる場合もあるからである。表12.2の数値例では，多額の外部失敗原

価が発生しており，ひとまず，予防活動よりも評価活動を優先させて，外部失敗原価の発生を抑制させてから（これは内部失敗原価の増大につながる），予防活動に資源投入して，不良品の発生を抑え，最終的に総品質原価（対売上高比率）を低下させていた。こうした活動の優先順位は，特に，多額の外部失敗原価が発生している場合には正当化されるだろう。

　ただし，この数値例では，2020年に総品質原価の対売上高比率は大幅に増大してしまっている。管理者がこの一時的な品質原価増を嫌ってしまっては，こうした意思決定は採択されなかったかもしれない。こうした事態を避けるためには，外部失敗原価の拡張が重要になってくる。TQMモデルにて言及されたように，品質不良がもたらす将来の獲得利益の喪失といった機会損失が，外部失敗原価に含められていれば，もっと多額の外部失敗原価が発生していたことになる。そうした場合，予防活動に多額の投資をして不良率の低減を目指すよりもむしろ，優先すべき手立てとして，製品全てを検査して欠陥品が顧客の手に届かないようにした方が，総品質原価の発生をより低く抑えられるので，外部失敗の発生を何よりも回避しようとするインセンティブを与えることになる。

　伝統的モデルとTQMモデルは，適合品質水準が低い領域では，コスト・ビヘイビアに実質的な違いはほとんどない。しかしながら，ある程度の品質水準に到達している企業にとっては，これらのモデルの違いは，品質管理活動の展開にとって重要な示唆を与える。品質原価情報を用いて，品質改善活動を業績改善につなげていくためには，予防原価・評価原価と失敗原価がトレードオフを起こしているのかどうか観察するとともに，そうしたトレードオフを起こさない，つまり，予防原価・評価原価の増分以上の失敗原価の低下をもたらす品質管理活動が可能なのかどうか，中長期的な視点から考慮することが求められる。

　日本企業の品質管理実践では，ゼロディフェクトがあるべき姿として追求されることが多く，TQMモデルがより望ましいと捉えられる傾向がある。しかしながら，ゼロディフェクトを志向しすぎた逆機能として，過剰品質の問題が生じているとも指摘されている。たとえば，「顧客の要求水準以上の誤差精度を追求する」，「厳しすぎる目視検査によって正常品までもやり直し作業に回してしまう」などである。最近では，こうした過剰品質の見直しによる生産性改善を通じて業績回復を図ったと報告している企業も見受けられる。一方で，品質スローガンなどによる従業員への働きかけとして，トレードオフを前提とする姿勢が望ましいかどうかは，慎重に検討すべき事項ではあろう。いずれにして

も，品質原価情報を適切に測定し，追跡していくことが，品質管理活動の展開判断にとって重要になるだろう。

12.2.2　ROQ

　上記の 2 つのモデルは，失敗原価として，利益の負の代理変数を取り込んではいるが，直接的に利益を扱っているわけではない。この点，品質管理活動から獲得される利益に注目した概念が，Rust, Zahorik, and Keiningham（1995）によって提唱された ROQ（return on quality）である。return on 〜という表現は，利回りを意味するときに用いられるもので，〜利益率と称される。たとえば，株主資本である equity，投下資本である investment，資産である asset を用いて，株主資本利益率（ROE），投下資本利益率（ROI），総資産利益率（ROA）といった具合である。ただし，ROQ に関しては，日本語名称が与えられることは少なく，ROQ という表記がよく用いられる。ROQ は，品質に対してどれだけの利益が獲得できているのかを示す概念であり，品質改善と品質原価のトレードオフ関係を捉えているのが特徴である。

　トレードオフ関係という捉え方は，伝統的モデルと同一ではあるが，想定される品質概念が異なっている。つまり，図 12.2（左図）の伝統的モデルは適合品質を対象としているが，図 12.3 の ROQ アプローチは設計品質やサービス品質までも対象としたものとなっている。そのため，品質改善活動によって，常

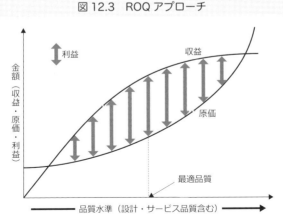

図 12.3　ROQ アプローチ

（出典）Wouters, Hilton, and Selto（2012, Exhibit 6.1）を一部修正。

連顧客の再購入率が向上したり，新規顧客が増大するなどして，収益の増大が見込めるとされる。もちろん，品質改善による品質原価低減を通じた収益性の向上も加味されている。

　このように，収益への影響を見積もる点が ROQ の大きな特徴であり，品質水準の向上に伴い収益は増大していくと想定される。ただし，品質水準が向上するほど，そこまでの高水準を求めている顧客は減少する。また，価格との兼ね合いもあるため，収益の伸びはいずれ鈍化することになる。一方，品質原価は品質改善により低減する部分もあるため，低い品質水準領域では，品質原価の増加は収益のそれよりも緩やかである。しかしながら，顧客が要望する性能や機能が高まるほど，その品質水準を実現するための品質原価は加速度的に高くなる。このように，収益・品質原価ともに品質水準向上に伴い増えていくが，収益は増加分が徐々に減っていくのに対し，品質原価は逆に増加分が徐々に増えていく。図12.3 は，品質原価と収益の差額である利益が品質水準の変化に伴い増減する様子を描いたものとなっている。上下の矢印の長さで示される利益が最大化する品質の最適水準は，品質水準を 1 単位向上させたときの収益の増加分と品質原価の増加分が同額になる点である。この最適点よりも品質水準が低い領域では，収益の増加が品質原価の増加よりも大きいので，品質水準の改善に伴い利益は増大していく。一方，最適点よりも品質が高い領域では，収益の増加よりも品質原価の増加が大きいので，品質水準の改善に伴い利益は減少していく。

　ROQ 概念を提唱した Rust たちは，品質改善活動による収益増加や品質原価の減少の中長期的な影響を ROQ として見積もることで，品質管理をまさに利益を獲得するための投資活動として評価できるとした。特定の品質改善プロジェクトによって，どの程度の利益が見込めるのか，複数年にわたって見積もり，当該プログラムを実行しなかった場合との差額を，改善プロジェクトを実行した場合に発生する原価で割った値が ROQ である。ROQ を計算するためのこれらの値は，プロジェクト検討時段階の価値に割り引かれる。なお，この割引計算については，第14講 にて解説する。

引用文献

Castillo-Villar, K. K., Smith, N. R., and Simonton, J. L. (2012). A model for supply chain design considering the cost of quality. *Applied Mathematical Modelling*, 36(12)：5920-5935.

Crosby, P. B.（1979）. *Quality is free.* New York: McGraw-Hill.

Fine, C. H.（1986）. Quality improvement and learning in productive systems. *Management Science*, 32(10)：1301-1315.

Rust, R. T., Zahorik, A. J., and Keiningham, T. L.（1995）. Return on quality（ROQ）：Making service quality financially accountable. *Journal of Marketing*, 59(2)：58-70.

Wouters, M., Hilton, R. W., and Selto, F. H.（2012）. *Cost management: Strategies for business decisions.* McGraw-Hill Higher Education（ebook-Kindle）.

伊藤嘉博（2005）『品質コストマネジメントシステムの構築と戦略的運用』日科技連出版社。

● 練習問題 ●

下記の資料を読んだ上で，下表の原価を PAF 法による 4 つの品質原価に分類して，それぞれの合計額を算出しなさい。

（資料）

作業の標準化による品質の安定化を目指した工程管理活動を今月 7 月から実施している。また，製造部門と設計部門が協力して，不良発生が比較的多い部品の設計見直しのために，部品の試作や組立工程の見直しを行っている。さらに，定期的に組立作業の安定性改善のための訓練を 1 ヶ月に 2 回のペースで行っている。

一方，検査体制については，製品出荷前と主力部品の受け入れ時に抜き取り検査を行っている。製品出荷前の検査内容は，動作確認と組み付け状況のチェックを行うというものである。もし，異常があり，仕損品となった場合には，部品交換や組み付け作業のやり直しを行い，合格品としている。なお，一部の部品を廃棄せざるを得ない状況も時折生じている。

ただし，現状では，こうした検査をすり抜けてしまい，一定の割合で不良品が出荷後に発生してしまっている。今月は，出荷品の 2％の割合で不良が生じた。製品保証修理での対応となり，回収・部品交換を行った。こうした不良発生に加えて，製品使用上のトラブルに対しても，同社では電話もしくはチャットでのサポート対応をとっている。

上記の活動とその結果に関する品質原価の集計を行い，まとめたものが下表である。

	（単位：円）
出荷前製品検査費	250,000
設計管理費	230,000
材料廃棄費	45,000
組立工員訓練費	480,000
回収・発送のための送料	40,000
工程管理費	160,000
受入部品検査費	164,000
保証修理費用	528,000
仕損品の手直し費用	181,000
顧客サポート対応費	260,000

【解答欄】

予防原価：＿＿＿＿＿＿＿＿＿＿円

評価原価：＿＿＿＿＿＿＿＿＿＿円

内部失敗原価：＿＿＿＿＿＿＿＿円

外部失敗原価：＿＿＿＿＿＿＿＿円

第13講
活動基準原価計算

ケース(13) 儲かるお客か？

　孝太郎は卸売業者から届いた，価格とサービスに関するお知らせ通知に目を通していた。その通知によれば，発注方法や注文内容に応じて価格が設定されており，この内容をどう理解すべきなのか考え込んでいた。いつものように，孝太郎は山村に相談することにした。

　　2021 年 12 月，孝太郎は卸売業者からのお知らせ通知に目を通し，頭を抱えていた。そんな折，裏口から山村先輩がスッと入ってきた。

山村　「おう，孝太郎。駅前にできた新しい飲み屋，今晩行かないか？　1 人じゃちょっと不安でさ」

　　いつもは難しいことを言う山村先輩もちょっとカワイイ一面があったりもする。

孝太郎「大丈夫ですよ。その代わりといっちゃなんですが，この卸売業者からの通知にどう対応しようかなと迷っているんですよね」

山村　「おっ，値上げか。どこもかしこもそんな話ばっかりだな」

孝太郎「でも，単純に全部上がるというわけじゃないんですよね。電話，メール，専用アプリのどれを使うか，どの程度の量を一度に発注するのか，どれくらいの頻度なのかなどによって価格が変わるみたいなんですよね」

　　一連の細かい話を聞いた山村は卸売業者の状況を踏まえつつ，彼らの狙いについて解説を始めた。

山村　「卸売業者って，弥生のような飲食店などから食材を中心に注文を受けて，納品してくれるんだろう」

孝太郎「そうですね。他には，こちらから，こういった食材はないのかといった問い合わせは結構やったりしますね。あとは向こうから案内があるときもあります」

山村　「卸売業者からすると，受注の活動というのは結構複雑になってるだろう。全然手間のかからない顧客もいれば，孝太郎みたいにいろいろ問い合わせが多い顧客もいる」

孝太郎「えっ，めんどくさいって思われてるんですか？」

山村　「実際にそう思ってるかどうかはともかく，卸売業者にとっては原価がかかっている顧客ということだな」

孝太郎「産地による味の違いとかもあるんで，商品の品質を安定させるためにも，価格,味,入手可能性などは結構チェックさせてもらってるんですよ。サンプル品を持ってきてくれたりするし，すごいサービスよかったんですよ。さすがに，コロナ禍で一番ひどかった時期は一時これらのサービスは中止されていたんですが，最近また復活したから，結構お願いしてるんです」

山村　「ほら，めちゃくちゃ原価かかってる」

孝太郎「でも，最近はうちの売上もコロナ前よりも増えているんで，卸売業者への注文も増やしてますよ。その意味では，弥生はきっと上得意様ですって」

山村　「それが本当かどうかを実際に卸売業者が分析した結果がおそらく今回のお知らせだな」

孝太郎「どういうことですか？」

山村　「卸売業者の営業・受注・配送に関する活動に注目して，顧客別に見たときにそれらの活動の原価がどの程度かかっているのか計算する。そうすれば，顧客ごとの売上データと照らし合わせれば，どの顧客が儲かっているのか損しているのかが把握できるという感じかな」

孝太郎「これって原価計算になるんですか？」

山村　「営業・受注・配送などの活動はそもそも複数の顧客に共通したものであることが多くて，扱っている製品とか顧客といった原価計算対象に対して，直接的にいくらかかったとは識別しにくいから，間接費になるだろう」

孝太郎「ということは，配賦ですか？」

山村　「そうそう。でも間接費を1つにまとめて唯一の配賦基準を適用するというのは上手いやり方とはいえない。なぜだかわかるか？」

孝太郎「それは営業活動と配送活動の原価だと発生理由が異なるからですか？」

山村　「孝太郎，ここ最近のお前の成長ぶりには驚かされるばかりだよ。少し前まで原価計算なんて何も知らなかったとは思えないな。そうした間接費の配賦をより精緻にやろうという原価計算の方法があって，活動基準原価計算っていうんだ」

孝太郎 「名前にあるように，活動に注目するんですか？」

山村 「営業，受注，配送のような大きな括り方だけではなく，より細かくどのような活動が社内で実施されているのか調査して，その活動ごとに原価を集計して，適切な配賦率を計算して，原価計算対象の製品や顧客に配賦するというのが，大まかな流れだ」

孝太郎 「配賦基準は活動ごとに設定されるんですか？」

山村 「これまで労務費ないし人件費は『時間』という基準を使って計算してきただろ。それに対して，活動基準原価計算では，たとえば『活動の回数』に注目するんだ。顧客別の受注回数を基準に，伝票処理活動の原価を配賦するといった具合だ」

孝太郎 「この原価計算って，実際にやるとなると，かなり大変ですよね」

山村 「もちろんそうだよ。だから，1回限りの臨時的な調査として実行される場合もある。たとえ，継続的でなくても，活動を基準に分析するという視点は大事なんだ。顧客や製品ごとの収益性を把握するだけじゃなくて，分類した活動が価値を生むものなのか否かで分類してみると，改善のネタがいろいろ出てくる。こういうのは，活動基準管理と呼ばれている」

孝太郎 「いろいろ展開していくこともできるんですね。もう少し細かな計算手続きも教えてくださいよ」

山村 「いいけど，俺がここに来たのは，駅前の飲み屋に行きたいからということは忘れるなよ」

孝太郎 「大丈夫ですよ。あそこの大将，知り合いなんで。ちゃんと連絡してとびきりのつまみを用意しといてもらいますから」

第5講の写真にある大容量の調味料や具材の缶詰などは，厨房で使用する際には大型のペットボトルに移し替えておく（写真中央から左）。このような段取作業は原価に影響するだろうか？
（撮影者：町田遼太）

　あなたは，製品を購入する際に追加的なサービスを受けたことがあります
か。たとえば，製品の詳細な説明を受ける，値引き交渉にのってもらう，サ
ンプル品を提供してもらう，試用機会を与えてもらうなど，追加的なサービ
スはさまざまです。これらの活動は，企業にとっては原価を発生させるもの
です。これらを踏まえて，あなたが普段購入している製品を販売している企
業にとって，あなたは望ましい顧客でしょうか？　少し振り返って考えてみま
しょう。

　第13講では，あらためて間接費の配賦に注目します。これまでの講でも
製造間接費の配賦方法は学習してきましたが，1980年代後半以降，こうした
伝統的な方法には限界があると指摘されるようになりました。それに伴い，
活動基準原価計算と呼ばれる原価計算手法が提唱されました。さらに，活動
を基準にするというアプローチは，単なる原価計算のみならず，原価管理へ
と展開されました。本講では，最初になぜ伝統的な製造間接費の配賦方法が
問題視されるようになってきたのか説明し，その後で，活動基準原価計算の
基礎的な計算手続きの解説とケースでも登場した顧客収益性分析を紹介しま
す。さらに，管理活動に焦点を合わせた活動基準管理，より最新の展開であ
る時間主導型活動基準原価計算についても説明します。

13.1　現代的な製造環境と製造間接費の配賦計算

　まずは，**製造間接費**の**配賦**計算を復習しておこう。単純個別原価計算では，
間接材料費・間接労務費・間接経費を製造間接費として1つに集計してから，
各製品（製造指図書）に配賦する。それが部門別個別原価計算になると，製造
間接費を，最初に製造部門と補助部門に集計し，次に補助部門費を製造部門へ
と配賦し，最後に製造部門費を各製品（製造指図書）に配賦するという3回も
の配賦計算を繰り返すものであった。組別総合原価計算では，各製品に対して
共通に発生する原価を組間接費として各製品に配賦した。

　部門別計算はかなり精緻な配賦計算と捉えることができるが，製造間接費の

配賦基準には，直接労務費，直接作業時間，機械運転時間，生産数量などの操業度関連の基準が多く採用されてきた。上記の配賦計算手続きが考案され，広く普及した頃の製造環境は，現代とは大きく異なり，人による手作業が多く相対的に機械設備が少なかった。つまり，製造原価のうち直接労務費と直接材料費の占める割合が大きく，製造間接費の全体に占める割合は小さかった。そのため，製造間接費を作業時間や生産数量といった操業度関連の配賦基準でまとめて配賦しても，深刻な問題が生じにくかった。

しかしながら，顧客ニーズの多様化と製品ライフサイクルの短縮化に伴い，少品種大量生産から多品種小ロット生産が重要視されるようになった。また，1つのラインで複数品種を製造できる柔軟な生産システムを構築するために，ロボットや機械が数多く導入されることになった。材料・部品の投入，加工・組立，検査，搬送といった至る所で自動化が今なお進められている。こうした設備機械の導入は，直接労務費の減少と製造間接費（減価償却費や設備の稼動・保全に関する原価など）の増大という方向で，製造原価の原価要素別構成割合に影響を与える。また，多くの品種を小ロットで頻繁に切り替えて生産を行うため，生産日程計画の微調整，受注処理や段取などの生産を支援するタイプの活動が増大する。そして，これらの活動の増減は，生産数量や機械運転時間などの操業度関連の基準よりもむしろ，生産活動の複雑性に依拠している。こうした製造環境の進展とそれに伴う原価構造の変化は，伝統的な配賦計算の有用性に疑問を投げかけるものである。

間接費の計算において問題を抱えた原価計算システムをより有用なものへ修正するポイントは次の3つである。1つ目は，より多くの原価を直接費として追跡することである。そもそも間接費ではなく直接費として原価を把握できれば，製造間接費の配賦に関連した問題は深刻化しにくい。特定製品の品質不良を対応するために顧客先訪問をすることで発生した旅費交通費のように，かりに製造間接費でも製品に直課できる原価は多い（川野，2004）。

2つ目は，間接費を集計する**コスト・プール**の数を増やすことである。コスト・プールとは，部門別個別原価計算での部門と同様の機能を持つ原価の集計単位を指す。さまざまな製造間接費が発生し，その増減要因も多様になってきているなら，製造間接費を集計するコスト・プールの数を増やすことは理に適っている。このとき重要なのが，同じコスト・プールの間接費は部門に限定されずに同一あるいは類似の要因で説明できるように集計することである。たと

えば,配送を担当する作業員の給与,配送車両のガソリン代や減価償却費が「配送活動」というコスト・プールに集約された場合,それらは同一の要因でその増減が説明できなければならない。もし,ガソリン代は配送距離に応じて増減するが,給与や減価償却が配送距離と関連性を見出せないのであれば,他のコスト・プールに集計する方が望ましい。

最後に,適切な配賦基準の識別である。伝統的な配賦計算でも繰り返し指摘されているが,特に製品への配賦計算においては操業度関連の基準が採用されることが多く,改善の余地が大きい。上述したコスト・プール数の増大は,つまるところ,適切な配賦基準の設定につながるものである。

13.2　ABC

上述した製造間接費の配賦に関連した問題の解決を試みるために,1980年代後半の米国にて提唱された原価計算手法が,**活動基準原価計算**(activity-based costing:ABC)である。当時の米国企業では,業績不振から事業再編やプロダクト・ミックスの見直しが盛んに実施されており,個々の製品の収益性,つまり製品原価を正確に把握するニーズが高く,ABCの普及・進展を後押しすることになった。

13.2.1　ABCの計算構造と数値例

ABCの基本的な考え方は,「活動が資源を消費する」,「製品などの原価計算対象が活動を消費する」というものである。資源と原価計算対象を結びつけるのが活動であり,これがコスト・プールとして設定される。つまり,資源をさまざまな活動に集計し,それら活動に集計された原価を原価計算対象に配賦するという手続きをとる。資源を活動に集計するための基準を**資源ドライバー**,活動に集計された原価を配賦する基準を**活動ドライバー**という。両者を合わせて**コスト・ドライバー**(cost driver:原価作用因)と呼ぶ。なお,書籍によっては活動ドライバーをコスト・ドライバーと呼ぶこともあり表記揺れが多いので,この点は注意されたい。

間接費の配賦計算が特徴的なABCではあるが,原価計算対象に直接的に関

表13.1　各製品のデータ

	製品 A	製品 B
販売単価	100円/個	130円/個
製造販売数量	2,000個	1,000個
直接材料費	86,000円	55,000円
直接労務費	40,000円	30,000円
製造間接費	105,000円	

（出典）著者作成。

連づけることができる原価はできるだけ直課する。上述したように，間接費として分類される原価の金額を減らせば，配賦すべき原価の範囲を最小限にすることができる。

　以下では，ABC による製造間接費の配賦計算について，伝統的な方法と対比させて，数値例で確認しておこう。表13.1 で示される製品 A と製品 B の製造・販売を行っているとする。

　まずは，製造間接費は製造販売数量で各製品に配賦する総括配賦法を採用し，製品単位原価を計算してみよう。直接費はすでに製品ごとに把握されているため，製造間接費を配賦すれば，完成品総合原価を計算できる。

　　製造間接費配賦率 105,000 円 ÷ (2,000 個 + 1,000 個) = 35 円/個

　　製品 A への配賦額：35 円/個 × 2,000 個 = 70,000 円

　　製品 B への配賦額：35 円/個 × 1,000 個 = 35,000 円

　　製品 A の完成品総合原価：86,000 円 + 40,000 円 + 70,000 円 = 196,000 円

　　製品 B の完成品総合原価：55,000 円 + 30,000 円 + 35,000 円 = 120,000 円

　　製品 A の完成品単位原価：196,000 円 ÷ 2,000 個 = 98 円/個

　　製品 B の完成品単位原価：120,000 円 ÷ 1,000 個 = 120 円/個

　上記の製造間接費の配賦方法は最も単純な方法である。対して，ABC を実施するには，より多くのデータが必要である。表13.2，表13.3，表13.5 は，各活動に固有の原価と共通した原価，資源ドライバー，活動ドライバーという配賦計算に必要なデータを示している。これらを用いて，ABC による配賦計算手続きを確認しておこう。

　この数値例では，全部で6つの活動（加工，組立，段取，品質検査，保管，出荷）が識別されている。この活動に全ての間接費を集計するのが最初のステッ

表13.2　個別原価と共通原価

個別原価

活　動	原価（円）
加　工	25,000
組　立	18,000
段　取	7,000
品質検査	10,000
保　管	6,000
出　荷	9,000
合　計	75,000

共通原価

費　目	原価（円）
減価償却費	15,000
水道光熱費	10,000
人事サービス費	5,000
合　計	30,000

（出典）著者作成。

プである。個別原価（**表13.2**の左）はすでに活動ごとに把握されているので，活動に共通した原価（**表13.2**の右）を，資源ドライバー（**表13.3**）を用いて各活動に集計する。資源ドライバーとは共通原価の増減に関連していると考えられる要因である。ここでは，減価償却費は占有面積，水道光熱費は作業時間，人事サービス費は人数となっているので，各活動の合計値と共通原価を用いて，下記のように資源ドライバーの配賦率を求める。

$$減価償却費の配賦率：15,000 \text{円} \div 600\text{m}^2 = 25 \text{円/m}^2$$
$$水道光熱費の配賦率：10,000 \text{円} \div 2,500 \text{時間} = 4 \text{円/時間}$$
$$人事サービス費の配賦率：5,000 \text{円} \div 25 \text{人} = 200 \text{円/人}$$

これらの配賦率に各活動の値を掛ければ，共通原価の各部門への配賦額が計算できる。たとえば，加工活動に対する減価償却費であれば，3,750円（＝25×150）となる。他の2つの共通原価についても同様に計算し，個別原価に加算することで，加工活動に関する原価は32,350円（＝25,000＋3,750＋4×550＋200×7）と算出できる。**表13.4**は，全ての共通原価を各活動に配賦し，個別原価と加算し，6つの活動原価を集計した結果を示している。

　次に，各活動に集計された原価（**表13.4**の総計欄）を，原価計算対象に活動ドライバー（**表13.5**）を用いて配賦する。たとえば，段取の活動原価10,700円を活動ドライバーである段取回数の総計10回で割ることで，配賦率が1,070円/回と計算できる。この配賦率に，各製品の段取回数を掛ければ，製品Aへの配賦額3,210円，製品Bへの配賦額7,490円と求めることができる。他の活動原価もそれぞれの活動ドライバーを用いて配賦額を計算した結果を示している

表13.3　資源ドライバー

活　動	減価償却費 占有面積（m^2）	水道光熱費 作業時間（時間）	人事サービス費 人数（人）
加　工	150	550	7
組　立	120	700	8
段　取	60	400	3
品質検査	70	300	4
保　管	110	250	1
出　荷	90	300	2
合　計	600	2,500	25

（出典）　著者作成。

表13.4　活動原価の集計

（単位：円）

活　動	個別原価	減価償却費	水道光熱費	人事サービス費	総　計
加　工	25,000	3,750	2,200	1,400	32,350
組　立	18,000	3,000	2,800	1,600	25,400
段　取	7,000	1,500	1,600	600	10,700
品質検査	10,000	1,750	1,200	800	13,750
保　管	6,000	2,750	1,000	200	9,950
出　荷	9,000	2,250	1,200	400	12,850
合　計	75,000	15,000	10,000	5,000	105,000

（出典）　著者作成。

表13.5　活動ドライバー

活動ドライバー	製品A	製品B	合　計
加工時間	220 時間	280 時間	500 時間
組立時間	200 時間	200 時間	400 時間
段取回数	3 回	7 回	10 回
検査回数	15 回	35 回	50 回
平均在庫	253 個	145 個	398 個
出荷回数	7 回	18 回	25 回

（出典）　著者作成。

のが表13.6である。製品Aへの配賦額は44,192円，製品Bへの配賦額は60,808円となっている。これら製造間接費と直接費を合計して，2つの製品の完成品総合原価を求め，製造販売数量で割って単位原価を計算する（表13.6）。

　ABCと伝統的な配賦計算（総括配賦法）による計算結果を比べているのが表

表 13.6　ABC による計算結果

（単位：円）

活　動	製品 A	製品 B
加　工	14,234	18,116
組　立	12,700	12,700
段　取	3,210	7,490
品質検査	4,125	9,625
保　管	6,325	3,625
出　荷	3,598	9,252
製造間接費計	44,192	60,808
直接材料費	86,000	55,000
直接労務費	40,000	30,000
製造原価	170,192	145,808
製品単位原価	85.096	145.808

（出典）　著者作成。

表 13.7　伝統的な配賦計算と ABC の計算結果の比較

	伝統的な配賦計算（総括配賦）		ABC	
	製品 A	製品 B	製品 A	製品 B
製品単位原価	98 円/個	120 円/個	85.096 円/個	145.808 円/個
製造間接費配賦総額	70,000 円	35,000 円	44,192 円	60,808 円

（出典）　著者作成。

13.7 である。どちらの方法でも，製品 B の単位原価の方が高いという点では
違いはないが，計算されている値はずいぶん異なる。直接費の計算に違いはな
いために，これらの差額は製造間接費の配賦計算の違いによるものである。伝
統的な配賦計算では，製品 B への配賦額の方が少ないが，ABC ではそれが逆
転し，製品 B への配賦額の方が多くなっている。

　伝統的な配賦計算では，製造間接費を生産数量で配賦しているため，少量し
か生産されない製品 B には相対的に少ない製造間接費しか配賦しない。しかし
ながら，製造間接費には生産数量とは関連性が低い活動の原価も含まれる。つ
まり，伝統的な配賦計算では，そうした生産数量以外の要因で増減する活動の
利用の差を原価には反映できずに，量産品が少量生産品の製造間接費を負担す
るという内部相互補助が生じている。ABC ではそれぞれの製造間接費の発生
要因と関連性が強いと考えられる活動ドライバーを用いて配賦計算をすること
で，そうした内部相互補助を防ぎ，より実態を反映した原価情報を提供してい

ると考えられる。

●コラム18　ABCによる原価計算対象の設定

　JR貨物は，旧国鉄が民営化されて以降，トラック輸送や長距離フェリーとの競争下にあり，長期間の赤字に苦しんでいた。このような状況で，神戸大学大学院経営学研究科（MBA）で管理会計の研究に従事した経験を持つJR貨物の白石規哲氏が中心となり，2006年頃からABCの導入が試みられた（白石，2010）。

　JR貨物は，民営化後も低い採算性から脱却できずにおり，2007年度時点でも鉄道事業は赤字となっていた。また，既存の会計システムが「線区」（A駅からB駅）単位で計算されており，駅での貨物の積替え業務などが原価計算対象となってはいなかった。ただ，実際には，関東から九州へ貨物輸送する場合，関東から九州への幹線系の列車での輸送後，九州地区の大規模駅で地域内のフィーダー列車（幹線と接続し，支線の役割をもって運行される列車）へ載せ替えるという手続きをしており，積替え業務の採算性情報は重要であった。

　JR貨物のABCの特徴の一つは，この原価計算対象の設定にあった。一般的には，顧客に提供する製品・サービス単位や顧客そのもの（「13.2.2　ABCと製品・顧客収益性分析」参照）を原価計算対象とすることが多い。ただし，ある駅から別の駅まで，という単位で原価計算対象を設定するとその数は膨大になってしまう。そこで，コンテナを単位とし，コンテナが列車運行原価を消費していくという仮定のもとで計算がなされた。このように原価計算対象の設定も画一的に決めるのではなく，計算目的と計算システム設計・運用の費用対効果を考えて決定されるべきである。

13.2.2　ABCと製品・顧客収益性分析

　第11講で学んだように，原価情報は価格設定において重要である。上記の数値例で示した製品Aと製品Bがそれぞれ販売単価100円/個と130円/個で販売されていたとすると，採用される原価計算によって，単位あたり利益はずいぶん異なってくる（表13.8）。

　伝統的な配賦計算によれば，製品Bは製品Aよりも単位あたり利益の高い製品となっている。しかしながら，ABCによれば，単位あたり利益の大小関係は全くの逆となっている。これは，製品Bの製造間接費の過少負担が原因にある。すなわち，伝統的な原価計算では，製品Bが負担すべき製造間接費の多くの部分を製品Aに肩代わりさせていたのである。ABCがこの歪みを是正したことで，実は製品Bは赤字製品であるということが見えてきたのである。こうしたABCによる製品原価情報は，現場の肌感覚に一致したものである可能性が高

表13.8　単位あたり利益の伝統的な配賦計算と ABC の比較

(単位：円/個)

	伝統的な配賦計算（総括配賦）		ABC	
	製品 A	製品 B	製品 A	製品 B
販売単価	100	130	100	130
製品単位原価	98	120	85.096	145.808
単位あたり利益	2	10	14.904	△ 15.808

(出典)　著者作成。

い。ABCで製造間接費が多く配賦される製品というのは現場でかなりの手間がかかっていることが多いためである。

　伝統的な配賦計算のもとでは，製品 B の販売数量の拡大を今後の方針とする可能性が高い。しかし，その戦略が成功するほど，実は収益性は損なわれていくことを ABC は伝えている。伝統的な配賦計算は，少量生産で実際は製造準備・在庫・出荷などで非常に手間のかかる製品にて発生している製造間接費を実際よりも少なく計算するために，収益性向上のための製品戦略がかえって利益を圧迫するという死の循環に陥らせる危険性をはらんでいる。このように，ABC に基づいた製品原価に依拠した収益性分析は非常にインパクトのある結果を示す可能性がある。ABC の適用事例は非常に多くあるが，そのなかでも有名なものの一つに，スウェーデンの熱線メーカーであるカンサール（Kanthal）社における ABC を用いた**顧客収益性分析**がある（Kaplan, 1998；Kaplan and Cooper, 1998）。以下では，その概要を簡単に紹介する。

　カンサール社は非常に多くの製品種類を抱えていたが，全体の 20％の製品（量産品）で全売上高の 80％を達成していた。残りの 80％の製品は受注生産品であった。収益性に懸念を感じていた同社では，顧客の注文に関連する原価を分析するのに ABC を適用した。そして，受注生産品（特注品）の注文回数と総注文回数という新たに 2 つの活動ドライバーを追加し，全ての顧客別の利益と損失の額を集計した。その結果は，「非常に収益性の高い顧客が 2，3 社いること」，「多くの顧客はわずかな利益を出すか，損得なしか，あるいはわずかな損失を出している状態であること」，「非常に収益性の低い顧客が 2，3 社いること」がわかった。これをグラフで示したものが**図 13.1** で，利益額の大きい順に顧客を並べたときの累積利益の推移を示している。実線によって描かれる形がクジラに似ていることから，クジラ曲線と呼ばれることもある。この曲線は，

図 13.1　累積利益のクジラ曲線

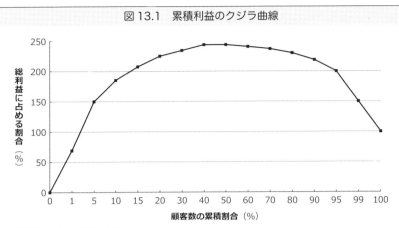

（出典）Kaplan（1998, p.13）。

企業が獲得した利益を100％としたときに，全体の40％の顧客で実現利益の250 ％に相当する額（最も収益性の高い顧客5％では150％分）を稼ぎ出し，たった10 ％の顧客で利益の120％を失っていることを示している。つまり，僅かな顧客 が損益に非常に大きな影響を与えており，ほとんどの顧客は僅かな影響しか与 えていないという構造である。

　同社にとって驚きであったのが，最も収益性の低い顧客2社が，取引量では トップ3の中に入っていたことであった。この2社の収益性が低い理由は，非 常に多くの少量注文があり，受注に関する活動の原価をかなり消費していたこ とによる。その後，同社では，ABCの情報をもとに，活動が消費する資源量を 削減する情報技術の導入，価格体系の見直し，顧客との情報共有などを通じて 取引関係の見直しを図り，これらの顧客の収益性は大幅に改善された。

　このように，量産品と少量生産品から製品群が構成され，生産数量に依存し ない手間のかかる活動が少量生産品に多く発生しているなかで，伝統的な操業 度関連の配賦基準による計算からABCに切り替えると，製造間接費の内部相互 補助が是正されることで，製品や顧客の収益性が従来の結果とは大きく異なる ものになる可能性が高い。

●コラム 19　ABC に基づいた価格決定の注意点

　より精緻な配賦計算を行うことから，ABC によって算出された製品原価情報は価格設定に有用である。しかしながら，ABC を導入すれば，すぐにバラ色の結果が得られるとは限らない。松尾・大浦・新井（2008）は，関西地方に拠点を置く主に酒類の配送業務を行っている株式会社飯田にて，ABC の導入に伴い，従業員のどのような行動変化が観察でき，財務的な成果がどれくらいの期間を経て現れるのか検証した。

　株式会社飯田は，売上高至上主義からの脱却のために ABC 情報を活用したが，当初は営業担当者が原価情報に従って損益分岐点ギリギリの価格まで値引きするなどの負の効果が見られた。しかしながら，利益最大化を意図した価格設定といった行動に変化していくことで，導入後，おおよそ 5 年から 6 年程度経ち，業界平均よりも高い収益力を獲得するに至った。この事例は，ABC 情報を用いて意思決定を行う際に，その情報を適切に理解する基盤がなければ，負の効果をもたらす危険性を示している。特に価格設定などに原価情報を利用する場合は，薄利多売を志向しやすくなるため，担当者の教育や業績評価などについて，あわせて対応する必要性が示唆される。

13.2.3　原価階層と長期変動費

　ABC における活動原価は，ユニット・レベル，バッチ・レベル，製品維持（支援）レベル，工場維持（支援）レベルという 4 つの階層に分類できる。ユニット・レベルとは，個々の製品単位やサービス単位で行われる活動の原価であり，製品製造に使われる機械を運転する活動に関連した動力費などがある。バッチ・レベルとは，ある一定量をまとめて生産するたびに行われる活動の原価であり，機械の段取費，品質検査費などがある。製品維持（支援）レベルは，異なるタイプの製品・サービスが製造・販売されることを可能にする，個々の製品・サービスをサポートする活動の原価であり，設計費，試作代，仕様書作成に関する原価などがある。工場維持（支援）レベルとは，工場の全般的業務作業を維持する活動の原価であり，工場事務管理費，工場長の給与，工場の敷地の地代などがある。

　これらの分類のなかで，ユニット，バッチ，製品維持の 3 つの活動の原価は，これらの活動の基準を用いて，原価計算対象に配賦される。しかしながら，工場維持レベルに関する原価に関して，製品やサービスとの間の適切な因果関係にあるドライバーを見つけることは困難である。そのため，これらは期間原価として処理される場合もある。なお，生産数量など何かしらの基準で配賦計算は可能であるが，その正確さに関して，伝統的な配賦計算と同様の問題を抱える

ことになる。

ABC を導入した企業では，最初にどのような活動が実施されているのかが調査される。それらの活動を上記の原価階層に従い再分類し，それぞれの階層に適した配賦基準を適用する。一方，伝統的な配賦計算では，これらの階層区分を無視して，直接作業時間や機械運転時間などの操業度関連というユニット基準で配賦するために，製品原価が歪んでしまう。特に問題となるのが，ユニット・レベル以外の活動原価もユニット基準で配賦してしまうことで，製品に配賦された原価がユニット数と直接比例的な関係にあるという誤った認識を与えてしまうことである。一方，ABC では，バッチ・レベルと製品維持レベルの活動原価には，その発生原因と考えられる活動ドライバーが識別されている。ごく短期的に可能かどうかは別にして，これらの活動に修正や変更を加えることで長期的には原価を管理することができるという発想をするのが ABC である。伝統的な原価計算では，短期的な時間軸で操業度に対して変動的であるか否かという固定費・変動費の区分を前提としていたが，ABC では，原価は長期的には活動の変更を通じて管理できるという**長期変動費**として捉える。

13.3 ABM

活動基準で業務プロセスを捉えると，原価改善活動を展開する上で多くの気づきやヒントが得られる。たとえば，活動ドライバーは活動原価を増減させる原因となるので，ドライバーに関する情報は活動原価低減に示唆的である。また，活動を複数種類に分けて識別することで，その活動が顧客にとって有用かどうかという視点から検討できる。このように，ABC で提供される情報を用いて，活動を顧客の視点から見つめ直し，顧客にとって無駄となる**非付加価値活動**をできるだけ除去し，顧客にとって価値のある**付加価値活動**をできるだけ効率的に実施するように改善を試みる管理活動は，**活動基準管理**（activity-based management：ABM）と呼ばれている。「13.2.2　ABC と製品・顧客収益性分析」で示したカンサール社の事例も，顧客別の収益性分析にとどまらず，さまざまな改善活動を含んだものであり，その意味では ABM の適用事例といえる。

活動が顧客にとって価値があるかどうかは，同一業務でも文脈によって異な

る。たとえば，同じ配送業務でも，製品の顧客への配送は付加価値活動といえ
る。これは，本来なら販売店なりに購買に行くという手間を削減できたという
意味で，付加価値となる。その一方で，工場内の材料の移動（マテリアル・ハン
ドリング，略してマテハン）は，非付加価値活動の典型例といえる。なぜなら，
製品の製造過程で，どの程度の中間配送があったのかに応じて，当該製品の顧
客にとっての価値は増加しないためである。もちろん，マテハン活動は完全に
は除去できず，製造上必要不可欠なものも多い。そのため，これらの活動をよ
り効率的に実施する方法が模索されることになる。付加価値活動の効率性改善
も重要であるが，顧客価値への影響がないという意味では，非付加価値活動の
改善は優先度が高いだろう。

●コラム20　配賦実務の多様性

　ABCの計算例もそうであるが，配賦は製品原価の計算以外でも利用される。計算対
象の資源が，複数の異なる製品，サービス，部門，顧客などで共有・利用されること
が非常に多いためである。たとえば，全社的に利用されている情報システムの運用保
守費用は，各部門に共通して発生しているので，これらの原価が各部門に配賦される
こともある。この場合，配賦額相当分が各部門の損益計算で費用として差し引かれる。
　原価計算で登場する配賦計算は正確な製品原価の計算やそれに関連した価格設定と
いった目的のもと論じられることが多い。ただし，上記の運用保守費用の配賦は，従
業員に特定の行動をとるよう影響を及ぼす業績評価機能に深く関連したものである。
配賦額相当分の費用が計上されるということは，配賦される部門の責任者は，配賦金
額に見合ったサービスを受けたい，あるいは配賦額そのものを少なくしたいと考える
はずである。前者に関しては，配賦計算を行うことで，配賦に関連したサービス受給
側はサービスの効率性を評価し，問題や改善点があれば，サービス提供部門にそれら
を要望するだろう。原価が配賦されることで，こうした行動が誘発されやすくなる。
また，後者に関しては，提供されるサービスの種類にもよるが，配賦額が高いと判断
すれば，それらの利用を控える，あるいは外注するなどの選択肢がありうる。
　さらに，全社的には共有資源の浪費を回避するという機能も期待できる。もし配賦
額の負担を各部門が求められなければ，本当に必要かどうかも十分に見極めずに，こ
れらの資源の利用を決めてしまい，共有資源が浪費されるかもしれない。そして，こ
の浪費には，本当に当該共有資源を必要としている部門の利用機会を奪ってしまうと
いう危険性がある。配賦をしないという選択は，こうした状況を深刻化させるかもし
れない。一方，各部門に配賦をするのであれば，各部門はその金額（配賦率）に見合
うだけのサービスを利用できるのかどうか，その都度判断するようになる。結果とし
て，共有資源の適切な利用が期待できる。

13.4 TDABC

　ABC は，複数の活動をコスト・プールとして設定し，コスト・プールごとに資源ドライバーと活動ドライバーをそれぞれ設定するという作業を必要とする。理論上は活動を細分化するほど製造間接費の精緻な配賦が可能となるが，全社レベルでの実施には途方もないデータの見積もり・計算・蓄積を必要とする。このように ABC システムを構築・運用していくには多大な手間がかかるために，全社レベルではなく個々の部門などの局所的利用にとどめておく企業もある。また，「13.2.2　ABC と製品・顧客収益性分析」のカンサール社の事例で見たような顧客ごとの収益性の違いといった想定外な分析結果は，初期の計算によって得られるものであるので，継続的な制度としてではなく**特殊原価調査**としての利用で済ませてしまう企業も多い。

　また，活動を識別するためには，従業員へのインタビューやアンケートによる調査が必要となるが，活動に費やした時間の見積もりにて，何も作業していない無駄な時間が多いと正直に自己申告する従業員がどの程度いるのかは判断に迷うところである。もし，そうした価値を付加していない時間が隠されてしまった場合，ABC の計算手続きでは，その経営資源が最大限に活用されているという結果を返してしまう。

　こうした問題点を克服するために新たに提唱されたのが，**時間主導型活動基準原価計算**（Time-driven activity-based costing：TDABC）である。以下では，ABC，TDABC の提唱者の 1 人である Kaplan によって示された数値例（Kaplan and Anderson, 2007）に従い，TDABC の計算手続きを確認しておこう。

　計算対象となるのは，注文処理，苦情対応，信用調査という 3 つの活動を行っている顧客サービス部門である。当該部門では，人件費，IT 関連費，通信費，建物減価償却費から構成される固定的な運営費 567,000 ドルが四半期ベースで発生している。固定費ということで，この金額は顧客サービス部門の作業量に連動しないものである。言い換えれば，こうした顧客サービスを提供するための資源は，必要量，つまり消費される資源量に合わせて供給するのが難しく，事前に資源を用意する必要がある。よって，実際に消費される量が供給される量と一致するとは限らず，未利用となる資源が残りやすいという特性をもつ。

　この顧客サービス部門の費用を製品や顧客などの原価計算対象に配賦するに
は，ABCでは次のような手続きが必要である。

① 管理者や従業員にインタビューして活動の分析を実施する。かりに，この
　 分析の結果，上記の3つの活動が識別されたとする。
② 人件費やIT関連費などの資源の原価を，資源ドライバーによって3つの活
　 動に割り当てる。ここでは，部門における3つの活動に対する時間構成比
　 （注文処理70％，苦情対応10％，信用調査20％）によって，567,000ドルが，
　 3つの活動に対して，それぞれ396,900ドル，56,700ドル，113,400ドルと
　 割り当てられたとする。
③ 3つの活動に集計された活動原価を，活動ドライバーによって，原価計算
　 対象に配賦する。活動ドライバーとしては，各活動の実施回数が適用され
　 ることが多く，ここでも注文処理回数49,000回，苦情対応回数1,400回，信
　 用調査回数2,500回が用いられたとしよう。活動原価を活動ドライバー量
　 で割ることで，配賦率（順に，8.10ドル/回，40.50ドル/回，45.36ドル/回）
　 が計算される。あとは，原価計算対象によって消費された活動ドライバー
　 量にこの配賦率を掛けて配賦額を計算する。

　一方，TDABCでは，最初にいわゆる「キャパシティ・コスト率」を計算す
る。キャパシティ・コスト率とは，供給キャパシティ・コストを供給資源の実
際キャパシティで割ることで求められる。キャパシティ・コストは，**第3講**の
混雑コストに関するコラムで紹介したように，生産や販売などの経営能力を供
給するのに要した原価であり，上記の数値例では顧客サービス部門の運営費
567,000ドルが該当する。また，供給資源の実際キャパシティとは，理論上想定
しうる最大の水準から不可避的に生じる作業の中止分を除去した実際的生産能
力（**第7講参照**）のことを指し，ある一定期間で機械や人が実際的に作業でき
る時間となる。一般的に基準操業度は時間や生産数量などで示されうるが，
TDABCは名称に含まれているように，時間を基準とすることが多い。ただし，
倉庫やトラックのキャパシティなら面積，輸送キャパシティなら最大積載量，
デジタル記録装置なら記録容量というように，必ずしも時間しか用いてはなら
ないということではない。

　実際的計算能力について，数値例では次のように説明されている。サービス
提供に実際に関わる現場の従業員28名は，平均20日間/月の勤務で，7.5時間

図13.2 TDABC と ABC

TDABC				ABC				
	コスト・ドライバー率	平均単位時間			割り当てられる資源の原価	活動回数		活動ドライバー率
注文処理	7.20ドル/回	8分		注文処理	396,900ドル	÷	49,000回	= 8.10ドル/回
苦情対応	39.60ドル/回	44分		苦情対応	56,700ドル	÷	1,400回	= 40.50ドル/回
信用調査	45.00ドル/回	50分		信用調査	113,400ドル	÷	2,500回	= 45.36ドル/回

× $0.9/分 { 供給キャパシティ・コスト567,000ドル 実際キャパシティ630,000分 } 未利用キャパシティ46,260ドル

	活動回数	活動ごとの総原価	
×	49,000回 →	352,800ドル	} 実際に利用された分
	1,400回 →	55,440ドル	} 合計520,740ドル
	2,500回 →	112,500ドル	

（出典） 著者作成。

/日の作業に従事している。ただし、7.5時間には休憩や訓練などの直接作業には関連しない時間も含まれている。それらの時間は75分間/日となっている。よって、四半期ベース（3ヶ月）で計算すると、実際キャパシティは、630,000分（$=28×20×3×(7.5×60-75)$）となる。

　よって、キャパシティ・コスト率は0.90ドル/分（$=567,000÷630,000$）となる。このキャパシティ・コスト率と個々の活動単位時間を掛け合わせると、コスト・ドライバー率を計算できる。ABCでは、各活動の時間配分を従業員へのヒヤリングや日誌などに基づいて決定するのに対して、TDABCでは活動1回あたり所要時間を見積もる。上記の3つの活動の平均単位時間が注文処理8分、苦情対応44分、信用調査50分と見積もられたとすると、それぞれの活動1回あたりコスト（コスト・ドライバー率）は、7.20ドル/回、39.60ドル/回、45.00ドル/回となる。このコスト・ドライバー率と上記の個々の活動の総回数を掛け合わせれば、個々の活動別の総原価を計算できる。図13.2は、ABCとTDABCの配賦率の計算結果を比較したものである。わかりやすく区別するために、TDABCではコスト・ドライバー率、ABCでは活動ドライバー率と表記している。どちらも活動1回あたりの金額となっているが、ABCの方が若干高い値となっている。

　TDABCのコスト・ドライバー率を用いて、3つの活動の総原価を計算すると、図13.2に示されるように、352,800ドル、55,440ドル、112,500ドルとなり、総額では520,740ドルとなる。この金額は3つの活動に割り当てられた資源の原

価の総額567,000ドルとは一致しない。これは供給されたキャパシティ・コストが全て利用されたわけではなく，TDABCでは実際に利用された分だけが集計されていることを示している（厳密には，平均単位時間が実際の各活動の1回あたり時間に一致しない分は過大あるいは過小に集計されている）。つまり，両者の差分である46,260ドルは，利用されていない余剰なキャパシティ分の原価となる。要するに，顧客サービス部門は業務を遂行するために567,000ドル相当のキャパシティを用意したが，実際に利用されたのはTDABCによれば520,740ドル相当のキャパシティのみで，46,260ドル相当のキャパシティが未利用で余っていることになる。なお，金額ではなく時間ベースで**未利用キャパシティ**を示すのであれば，平均活動単位時間に活動回数を掛け合わせた総時間578,600分と実際的キャパシティの630,000分の差である51,400分となる。ちなみに，この時間にキャパシティ・コスト率（0.9ドル/分）を掛ければ，上記で示した金額表示の46,260ドルとなる。

　実際的キャパシティは需要面を考慮していない水準であるために，通常は，作業や活動の実際利用量は実際的キャパシティよりも少なくなる。この差分が未利用キャパシティとなる。TDABCでは，キャパシティ・コスト率計算時に，実際的キャパシティを用いるので，コスト・ドライバー率はその分だけ，ABCの活動ドライバー率よりも低くなる。反対に，ABCの活動ドライバー率は，未利用キャパシティの原価を含んでしまっているので，未利用キャパシティがどの程度あるのかは明らかにできない。

　なお，ABCで未利用キャパシティが全く明らかにできないわけではない。活動ドライバーで予定配賦をしていれば，コスト・プールの全ての原価が配賦されないという現象が生じうる。つまり，配賦不足分が，ある活動について未利用のキャパシティ・コストの存在を示唆している。ただし，予定配賦率を計算する際の分母にくる活動ドライバー量が平均操業度の水準では配賦不足は生じにくいので，未利用キャパシティを識別するには現実的に達成可能な最大の操業度である実際的生産能力を用いる必要がある。なお，ABCでは各活動ドライバーを用いた活動別の識別となるが，TDABCでは部門内で共通のキャパシティ・コスト率を用いて未利用キャパシティが識別されるので，両者で未利用キャパシティ・コストの額は同じになるとは限らない。

　次に，TDABCでの原価計算対象への配賦計算について確認しておこう。この配賦計算にて用いられる重要な概念が，時間方程式（time equations）と呼ば

れるものである。これは，原価計算対象が消費した各活動にかかった時間数を，個々の活動単位時間の合計によって求めるものである。こうした時間方程式の項目数は，作業を担当する従業員が同一の経営資源を消費している限り，追加できるとされる。そして，先に計算したキャパシティ・コスト率に，時間方程式で求めた原価計算対象が消費した活動時間総数を掛けることで，原価計算対象に割り当てる原価を計算する。たとえば，梱包活動にて，規格品の標準的な製品の梱包時間に0.5分必要であるとする。ある顧客が，特別包装や航空便の利用といった追加の梱包活動を求めた場合には，これら追加の活動時間（それぞれ6.5分，0.2分とする）を加算していくことで，サービス提供の必要な時間7.2分（＝0.5＋6.5＋0.2）を簡単に求められる。この時間にキャパシティ・コスト率を掛ければ，この顧客への梱包活動の原価を計算できる。

　梱包活動といっても，そのなかで実施される処理は全て同一でもないし，かかる時間も同じではない。これは他の活動も同様である。これらの細かな活動を個別の異なるものとして区別してしまうと，ABCでは活動分析を実施することになり，非常に複雑になってしまう。そこで，時間方程式によって，活動1回あたり平均作業時間を加算して組み合わせることで，多様な業務の遂行に必要な資源の必要量と原価を把握できる。また，これらの活動の改善成果（所要時間の短縮）は，時間方程式を通じて，即座に未利用キャパシティの計算に反映させることができる。未利用のキャパシティは削減対象と考えることもできる一方で，追加の費用なしで収益，つまり利益の獲得機会があるとみなすこともできるので，未利用分の積極的な活用を検討することもできる。こうした未利用キャパシティの活用は，**第3講**のコラムで紹介した混雑コストの研究結果からも支持されるものであろう。

●コラム21　新たな技術とABC

　第10講で説明したようなIoTの進展によって，ABC実行にかかる手間がいくぶん軽減される可能性があるだろう。最近では，機械学習を適用した興味深いアプローチの有用性も検証されている。Knox (2023) は，ABCの第一段階の配賦計算を機械学習に置き換えることができるのかどうか，シミュレートされたデータを用いた3つの数値実験と実務データの分析によって検証した。

　機械学習は，AIの一種で，大量データを読み込ませて，そのデータ内に潜むパターンを見出し，予測や分類などのタスクを実行させる手法である。この論文では，機械

学習のなかでも，人間の神経細胞のネットワーク構造を模した数学モデルであるニューラルネットワークに注目している。ABC の資源の原価，活動，原価計算対象という構造が，入力層，隠れ層，出力層から構成されるニューラルネットワークに適用される。分析の結果は，今後のさらなる研究の余地は残しつつも，両者の結合可能性が示唆されるものであった。つまり，いくつか条件が必要ではあるが，機械学習を適用した ABC が，通常の ABC よりも少ない手間で，同等あるいはそれ以上の精度を達成する可能性が見出されている。

　強化学習や機械学習などの AI 技術の昨今の発展は目覚ましく，原価計算の設計・運用にも適用される事例は増えてくると思われる。実際に，谷守（2021）は，銀行の ABC にて，資源から活動への割り当て部分にサポートベクターマシンによる教師あり学習である機械学習を適用した実データによる実験の結果，非常に高い精度と業務の効率性を実現できることを明らかにしている。

引用文献

Kaplan, R. S.（1989）．Kanthal（A）．Harvard Business School Case 190-002.（Revised April 2001.）

Kaplan, R. S., and Anderson, S. R.（2007）．*Time-driven activity-based costing : A simpler and more powerful path to higher profits*．Harvard Business School Press.（前田貞芳・久保田敬一・海老原崇（監訳）（2008）『戦略的収益費用マネジメント：新時間主導型 ABC の有効利用』マグロウヒル・エデュケーション。）

Kaplan, R. S., and Cooper, R.（1998）．*Cost and effect: Using integrated cost systems to drive profitability and performance*．Harvard Business School Press.（櫻井通晴（訳）（1998）『コスト戦略と業績管理の統合システム』ダイヤモンド社。）

Knox, B. D.（2023）．Machine learning activity-based costing: Can activity-based costing's first-stage allocation be replaced with a neural network? *Journal of Emerging Technologies in Accounting*，20（2）：1-23.

谷守正行（2021）「原価計算への AI 適用研究：銀行 ABC の課題解決の可能性」『専修商学論集』112：97-108.

松尾貴巳・大浦啓輔・新井康平（2008）「ABC 導入が財務成果に与える影響についての経験的研究」『原価計算研究』32（2）：84-93.

川野克典（2014）「経営環境の変化と「原価計算基準」：「原価計算基準」改訂の論点」『原価計算研究』28（1）：23-34.

白石規哲（2010）「鉄道事業における原価把握：貨物鉄道事業における課題と新しい

手法の開発」『原価計算研究』34(1)：22-33.

● 練習問題 ●

A銀行は自社のサービス・コストを計算する目的で活動基準原価計算を導入した。次の資料に基づき，原価計算表を作成し，単位あたりサービス・コストを求めなさい。なお，サービス・コストはすべて製造間接費で構成されているとする。

（資料）

1. 製造間接費のコスト・プール（活動）

（単位：円）

活 動	活動原価
預金手続	1,200,000
資産運用相談	1,500,000
預金後方	800,000
融 資	900,000
支店管理	1,100,000
合 計	5,500,000

2. 顧客別のコスト・ドライバー

	個人顧客	法人顧客
預金手続時間（時間）	60	140
相談時間（時間）	100	50
入力作業時間（時間）	40	120
審査時間（時間）	80	160
来店顧客数（人）	5,000	500

【解答欄】

活動基準原価計算表

活 動	CDR *	個人顧客	法人顧客
預金手続			
資産運用相談			
預金後方			
融 資			
支店管理			
合 計			

* CDR：コスト・ドライバー・レート

　　個人顧客の単位当たりサービス・コスト＿＿＿＿＿＿＿＿＿＿＿＿＿＿＿円

　　法人顧客の単位当たりサービス・コスト＿＿＿＿＿＿＿＿＿＿＿＿＿＿＿円

第**14**講
設備投資の経済性分析

ケース（14）　製麺機の購入は経済合理的か？

　以前，少し話に出てきた高級ラーメン，実は孝太郎は試作品をつくるなどして，少しずつ実現に向けて前進していた。その新作に盛り込みたい案の一つに，こだわり抜いた自家製麺に変更するというものがあった。ただし，ある程度の量の麺を製造するには製麺機の導入が必要であった。決して安くはない製麺機を購入するか否か，孝太郎は山村に相談していた。山村は設備投資意思決定の基本となる部分について解説をする。

　　孝太郎は，ラーメンの食べ歩きを趣味としていた営業マン時代から，麺には人一倍のこだわりがある。

孝太郎「現在仕入れている若竹製麺の麺がダメなわけじゃないんです。今の価格よりもずっと高いラーメンなら，当然，麺にも全力でこだわらないと，お客さんは納得してくれないかなと思って。自家製麺にするなら，やっぱり製麺機の購入は必要だなと思って」

　　普段は山村の弁に圧倒されてばかりだが，今回は別だ。

孝太郎「色々研究したいんです。麺の太さとか，水の量とか。とにかく，ベストな麺があるはずです」

山村　「そうかそうか。思いの強さは伝わったよ。でも，ラーメンの作り手であると同時にお前は経営者だ。今日のところは製麺機の購入を考える際に必要なことを考えてみよう」

　　結局，山村の土俵に引きずり込まれる。

山村　「高級ラーメンに自家製麺を使うと話をしていたけど，今のラーメンの麺はどうするか決めているのか。それに，その高級ラーメンの麺以外のことはもう確定しているのか」

孝太郎「たぶん，現行のラーメンの麺も自家製に切り替えることになると思います。あと，高級ラーメンの方は地産地消の高級食材を使うということで，本鮪ラーメンにしようと考えています」

山村　「最終的に製麺機の導入が合理的かどうかは，それらに関する具体的な値が確定しないと分析できないけど，今日は考え方の説明をしておこう」

孝太郎「今は，1 日あたり 120 食，毎朝，若竹製麺から納品してもらっています。それで，月末集金で 1 ヶ月分をまとめて支払っています」

山村　「自家製麺になると，その製造原価が発生するということだな。具体的には麺の材料と作り手の人件費が大きいところか。それで肝心の製麺機はいくらするんだ」

孝太郎「製麺機は，製造能力で値段が結構違うんですが，今回は 150 ～ 200 食/時間のスペックで 150 万円のものを考えています」

山村　「そうだな。高級ラーメンの方は出る数も少ないだろうし，今回はひとまず製麺機の購入案と現在の仕入案とを比較してみるというのは方法の一つかな。経済性から考えると，高級ラーメンのためだけに製麺機の購入するのはおそらくよいアイデアではないだろうからな」

孝太郎「こういうのって，以前，差額原価収益分析でやりましたよね」

山村　「よく覚えていたな。そうそう。だから，この問題に無関連な原価は検討する必要はないということだ。ただ，今回の問題は，以前検討したものと少し異なっているんだ。製麺機って，今年 1 年とか今月だけで使い切るわけじゃないだろう？」

孝太郎「なに言ってるんですか，山村先輩。当然じゃないですか，メンテナンスフリーパックにも入ろうかなと考えているんですから，長期にわたって使い倒しますよ」

山村　「そう，設備の購入が経済的に合理的かどうかは，長期的な視点から分析をしないと判断できないということになる。だから，具体的にどの程度の期間使うのかをあらかじめ想定しておく必要があるんだ」

孝太郎「じゃあ，かなり先までラーメンの売れ行きを予測しないとダメなんですね。結構難しいですよ。コロナみたいなことがあったら，全然変わってしまうし」

山村　「そうだな。でも，だからといって匙を投げてしまっては，何も変わらないから。コロナのような緊急事態は，想定外を想定しておくみたいな話で，緊急時の止血をいかにするのかみたいなことだから，今回は一般的な経営環境を想定してみるといいよ」

孝太郎「そうですね。座席数とか営業時間の拡大もどちらも限度があるから，そこまで大幅な増加は見込めないですしね」

山村 「そうだな，そうした予測ができれば，日々の必要な麺の数は見込めるだろう。あとはこれをいつまで予測するか，つまり使用期間だな。簡単にいえば，製麺機の寿命だ。現実的な使い方でどれだけ使い続けられるかという情報に基づけば，使用期間を決めることができる」

孝太郎 「そうですね，パンフレットの資料を確認すると，10年は大丈夫みたいです。でも，実際はちゃんとメンテしていると，もっと長く使えるみたいです」

山村 「実際に何年とするかどういう考え方をするのかによっても異なってくるけど，今回は保守的に10年としてみよう」

孝太郎 「10年間，麺を仕入れた場合と自分たちで製造した場合とで，どちらが得なのか計算すればよいということですよね？」

山村 「そう。ここでは問題が複雑になりすぎるから，仕入れた麺と自家製麺の品質は同じものと考える。そうすると，若竹製麺に支払う金額よりも製麺機で自分で製造する原価の方が低くないと，そもそも自家製麺の方が経済的に得とはならない」

孝太郎 「そりゃそうですね，製麺機の購入代金を考えていないですもんね」

山村 「だから，自家製麺にすることで，毎期節約できる金額が製麺機の購入代金を上回ってくれば，自家製麺案の方が経済的であるという可能性が出てくる」

孝太郎 「なんで可能性なんですか。それって自家製麺案の方が有利で結論出ていませんか」

山村 「設備投資のような計画期間が長い場合には，無視してはいけない大事なことがあるんだ。それは『貨幣の時間価値』ってやつだ」

孝太郎 「時間価値？」

山村 「貨幣，つまりお金の価値は時間経過により変化するっていう考え方だ。孝太郎は『今100円貰う』と『2年後に100円貰う』のどちらかを選べと言われたらどうする」

孝太郎 「まあ，100円なんで変わらない気もしますが，100万円なら絶対今貰います」

山村 「それって，2年後の100万円よりも今の100万円の方が，価値があると判断しているということだろう」

孝太郎 「あっ，たしかにそうですね」

山村 「ということは，製麺機の150万円の支払いは今だけど，自家製麺に切り替えたことによって10年後までに節約される金額とは，同一の貨幣価値ではないということになる。簡単にいえば，単位が違うみたいな感じだな。だから，設備投資の問題で計画期間が長いときは，特定の時期に

　　　　　　貨幣価値を合わせて計算する必要がある。通常は，将来の予測数値を今
　　　　　　現在の価値に修正するという計算をするんだ。たとえば，さっきの10
　　　　　　年後の節約額が30万円と推定されたとすると，この30万円をそのまま
　　　　　　使うのではなく，現在の価値に修正するという計算手続きが必要になる
　　　　　　ということだ」

孝太郎「理屈はわかったと思いますが，計算担当は正史なので，ちゃんと伝えて
　　　　　　おきます（笑）」

山村　「あと，ここまでの説明では話してこなかったけど，製麺機の使用期間全
　　　　　　体を検討対象にするから，弥生全体の損益ではなくて，製麺機の購入と
　　　　　　使用に関わる現金の入と出の差額だけに注目するというのも大事な特徴
　　　　　　だな。他には，購入資金をどこから手当するのかというのも，投資判断
　　　　　　に関わってくるぞ」

孝太郎「ますます込み入ってきた。ちょっと正史も呼び出します」

山村　「経営者の孝太郎もわかってないとダメだからな（笑）」

製麺機以外にも，茹で麺機（写真左）や餃子焼き機（写真右）など，ラーメン店にと
って長期にわたって使用する設備投資は少なくない。これらの購入の意思決定に際し
て，どのような問題を検討するべきだろうか？（撮影者：町田遼太）

　企業にとって**設備投資**は非常に重要です。気になる上場企業の決算説明会
資料や有価証券報告書などで，設備投資の状況についての記述を探してみま
しょう。

　第4講で扱った自製か購入かを検討する差額原価収益分析は，比較的短期
的な業務遂行に関連した意思決定に有用です。ただし，企業が検討すべき問

題には，より長期にわたり大きな影響をもたらす構造的・戦略的なものもあ
ります。設備の新設・取替・廃棄などはこうした意思決定の代表例です。**第
14 講**では，企業の設備投資に関わる意思決定の経済性分析について解説しま
す。設備投資の経済性分析では，一般的な会計による損益計算とは異なる考
え方をします。本講では，まず設備投資意思決定を検討する上での基本的な
特徴について解説した後で，**回収期間法**と**正味現在価値法**と呼ばれる代表的な
経済性分析の計算手続きを説明します。そのなかで，計算上の注意点などに
ついても解説します。また，手計算は面倒なので，エクセルによる計算方法
も説明します。さらに，経済性分析を適用する上での注意点についても解説
します。

14.1 設備投資意思決定の分析上の特徴

　まずは，設備投資意思決定の経済性分析の特徴について，会計の基本的な損
益計算のルールと対比する。

14.1.1 期間損益計算と全体損益計算

　現代の企業は，1ヶ月，3ヶ月，1年といったように人為的に会計期間を区切
って損益計算を行っており，これを**期間損益計算**という。たとえば，新製品の
部品を製造するための工作機械（使用年数 10 年）を 100,000 円で購入したとし
よう。もし，この機械を取得した会計年度に，支払い額である 100,000 円全額
を費用計上すると，機械は部品製造のために毎年稼働しているにもかかわらず，
残りの稼働期間の費用が 0 円となってしまう。そこで，期間損益計算のもとで
は，毎年，**減価償却費**を計上し，その機械で製造された部品を用いた新製品に
よる収益に対応させた利益計算を行っている。**定額法**という**減価償却方法**では，
取得された設備の取得原価を耐用年数の期間中，毎期，同一額（定額）を減価
償却費として費用計上していく。この数値例では，毎年，10,000 円（＝100,000
÷10）の減価償却費が計上される。この 10,000 円の減価償却費は期間損益計算

のために会計上の費用として毎年計上されるが，毎期現金が流出しているわけではない。

　一方，この設備投資案が経済的であるかどうかは，投資案の期間全体を対象に評価されるべきなので，投資判断に際しては，個々の会計期間で区切った計算を行う必要はない。つまり，設備投資によって経済的成果を獲得できる**経済命数（貢献年数）**を設定して，その期間を途中で区切ることなく，全期間を通じた損益計算（**全体損益計算**）を行う。そのため，会計上の収益・費用ではなく，投資期間全体でのキャッシュ・フロー（cash flow：CF）が重要視される。具体的には，CIF（cash in flow：現金流入額）とCOF（cash out flow：現金流出額）の差額であるNCF（net cash flow：正味現金流出入額）によって，投資の経済性を分析する。先の数値例では，単純に100,000円のCOFが投資開始時にあったと認識する。その上で，想定される経済命数にて，この機械による部品製造からどの程度のNCFが生じるのかが見積もられる。

14.1.2　貨幣価値

　投資の全期間を通じた分析をするとしても，期間中に生じるCIFとCOFを単純に加減算してよいわけではなく，貨幣価値を考慮する必要がある。貨幣価値を考えるときに重要になるのが，**時間価値**である。いま，あなたの財布に入っている100円は，1年後の100円よりも価値がある。言い換えれば，財布の中で1年間100円玉を眠らせてしまうと，その時間で上乗せできたであろう価値を失ってしまう。使い方を工夫し，時間をかけることで，現時点での100円の将来の価値は変わってくる。たとえば，銀行の定期預金への預け入れや国債などの安全性の高い債券への投資によって，ほぼリスクなしで利息を得ることができる。また，将来の100円は，いま手元にある100円よりも不確実である。今日100円でアイスバーを1本購入できても，1ヶ月後には，値上げされており100円では購入できないかもしれない。

　このように，時間の経過に伴い，貨幣価値に変化が生じる。したがって，投資開始時に機械購入のために支払ったCOF，その機械により製造される製品から得られる毎年のNCFを，貨幣価値が同じという前提で加減算することは適切ではない。そのため，設備投資意思決定の経済性分析では，貨幣の時間価値を考慮した計算が必要である。それでは，貨幣の時間価値の基本的な計算方法を見ていこう。

図14.1　利息計算と割引計算

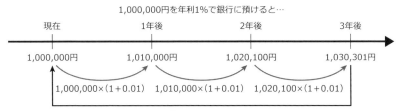

1,000,000円を年利1%で銀行に預けると…

| 現在 | 1年後 | 2年後 | 3年後 |

1,000,000円　　1,010,000円　　1,020,100円　　1,030,301円

1,000,000×(1+0.01)　1,010,000×(1+0.01)　1,020,100×(1+0.01)

$1,030,301 \times 1/(1+0.01)^3$　3年後の1,030,301円の現在の価値は？

（出典）著者作成。

　銀行で複利型の定期預金や積立預金をした際には，一定期間に発生した利息は元金に繰り入れられ，この元利に対して次の利息が計算される。これを**複利計算**という。たとえば，1,000,000円を年利1%の3年間の定期預金（複利運用）で銀行に預けると（簡略化のため税金はないものとする），1年後の元金と利息の合計である元利は1,010,000円となる。この元利に1%の利息がつくので，2年後の元利は1,020,100円となる。さらに，3年後には1,030,301円となる（図14.1）。つまり，この定期預金のもとでは，現在の1,000,000円の3年後の価値は，1.01の3乗を掛けた1,030,301円となる。この3年後の元利合計のことを**終価**という。つまり，現時点でのS_0円のn年後の価値S_nという終価の計算式は，年利をrとすると，$S_n = S_0 \times (1+r)^n$となる。この計算式で，S_0に掛かっている$(1+r)^n$は，**終価係数**と呼ばれる。

　今度は，将来のS_n円の現時点での価値がいくらなのか逆算してみよう。将来の金額を現時点での価値に計算し直した金額を**現在価値**（present value）という。上記の終価を求める計算式をS_0について解けばよいので，$S_0 = S_n \times \frac{1}{(1+r)^n}$となる。この計算式で，$S_n$に掛かっている$\frac{1}{(1+r)^n}$を，$n$年後の**現価係数**という。たとえば，3年後の1,030,301円という金額の現在価値を，利率1%のもとで計算すると，1,030,301に$\frac{1}{(1+0.01)^3}$を掛けた1,000,000円となる（図14.1）。

　現在価値を求める計算のことを**割引計算**（discounting）といい，「現在価値に割り引く」といった表現を使う。また，利率は，割引計算に適用されるため**割引率**とも呼ばれる。本講でも，以下では割引率と表記する。割引率の高低と現在価値がどのような関係にあるのか，数値例を使って確認しておこう。2つの異なる割引率のもとで3年後の1,030,301円の現在価値を求めた結果は以下の通りである。

割引率が5%の場合：

$$1,030,301\,円 \times \frac{1}{(1+0.05)^3} \fallingdotseq 890,013\,円$$

割引率が0.2%の場合：

$$1,030,301\,円 \times \frac{1}{(1+0.002)^3} \fallingdotseq 1,024,144\,円$$

このように，割引率の設定値によって，現在価値の値は大きく異なる。名前の通り，割引率の値が大きくなるほど，将来の金額は大きく割り引かれることになる。

14.2　経済性分析手法

14.2.1　回収期間法と割引回収期間法

それでは，設備投資案の経済性を分析する手法を見ていこう。いくつかの手法があるなかで，本講では，回収期間法，割引計算を行う割引回収期間法，正味現在価値法について，数値例を交えながら紹介する。他の手法の説明は「14.4 経済性分析のためのその他の手法」を参照されたい。

回収期間とは投資元本の回収にかかる期間であり，この期間の長さによって投資案の比較・評価を行う方法を回収期間法という。たとえば1,200,000円の初期投資によって，1年後から3年間，毎年600,000円のNCFがある投資案の回収期間は，2年（＝1,200,000÷600,000）となる。これは，ちょうど2年で投資元本を回収できることを意味する。かりにこの投資元本が3年未満での回収を求められているならば，この投資案は望ましいと判断できる。

上記の数値例とは異なり，年度によって得られるNCFが異なっている場合には，2通りの回収期間の計算方法がある。毎年のNCFが1年後200,000円，2年後600,000円，3年後1,000,000円だとする（表14.1）。このときNCFの平均値を計算し，その値で投資額を割って，回収期間を求めるのが一つの方法で，計算結果は2年（＝1,200,000÷|(200,000＋600,000＋1,000,000)÷3|）となる。

もう一つの方法は，毎年のNCFを累計していき，どのタイミングで投資額

表 14.1　期ごとに NCF が異なる場合の回収期間

（単位：円）

期　間	NCF	累積 NCF	年度末段階での投資未回収額
0	−	−	1,200,000
1	200,000	200,000	1,000,000
2	600,000	800,000	400,000
3	1,000,000	1,800,000	−

（出典）　著者作成。

表 14.2　割引計算と回収期間

期　間	NCF（円）	現価係数	NCF の現在価値（円）	累積 NCF の現在価値（円）	年度末段階での投資未回収額（円）
0	−	−	−	−	1,200,000
1	200,000	$\dfrac{1}{(1+0.02)^1}$	196,078	196,078	1,003,922
2	600,000	$\dfrac{1}{(1+0.02)^2}$	576,701	772,779	427,221
3	1,000,000	$\dfrac{1}{(1+0.02)^3}$	942,322	1,715,101	−

（出典）　著者作成。

を超えるのか判断するというものである。**表 14.1** の数値例でいえば，2 年目終了時の NCF の累計額は 800,000 円（＝ 200,000 ＋ 600,000），3 年目終了時の NCF の累計額は 1,800,000 円（＝ 800,000 ＋ 1,000,000）となり，投資額 1,200,000 円を回収するのにかかる期間は 2 年と 3 年の間にあることがわかる。そして，計算上，3 年目の 1,000,000 円の NCF が 1 年間にわたって均等に生じたと考えると，2 年目終了段階で，未回収の投資額 400,000 円（＝ 1,200,000 − 800,000）は，0.4 年（＝ 400,000 ÷ 1,000,000）で回収されるので，全投資額を回収するのに必要な期間は 2.4 年（＝ 2 ＋ 0.4）となる。

　毎年の NCF に大きなばらつきがないのであれば，どちらの方法でも計算結果に差はあまり生じない。ただし，NCF が期を経るごとに増減し続けたり毎期のばらつきが大きい場合などは，平均値よりも累計額を用いた回収期間の方が，実態をより正確に表すことができる。

　割引回収期間法とは，毎年の NCF を現在価値に割り引いた値を用いて回収期間を計算する方法である。**表 14.1** の数値例で，割引率を 2％とした割引回収期間の計算結果を確認しておこう。**表 14.2** に示されるように，3 年後までの現価

係数を計算し，各年の NCF に掛けて，現在価値に割り引く。この現在価値を
用いて，回収期間を計算すればよい。

平均値を用いた場合：

$$1,200,000 \, 円 \div \{(196,078 \, 円 + 576,701 \, 円 + 942,322 \, 円) \div 3 \, 年\} \fallingdotseq 2.10 \, 年$$

累計額を用いる場合：

$$\{1,200,000 \, 円 - (196,078 \, 円 + 576,701 \, 円)\} \div 942,322 \, 円 + 2 \, 年 \fallingdotseq 2.45 \, 年$$

　回収期間法と割引回収期間法では，貨幣の時間価値を考慮するかどうかの違
いがあるだけで，それを除けば，手法としてのメリット・デメリットは共通し
ている。まず，投資元本を回収したいという発想は多くの人にとって共感しや
すく，安全性を重要視した手法であるといえる。しかしながら，投資元本の回
収に重きを置くために，設備の**経済命数**や元本を回収した以降の年度に発生す
る投資効果を無視しており，投資案が総合的にどれほどの収益を会社にもたら
すのかを検討できないことはデメリットである。

14.2.2　正味現在価値法

　正味現在価値（net present value：NPV）とは，投資によって生じる将来の NCF
を現在価値に割り引いて合計した値から，投資額を差し引いた値のことである。
投資案の実施の是非を単独で検討している場合，NPV が正の値であれば，その
投資案は有利と判断し，NPV が負の値であれば，その投資案は不利と判断する。
また，複数の投資案の比較検討を行っている場合には，NPV のより大きな投資
案を有利と判断する。このように計算された NPV の値を用いて投資案の是非
を判断するのが正味現在価値法（以下では NPV 法と示す）である。それでは，
NPV 法の数値例を見ていくことにしよう。

　表14.3 に示される通り，1,200,000 円の投資によって，流列の異なる NCF が
期待されている 3 つの投資案を比較してみよう。

　表14.4 では，投資案 A について，割引率を 5％とした現価係数を用いて，現
在価値に割り引いた各年度末の NCF を合計し，COF である初期投資額を差し
引くことで，NPV を計算している。投資は現段階で行われると仮定すると，割
引計算の年数は 0 となるので，現価係数は 1 $\left(= \frac{1}{(1+0.05)^0} \right)$ となり，現在価値は

表 14.3　3 つの投資案の比較

(単位：円)

	投資額	NCF		
	現時点（0 年）	1 年度末	2 年度末	3 年度末
投資案 A	1,200,000	200,000	400,000	1,200,000
投資案 B	1,200,000	1,200,000	400,000	200,000
投資案 C	1,200,000	600,000	600,000	600,000

(出典)　著者作成。

表 14.4　NPV の計算

	現在価値（円）	現価係数 割引率 5%	0 年度末（円）	期　間 1 年度末（円）	2 年度末（円）	3 年度末（円）
投資額	− 1,200,000	$\dfrac{1}{(1+0.05)^0}$	− 1,200,000			
1 年度末	190,476	$\dfrac{1}{(1+0.05)^1}$		200,000		
2 年度末	362,812	$\dfrac{1}{(1+0.05)^2}$			400,000	
3 年度末	1,036,605	$\dfrac{1}{(1+0.05)^3}$				1,200,000
NPV	389,893					

(出典)　著者作成。

表 14.5　3 つの投資案の NPV

(単位：円)

	投資案 A	投資案 B	投資案 C
投資額	− 1,200,000	− 1,200,000	− 1,200,000
1 年度末	190,476	1,142,857	571,429
2 年度末	362,812	362,812	544,218
3 年度末	1,036,605	172,768	518,303
NPV	389,893	478,436	433,949

(出典)　著者作成。

1,200,000 円のままとなる。

　なお，計算問題では投資は現時点（0 年）で実施され，毎年の NCF は各年度末に生じると仮定されることが多い。ただし，そうした仮定が現実的ではない場合には，より実態に合わせた割引計算を行う必要がある。

　残る 2 つの投資案の NPV も計算し，比較したものが**表 14.5** である。**表 14.3**より，毎年の NCF を割り引かずに合計すればどの投資案も同額の 1,800,000 円となる。3 つの投資案の違いは，NCF の生じるタイミングである。投資案 C は

NCF が均等であるのに対して，投資案 A の NCF は徐々に増大し，投資案 B の
NCF は徐々に減少していく。遠い将来の NCF ほど割り引かれる程度が大きく
なるので，初期の NCF が大きい投資案 B の NPV が最も大きくなる。よって，
投資案 B の収益性が最も高いと判断できる。

　設備投資案の予測期間には一般的に一定の値の経済命数を用いる。もし，予
測期間以降も設備が稼働でき，永久に NCF を獲得し続けることができるとし
たら，NPV の計算はどうなるのかも確認しておこう。この場合でも，割引計算
を行うために，定額の NPV を算出することができる。つまり，遠い将来の額ほ
ど大きく割り引かれていくので，その現在価値は小さくなっていき，0 に収束
する。たとえば，毎年，100,000 円の NCF が永続するとしたとき，10 年後，50
年後，100 年後の 100,000 円の割引率 5％のもとでの NPV は，それぞれ，61,391
円，8,720 円，760 円となり，現在価値の値が小さくなっていることを確認でき
る。ただし，NPV を算出するには，現在価値が 0 になるまで割引計算を繰り返
す必要はなく，毎年定額の NCF を割引率で割るだけでいい。この数値例では，
2,000,000 円（＝ 100,000 ÷ 0.05）が，毎年 100,000 円の NCF を永続的に割引率 5
％で割り引き，合計した値となる。

　毎年の NCF が一定の成長率で増大していくとした場合には，割引率から成
長率を差し引いた値で割ることで，NPV を計算可能である。たとえば，毎年，2
％の成長率で NCF が増大していくとすると，3,333,333 円（≒ 100,000 ÷（0.05 −
0.02））と NPV を計算できる。ただし，こうした計算が可能なのは，割引率よ
りも成長率の方が低い場合のみである。

　先の数値例の投資案 C にて，4 年目以降の NCF が年利 0.5％で永続的に成長
していくとした場合（4 年度末の NCF が 603,000 円（＝ 600,000 ×（1 ＋ 0.005）），5
年度末が 606,015 円（＝ 603,000 ×（1 ＋ 0.005））と続いていく），NPV の計算は以下
のようになる。

$$-1{,}200{,}000 + \frac{600{,}000}{(1+0.05)^1} + \frac{600{,}000}{(1+0.05)^2} + \frac{600{,}000}{(1+0.05)^3}$$

$$+ \frac{600{,}000 \times (1+0.005) \div (0.05-0.005)}{(1+0.05)^3}$$

$$\fallingdotseq 12{,}009{,}373$$

計算式の上段は，3 年度末までの NCF を現在価値に割り引いて合計し，初期

投資額を控除している。そして，下段は，4年度末以降，年利0.5％で永続的に成長するNCFの現在価値合計を計算している。分子の $600,000 \times (1 + 0.005) \div (0.05 - 0.005)$ で計算されるのは，3年度末の600,000円のNCFがその後0.5％で永続的に成長したと仮定した場合の現在価値である。ただし，この式で計算されるのは，3年度末時点での現在価値となる。つまり，この値をさらに投資検討段階の現在の価値にまで割り引く必要があるので，$(1 + 0.05)^3$ で割っている（下段の式の分母）。

　上記のような割引計算は，企業が将来にわたって無期限に事業を継続することを前提として検討される企業価値の評価で用いられることが多い。

14.2.3　エクセルを用いた計算

　NPVの計算は，期間が長くなると指数の値が大きくなり，手計算で求めるのが煩雑になる。そこで**現価係数表**（表14.6）を作成しておくと便利である。現価係数表とは，縦軸に期間，横軸に割引率をとり，その行列の組み合わせ時の現価係数の値を示したものである。たとえば，割引率5％，期間10年なら，**表14.6**の一番右下のセルに現価係数が示されている。現価係数表は関数電卓で計算し作成することもできるが，ここでは**エクセルを用いた計算および作成方法**を紹介しておこう。単一の現価係数を計算するだけなら，割引率と期間を指定すればよい。たとえば，割引率5％，期間10年なら，任意のセルに，「=1/(1+0.05)^10」と入力すればよい。

表14.6　現価係数表

割引率

		0.01	0.02	0.03	0.04	0.05
	1	0.9901	0.9804	0.9709	0.9615	0.9524
	2	0.9803	0.9612	0.9426	0.9246	0.9070
	3	0.9706	0.9423	0.9151	0.8890	0.8638
	4	0.9610	0.9238	0.8885	0.8548	0.8227
期	5	0.9515	0.9057	0.8626	0.8219	0.7835
間	6	0.9420	0.8880	0.8375	0.7903	0.7462
	7	0.9327	0.8706	0.8131	0.7599	0.7107
	8	0.9235	0.8535	0.7894	0.7307	0.6768
	9	0.9143	0.8368	0.7664	0.7026	0.6446
	10	0.9053	0.8203	0.7441	0.6756	0.6139

（出典）　著者作成。

図14.2　現価係数表の作成

	A	B	C	D	E	F	G
1		0.01	0.02	0.03	0.04	0.05	
2	1	=1/(1+B$1)^($A2)					
3	2						
4	3						
5	4						
6	5						
7	6						
8	7						
9	8						
10	9						
11	10						
12							

（出典）著者作成。

図14.3　エクセルを用いたNPVの計算

	A	B	C	D	E	F	G	H
1	期間	0	1	2	3	4	5	
2	NCF	-200	50	60	70	80	90	
3	NPV	=NPV(0.05, C2:G2)+B2						
4								

（出典）著者作成。

　順を追って，エクセルによる現価係数表の作成方法を確認しておこう。図14.2に示されるように，A列の2行目以降に期間，1行目のB列以降に割引率を入力し，行と列の組み合わせのB列2行目の空欄部分に，「=1/(1+B$1)^$A2」と入力する。残りはオートフィル機能で，当該セルの右下のフィルハンドルを引っ張って，列方向，行方向にコピーすればよい。「B$1」と「$A2」の$マークは絶対参照の指定で，この計算式をコピーしたときでも，1行目とA列をそれぞれ固定するための設定である。

　なお，エクセルには，初期投資額を含まない現在価値合計値を直接求めるNPV関数も用意されている。たとえば，初期投資額のCOFがマイナス表記でB2セルに，5年分の毎年のNCFの流列が，C2セルからG2セルまで入力されているとしよう（図14.3）。割引率を5％で計算したいとすれば，図14.3のB3セルに示されるように，「=NPV(0.05, C2:G2)+B2」と入力すれば，NPVを計算することができる。

14.2.4　割引率の設定

　検定試験などの計算問題を解く上では，割引率は適当な値が与えられている。しかし，実際に現在価値を計算する際には，自ら割引率を設定しなければならない。このとき重要なのは，「投資される資本を調達するのに要したコスト以上のリターンを生み出す必要がある」という考え方である。たとえば，新しい製造ラインを整備するために銀行から資金を年利3％で借り入れた場合，この資金を調達するのに要したコストというのは，借入金の返済利息となる。そのため，当該投資から得られるリターンが最低でもこの水準を超えていなければならないという具合に，割引率は最低所要利益率としての意味を持っている。なお，割引率は，投下資本を調達するのに要したコストということから，**資本コスト率**と呼ばれることも多い。

　銀行の借入利率が割引率として設定されることもあるが，本来的には，最低所要利益率としての割引率はリターンとリスクの2つの要素から構成される。まず，長期国債といったリスク・フリーな商品への投資よりも期待リターンが高くないと，設備投資を選択するのは合理的ではない。たとえば，国債の購入で，安全に4％のリターンが期待できる状況下で，2％しかリターンが期待できない設備投資の実施は正当化できないだろう。ただし，4％を超える投資案であっても十分とは限らない。なぜなら，個別の投資案ごとのリスクを勘案していないからである。現行主力製品の製造設備の更新投資案と，新しい技術を用いた製品開発のための研究設備への投資案とでは，将来，獲得されるNCFの期待値の確度はかなり異なるだろう。たとえ同一事業部門でこれらの投資案が実施されるとしても，同一の割引率を設定するのは，これら投資案の抱えるリスクの違いを無視している。ハイリスク・ハイリターン，ローリスク・ローリターンというように，リスクの高い（低い）投資案には，それぞれ高い（低い）割引率を設定すべきである。割引率が高く設定されるということは，それだけ，投資案の評価には厳しくなるということである。このように，割引率の値は，国債などのリスク・フリーな安全資産の期待リターンに個別投資案のリスクに対するプレミアム分を上乗せられた形で決まってくる。詳細な計算手続きは本書では扱わないが，割引率は個々の投資案のリスクも加味した最低所要利益率として設定されるべきということは理解しておこう。

14.2.5　NCF データの計算

　ここまでの数値例では，COF である初期投資額，毎年の CIF と COF，つまり，投資期間における NCF の額が提示されていた。設備投資の経済性計算が全体損益計算によるとしても，その投資から得られるリターンは毎期の期間損益計算に組み込まれる。そのため，投資計画の数値は会計情報に基づいていることが多く，会計情報からいくつかの修正処置を施し NCF を計算する必要がある。以下では，しばしば登場する修正ポイントを紹介しておくことにしよう。

　設備投資の正味の便益が，利益獲得あるいは費用削減といった会計情報の形で予測されているとしよう。まず，減価償却費のような費用計上は実際に現金支出を伴うわけではないので，NCF を計算するためには調整が必要となる。ただし，単純に減価償却費を加算するだけでは適切ではない。なぜなら，減価償却費という費用計上によって利益が減少することで，現金支出を伴う法人税を節約できるので，この節税効果（**タックス・シールド効果**）を加味して NCF を計算しなければならない。具体的には，減価償却費・税金控除後利益を一度計算し，それに減価償却費を加算する手続きをとる。

　また，設備の売却や購入に伴って，損益が生じ，税金の支払額に変化が生じることがある。たとえば，購入した設備を投資期間最終年度に売却予定だとしよう。このとき，当該設備の帳簿価額（取得原価−減価償却累計額）よりも売却価額が低いと売却損が生じ，逆に，売却価額の方が高いと売却益が生じる。税金の支払額は，売却損の場合に減少し，売却益の場合に増加する。こうしたことから，CIF としての設備の売却額そのものに加えて，売却損益に伴う節税額・税金支払額も NCF を計算する際に考慮する必要がある。

　以下では，900,000 円の移動販売車（耐用年数 6 年）への投資案の数値例を用いて，修正計算の確認をしておこう。計画期間は 4 年で，毎年の減価償却費・税金控除前利益が 600,000 円，減価償却費が 150,000 円と見積もられたとする。また，この設備は 4 年後の年度末には，200,000 円で売却できる予定である。法人税率 40% として，4 年目の NCF を計算してみよう。

　まず，税引後利益 270,000 円（＝ (600,000 − 150,000) × (1 − 0.4)）を計算し，この金額に減価償却費 150,000 円を加算した額 420,000 円が，3 年後までの毎年の NCF となる。もし，減価償却費の節税効果を無視して，償却費控除前の利益から法人税の支払いを加味した場合，毎年の NCF は 360,000 円（＝ 600,000) × (1 − 0.4)）となる。節税効果を加味した 420,000 円との 60,000 円の差額は，減価償

却費によって利益が減少した分の節税効果（150,000円の40％）である。

　4年目は設備の売却があるため，3年目までのNCFとは違いが生じる。まず，売却によって，200,000円のCIFが生じる。次に，この設備は取得価額が900,000円で，4年目の末に売却なので減価償却累計額は4年分の600,000円となっている。つまり，この設備の帳簿価額は300,000円（＝900,000－600,000）となる。これを200,000円で売却するということは，100,000円の売却損が生じることになる。売却損は利益を減少させるので，法人税支払額が減少する。これらを踏まえて，4年目のNCFを計算してみよう。

　償却後・税金控除前利益が450,000円と，設備の売却損よりも多いので，売却損100,000円の法人税率40％分の金額40,000円だけ法人税支払額が減少する。つまり，売却額の200,000円に加えて，売却損による節税額40,000円も，4年目だけに生じるCIFとして認識できる。減価償却費については4年目も3年目までと同じなので，3年目までの毎年のNCFに売却収入と売却損失による節税額を加算した660,000円（＝420,000＋200,000＋40,000）が4年目のNCFとなる。

　最後に改めて，NCFを計算して分析するプロセスを示す。

① 初期投資額や利益額から，投資開始時点（0年）から投資期間終了までのNCFを計算する。この計算における主な注意点は以下の通りである。
- 減価償却費は現金支出を伴わない。
- 設備の売却・処分は，現金流出入をもたらす。
- 損益計算に影響する部分は，現金流出入をもたらす税金の増減に関係するので，その加減算を調整する必要がある。

② 将来のNCFは，全て現在価値に割り引く（割引計算する場合）。

③ 各種経済性分析手法を適用する。

14.3　機械的な分析手法適用への警鐘

　割引回収期間法，回収期間法，NPV法は，定量的に投資案の評価を行いたいという欲求を叶えるものであり，多くの企業で採用されている分析手法である。しかしながら，定量的な分析手法の単純化した利用は弊害をもたらすリスクもある。イノベーション研究の第一人者であるChristensenは同僚であるKaufman

と Shih の 3 名で共同執筆した論文 "Innovation killers: How financial tools destroy your capacity to do new things" のなかで，投資機会を評価するための NPV 法がイノベーション創出にもたらす 2 つのリスクについて警鐘を鳴らしている。

一つは，独立した投資の実行案が，何もしないシナリオと比較され，そのシナリオ下では，現在の健全性が将来にわたって永続的に維持されると暗黙的に仮定されることを問題視している。競合他社が持続的・破壊的な投資を長期的に行うことで，自社が深刻な状況に直面することが多いにもかかわらず，「何もしないとどうなるか？」という懸念に対して楽観視しすぎているということである。そのため，投資をしなかった場合の最悪の事態，つまり業績が低下するシナリオと比べて，投資案の評価を行う必要があると主張している。

もう一つは，CF の見積もりに関するものである。革新的な投資内容であるほど，そして，投資案の終盤になるほど，CF の予測は不確実となってしまう。特に，投資案の最初の数年以降の推定値が非常に大雑把なものになっていることを問題視している。一定期間の予測の最終年度以降については，「**14.2.2　正味現在価値法**」の終盤で示したような一定の仮定を置いた割引計算が行われ，その一定期間以降の現在価値合計が投資案全体の NPV の半分以上を占めていることが多いと指摘している。さらに，これらの見積りは，何もしないシナリオとの比較に基づいたものとなっている。そして，何もしない場合に自社の業績への悪影響に拍車がかかり始めるのが，ちょうど見積もり・予測がいい加減となる時期と重複するので，状況はより一層深刻なものになってしまうという。

Christensen らは，こうした NPV 法の無差別かつ簡略化した適用によって，将来的に不可欠であるはずのイノベーションへの投資案が過小評価されてしまい，十分投資が行われないことに懸念を示している。なお，リスクの高いイノベーションへの投資であれば，割引率が高く設定されるので，投資案の採択可能性はさらに低くなってしまう。こうした弊害に陥らないためには，投資意思決定プロセスや作成資料での工夫が重要になる。たとえば，NPV や回収期間の計算に用いた各種数値と根拠が，誰が見てもわかるような資料を作成・共有することで，計画に対する理解と関係者間での議論がより深いものになることが期待できる（小川，2022）。

14.4　経済性分析のためのその他の手法

本講では，回収期間法とNPV法の説明に紙幅を割いてきたが，他にもいくつかの分析手法がある。最後に，ごく簡単にではあるが，それらの手法についても紹介しておこう。

① 会計的投下資本利益率法

会計的投下資本利益率（accounting rate of return：ARR）法とは，CFではなく，会計利益を用いた利回りに注目する手法である。投下資本利益率あるいは投資利益率と呼ばれることの多い利益率は，税引後利益を必要投資額で割って計算される。分母の投資額は初期投資額あるいは平均投資額が用いられる。

② 収益性指数法

収益性指数（profitability index：PI）とは，投資案の経済命数にわたって生じるNCFの現在価値合計を投資額で割った比率のことで，値が大きいほど経済性が高いと判断される。単独の独立した投資案を評価する場合には，収益性指数が1.0を上回っていれば，望ましいと考える。

③ 内部利益率法

内部利益率（internal rate of return：IRR）とは，投資案の経済命数にわたって生じるNCFの現在価値合計と投資額を等しくさせる割引率のことである。この内部利益率が，当該投資案に求められる利益率である資本コスト率よりも大きければ投資案は採択され，小さければ棄却されるという手法である。IRR法はNPV法と同様に収益性と時間価値を考慮している手法であるが，理論的にはNPV法の方が望ましいとされている。IRRは効率性を測定している反面，得られるリターンの規模の違いを反映できないこと，再投資に関する前提によって引き起こされる過大評価の可能性，投資延期の影響を加味できないことなどが問題点として指摘されている。ただし，決算説明会資料や企業の投資行動に関する報道記事，あるいはベンチャー・キャピタルのパフォーマンス指標として，IRRはよく用いられている。

④ 割増回収期間法

この手法は，借入金利子を考慮した回収期間法であり，借入金に大きく依存した投資決定がよく行われていた高度成長期の日本企業の実務に注目すること

で，明らかにされた手法である（上總，2003）。（割引ではなく）割増回収期間
（premium payback period）とは，融資額とその利子の合計を返済総額として，こ
の額を回収するのに要する期間のことを指す。この期間が投資案の経済命数よ
りも短ければ望ましいと考える手法である。

⑤　モンテカルロ DCF（discounted cash flow）法

　NPV 法や回収期間法などの手法では，基本的に特定の 1 つの値を予測値とし
て設定し分析を行っていた。しかしながら，不確実性がますます高くなってき
ている経済環境のもとでは，将来の NCF を正確に予測することが非常に難し
い。そうした場合，いくつかの予測シナリオを想定した感度分析が行われるこ
とがある。ただし，感度分析はいくつかのシナリオに基づいて特定の値を決定
論的に扱う点で限界がある。こうした限界を克服するための方法がモンテカル
ロ DCF 法と呼ばれるもので，NPV の計算に影響する変数を確率分布として扱
い，ランダム・サンプリングを通じて NPV の全体分布を獲得する方法である。
そのため，NPV の期待値やどの程度の確率で正あるいは負の値になりそうか
などの興味深い情報を得ることができる。感度分析やモンテカルロ DCF 法は，
予測という不確実性にいかに対処するのかという点で重要な分析手法である。

⑥　リアル・オプション

　不確実性への対処という意味で重要な技術になるのがリアル・オプションで
ある。不確実性をネガティブにではなく，柔軟性や選択権の価値が高まるとい
うように，ポジティブに評価するのが特徴である。延期・拡大・縮小・撤退と
いった将来的に変更可能な部分を投資の経済性評価に組み入れようとするもの
であり，不確実性の高い投資案やそれへの対処方法が多様な投資案の評価に適
している。

引用文献

Christensen, C. M., Kaufman, S. P., and Shih, W. C.（2008）．Innovation killers: How financial tools destroy your capacity to do new things. *Harvard Business Review*, 86 (1)：98-105.（曽根原美保（訳）（2008）「財務分析がイノベーションを殺す―投資価値評価がもたらす三つのバイアス」『DIAMOND ハーバード・ビジネス・レビュー』33(9)：14-25.）

小川康（2022）「DDP 仮説指向計画法の意義」『管理会計学』30(2)：75-85.

上總康行（2003）「借入金利子を考慮した割増回収期間法：回収期間法の再検討」『原価計算研究』27(2)：1-11.

● 練習問題 ●

　現在, 2,650,000 円の設備投資によって, 1 年度末 900,000 円, 2 年度末 950,000 円, 3 年度末 1,050,000 円のキャッシュ・フローを獲得できるプロジェクトの採否が検討されている。このプロジェクトの NPV を計算し, その採否を決定しなさい。なお, 割引率は, 3％と 5％の場合を想定し, 表 14.6 の現価係数表を用いて計算すること。

【解答欄】

　割引率 3％のもとでのプロジェクトの NPV は＿＿＿＿＿＿＿であるので, 当該プロジェクトは実施（　すべきである ・ すべきではない ）。

　割引率 5％のもとでのプロジェクトの NPV は＿＿＿＿＿＿＿であるので, 当該プロジェクトは実施（　すべきである ・ すべきではない ）。

第**15**講
効果的な原価計算に向けて

ケース(15) 弥生の大いなる野望

弥生を引き継いで，数々の困難をなんとか乗り越えてきた孝太郎と正史。山村の助けを得ながら，2人は原価計算の知識を身につけてきた。さらに弥生を成長させたい2人は，山村と今後の展開について語り合う。

　2023年7月，夜営業も再開し，弥生の営業は順調に推移していた。営業終了後のテーブルでビールを飲みながら，孝太郎は物思いにふけっていた。(店を引き継いでもう少しで3年になるのか…ここまで続けてこれるとは思ってもみなかったな) そんなとき，山村から飲みの誘いの電話が入る。

山村　「孝太郎，正史，もう店じまいしてるなら，今からメシでもどうだ？」

正史　「先輩，お疲れ様です」

孝太郎「最後の締めの作業が少し残っているので，15分ぐらいで行きますから，お店で待ち合わせでも大丈夫ですか？」

山村　「大丈夫，先に飲んでるからボチボチ来ればいい。場所は…」

　孝太郎もいきなり電話をするが山村先輩もなかなか唐突な人である。

孝太郎「すみません，遅くなりました」

山村　「何にする？　今日はいつも以上に自由でいいぞ」

孝太郎「へへ，じゃあ，お言葉に甘えて。とりあえずここからここまでお願いします」

　メニューの上で指を滑らせる孝太郎。

山村　「おいおい，容赦ないな。孝太郎の店でも，こんな風に注文してくれる客がいると面白いのになぁ」

孝太郎「さすがにラーメン屋では食い切れないですよ。食べ切れる量だとしても，1回に使う金額とか，毎月外食にいくら使うとか，お客さんもいろいろ

　　　　　　考えていると思いますよ」
（人の財布を考えずに注文したやつが何を言うか）という心の声を飲み込みなが
ら，山村はビールのジョッキを空にした。

山村　　「今の考え方は弥生にも通ずるところがあるぞ」

孝太郎　「え，毎月外食にいくら使うか？　ということとかですか」

山村　　「そうだよ。お客さんだって，自分の家計を考えて，いつまでにどのくら
　　　　　いお金を貯めたいとか，そのためには毎月いくら使えるとか，いろいろ
　　　　　と計画しているわけだよ。孝太郎だって，この先，弥生をどうしていき
　　　　　たいのか考えているだろう。孝太郎が描く未来の弥生はどんな姿なん
　　　　　だ」

孝太郎　「未来の弥生ですか…これまで山村先輩や正史に支えられて，ここまでや
　　　　　ってこれたけど，正直目の前のことで精一杯だったから考えたこともな
　　　　　かったです。経営ってそんなに自由でいいんですかね」

山村　　「あたりまえだよ。孝太郎のやりたいようにできるからこそ，つらいとき
　　　　　も頑張れるってもんじゃないか。これまでいろいろな原価計算を頑張っ
　　　　　てきたことで，未来を考える土台はしっかり出来上がっていると思うぞ。
　　　　　孝太郎，よく頑張ってきたな」

　　山村先輩は酒が入ると暑苦しくなるが，今日ばかりはこれまでの頑張りを素直
に褒めてくれていると感じる。

孝太郎　「ちなみに今，土台って言っていましたが，原価計算ってやっぱり土台な
　　　　　んですね」

山村　　「その通りだ。土台がしっかりしているから，安心して未来を考えること
　　　　　ができるようになるんだよ。改めてこの先，成し遂げたいこととかある
　　　　　か？」

孝太郎　「まずは，この地域で複数店舗を展開して，もっと多くの人に弥生を知っ
　　　　　てもらいたいです。おいしいと言ってもらえることは最低ラインの目標
　　　　　として，かつての自分と同じように，弥生のラーメンをつくりたいって
　　　　　人が出てくるところまで目指したいですね」

山村　　「もう，のれん分けの想像か？（笑）でもそうやって大きな目標を掲げて，
　　　　　そこから今何をすべきかを逆算して考える必要が出てくるな。もちろん
　　　　　大きくなればなるほど，より多くの人を雇っていくことになる。雇うっ
　　　　　てのは，一人ひとりの人生を背負うってことだから，なかなか大変だぞ。
　　　　　覚悟しておけよ」

孝太郎　「わかってますって！　って言いたいところですが，やっぱり大事な話だし，
　　　　　簡単な話じゃないなって思います。今，弥生を助けてくれている人たち
　　　　　も，これから関わってくれる人たちにも幸せな生活を送ってもらいたい

　　　　　って考えると，ちゃんと弥生が儲かっていかないといけないってことで
　　　　　すもんね」
山村　「そうだ。だからこそ原価計算を重視して，どんな商品を強みにして会社
　　　　　を成長させていくのかをしっかり検討していくんだぞ」
孝太郎「山村先輩，なに別れの挨拶みたいに終わらせようとしてるんですか。ま
　　　　　だまだ，これからも相談させてもらうんで，頼りにしていますよ」
山村　「原価計算ってなんですか？　って状態から始まった『孝太郎の弥生』がこ
　　　　　こまでこれたのを見ていて楽しかったよ。これからも楽しいこと苦しい
　　　　　ことがいろいろあるだろうけど全部笑いに変えて頑張っていこうな」

美味しいラーメンを作ることだけでなく，原価計算などの情報を用いた経営者として
の意思決定ができるようになった孝太郎。日々の業務に追われながらこれらの情報と
向き合うことは簡単ではない。(撮影者：町田遼太)

　弥生は今後さらなる成長を遂げることができるのでしょうか。企業が成長
できるかどうかはさまざまな要因により決まります。原価情報などの経営に
有用な情報を収集し活用できれば，企業の成長可能性も高まるでしょう。
　本書もいよいよ最終講です。最後は特定の原価計算について計算方法を説
明するのではなく，管理目的での原価計算の仕組みを設計・運用する際に重
要となってくると思われる最近の研究知見を紹介します。

15.1 原価情報の特性とは

　原価計算の実施にあたり，多くの資源を活用しなければならない。たとえば，関連データを収集・整理し，各手続きのもと計算し，それらを利用目的に合わせた形で提供するなどである。そのため，これらの資源の利用を正当化するだけの便益が原価計算の実施から得られなければならない。

　本書の各講で説明してきたように，提供される原価情報は，意思決定に有用である必要がある。一口に有用といっても，原価情報にはどのような特性が求められるのだろうか。たとえば，製造間接費の配賦の問題とABCの提唱は，原価情報の正確性が重要な問題として取り上げられた展開であった。原価計算研究では，正確性以外の特性についても検討が行われている。以下では，原価情報の特性について詳細な分析を行った岩澤（2019，2020）の研究成果を紹介しておこう。岩澤（2019）は，情報品質の概念を援用し，4つの**原価情報品質次元**を抽出し，事例研究を通じて，これらの次元の規定に関する4つの命題を導出している。

　情報品質は，提供されている情報が要求と一致しているかどうか適合度を測る概念である。この概念は，情報の正確性以外にも目を向けるべきという問題

表 15.1　原価情報品質の構成次元と下位特性

次　元	下位特性	下位特性の説明
固有品質次元 （情報の数値に 関する次元）	正確性	原価情報の数値が経営や生産の実態を写実的に反映している程度
	客観性	原価の数値に偏りや恣意性がなく，公平である程度
利用品質次元 （情報の利便性に 関する次元）	入手容易性	原価情報の利用者が，手間をかけることなく容易に情報にアクセスできる程度
	操作容易性	原価情報の集約・抽出・移動など必要に応じた操作が容易な程度
表現品質次元 （情報の表現様式 に関する次元）	理解容易性	利用者が原価情報からその意味や背景にある事象を理解しやすいような表現様式をしている程度
	簡潔性	原価情報の様式が端的に纏まっている程度
文脈品質次元 （タスクとの適合性 に関する次元）	関連性	利用者にとって必要十分な範囲の情報が提供されている程度
	完全性	原価情報に必要な数値が漏れなく存在する程度
	適時性	原価情報が適切なタイミングで入手できる程度

（出典）　岩澤（2019，2020）より筆者作成。

意識から展開されてきた。岩澤（2019）は，経営情報に求められる特性を網羅的かつ体系的に提示した Wang and Strong（1996）の 4 品質次元モデルを援用し，これを原価情報品質として表 15.1 に示される 4 つの次元と 9 つの下位特性を識別した。たとえば，実際に利用される原価情報の正確性や客観性が，利用局面での要求を満たしている場合には，固有品質が高いと表現される。

そして，9 つの下位特性が求められる要因として利用目的と意思決定環境を設定したフレームワークのもと，3 社（プラスチック製品製造業，鉄鋼業，非鉄金属製造業）の事例研究を実施し，原価情報に求められる特性やその規定要因に関連した，以下に示す 4 つの命題を導出している。

① 製品価格の決定，セールス・ミックスや自製か購入の意思決定のためには，**固有品質・利用品質・文脈品質**の高い原価情報が品質の高い情報となる。

② 原価管理・改善や業績評価などの計画・統制のためには，固有品質・**表現品質**・文脈品質の高い原価情報が品質の高い情報となる。

利用目的によって違いがある部分は，利用品質次元と表現品質次元であった。利用品質については次の通りである。意思決定のために，利用者がその場限りで情報を利用するので，入手容易性や操作容易性の高い情報が有用である。しかしながら，業績管理のためには，そもそも情報が定期報告されるようになっているので，入手容易性は求められておらず，特定の数値のみを抜き出したりするなどの操作容易性も重視されていない。

次に表現品質については次の通りである。計画・統制のための情報利用は次のアクションに結びつけることが重要なので，原価情報の意味やその背景にある事象を容易に理解できるようにすることが求められていた。それに対して，意思決定のためには，利用者はそもそも特定の意図を持って原価情報を読み取るので，理解容易性は強く求められることはなかった。

③ 意思決定環境の不確実性が高い場合，利用品質が向上すれば（低下すれば），固有品質は低下する（向上する）。

④ 意思決定環境の複雑性が高い場合，文脈品質が向上すれば（低下すれば），固有品質は低下する（向上する）。

意思決定環境の 2 つの命題は，ともに品質次元間のトレードオフ関係に言及

したものとなっている。そして，意思決定環境は不確実性と複雑性という2つの要素によって捉えられている。不確実な意思決定環境とは，考慮する必要のある要素の変動性が高く，要素に関する情報そのものが不明確な状態を指す。稼働率や在庫の変動が激しい不確実性の高い状況にて，原価情報の入手や操作の容易性を高めてしまうと，正確性や客観性が犠牲にされてしまい，経営実態とかけ離れた情報の利用により誤った意思決定を下すリスクがある。逆に，正確性や客観性を高めると，不確実な状態に左右されて，実際原価の変動が相当に大きくなり，原価に多くのノイズが含まれてしまう（**第7講**の製造間接費の予定配賦に関する記述を参照）。たとえば，稼働率の一時的な変動によって，製品原価が大きく変動したときに，そうした情報に基づいて誤った値段設定をしてしまうなどのリスクがある。こうしたノイズを回避するためには，調査先企業では，固有品質を落とした見積もり原価情報が利用されていた。こうした原価情報はノイズが排除されているために，目的に合った数値を抽出しやすく，入手・操作の容易性が高い。もちろん，こうした見積もり原価は，見積もりの前提となっている条件が大きく変わってしまったときには，全く使い物にならなくなるので，前提条件に変更がないのかどうかを常に確認することが求められる。

次に，複雑性の高い意思決定環境とは，考慮する必要のある要素の数が多く，その異質性が高い状態を指す。複雑な生産環境のもとでは，間接費の精緻な配賦に関する問題が生じ（**第13講**の現代的な製造環境に関する記述を参照），製品原価の集計における固有品質は低下してしまう。さらに，複数事業・製品を抱え，それらが密接に関連しているような意味での複雑性が高まると，事業ごとの原価の集計でも，本社費・共通費の配賦（**第13講**の「**コラム20　配賦実務の多様性**」参照）や社内取引の価格設定などの問題から，固有品質は低下してしまう。原価情報の提供先によって，求められる文脈品質の程度は異なっている。そのため，闇雲に固有品質を高めようとすることは，それぞれの利用者のタスクに適合的な原価情報の提供が難しくなり，逆に文脈品質が低下してしまう。

さらに，岩澤（2020）は，プラスチック製品製造業と電子機器製造業の2社6工場のロワーマネジャー以上の職位である91名より収集された質問票への回答データを用いて，原価情報の品質，原価管理での原価情報の利用の程度，満足度という3変数の関係性を分析した。分析結果は，主に次の3点にまとめられる。まず，原価情報の表現品質と文脈品質は，原価管理における原価情報の利用度や満足度と正の関係にあった。つまり，理解容易性や簡潔性の高い原価

情報あるいはタスクと適合的な原価情報ほど，利用される程度もその満足度も高かったということである。ただし，固有品質に関しては，利用度も満足度とも統計的に有意な関係は観察されなかった。固有品質次元は，正確性や客観性といった情報の数値に関わる次元であり，表現や文脈といった品質次元と比べて利用のしやすさとは関連性が低いといえる。最後に，固有品質と満足度との関係は，表現品質によって調整されていた。つまり，固有品質という次元は満足度と直接的には関係しないが，表現品質が高い場合には，固有品質と満足度との間には正の関係が観察された。これらの発見を受けて，原価情報の品質次元間のトレードオフ関係について，まず何よりも表現品質や文脈品質を高めなければ，原価情報の利用にさえつながらないために，固有品質よりも他の次元が優先されるという解釈が示されている。

　原価計算の手続きという観点からは，原価情報の正確性や客観性といった固有品質次元が主に重要視されるが，利用局面を想定すると，他の次元がそれ以上に重要であることを岩澤（2019, 2020）の研究結果は示唆している。また，複数の品質次元間のトレードオフ関係は，その利用目的や意思決定環境とも関連して，適切な原価計算システムを設計・運用していくには重要な知識といえるだろう。

●コラム22　原価計算システムに対するイネーブリングな認知

　岩澤（2019, 2020）で取り上げられた原価情報の品質次元は，原価計算システムの利用者のシステムに対する認知に影響する可能性が高い。システムに対する認知を捉える概念はいくつか提唱されているが，昨今の研究でしばしば適用されているのが，イネーブリング（enabling）という概念である。イネーブリングな認知とは，Adler and Borys（1996）によって提唱されたイネーブリングの公式化の概念を援用したもので，ユーザー自らの業務遂行を容易にしてくれるシステムという肯定的な評価について言及したものである。そして，イネーブリングなシステムの設計上の特性として，業務遂行上の異常や問題がどこにあるのか突き止め，その解決に取り組むことを可能にするリペア（repair），遂行責任を負う従業員に対して業務遂行の過程を可視化する内部透明性（internal transparency），個々の業務プロセスの相互関係あるいはそれらを包含する全体のプロセスの中で，従業員自らの位置づけや部門の状況を可視化する全体透明性（global transparency），システムの利用に関して利用者の裁量を許容する柔軟性（flexibility）の4つが指摘されている。これら設計特性は原価情報の品質次元と一致するものではないが，関連性は深いといえるだろう。たとえば，操作容易性の高い原価情報を提供できるシステムは利用者にとって柔軟性の高い使い勝手のよいものと認知

される可能性が高いだろう。

こうしたイネーブリング概念を原価計算システムの研究に適用したのがMahama and Cheng（2013）である。彼らは，原価計算システムが組織にどのように便益をもたらすのか，利用者の心理的な過程と関連づけた分析を行うために，同概念を用いている。オーストラリア株式市場の上場企業400社と非公開企業100社から識別された474名の中間管理者を対象とした質問票郵送調査によって収集されたデータを分析した結果は以下の通りである。まず，原価計算システムに対する中間管理者のイネーブリングな認知は，当該システムの利用度と正の関係にあった。そして，利用度は彼らの心理的エンパワメント（意味，能力，自己決定，インパクトという4つの認知的な動機づけ要素）と正の関係にあった。最後に，利用度は能力という心理的エンパワメントを通じてタスク業績と正に関連していた。つまり，原価計算システムに対するイネーブリングな認知は，当該システムの積極的な利用，心理的エンパワメントの向上を通じて，タスク業績を高めていた。

ABCの導入事例に見られるように，原価情報が正確であれば，その情報を提供するシステムが積極的に利用され続けるわけではない。実証研究の結果は，原価計算システムの利用度に影響する利用者のイネーブリングな認知を引き出す重要性を示唆している。こうした認知をもたらすのに貢献する4つの設計特性は，原価計算システムの設計者にとって有益な知見であろう。

15.2　原価情報の提示・報告方法

岩澤（2020）の検証結果によれば，表現品質次元は原価情報の利用度や満足度と直接関連しているのみならず，固有品質次元と満足度の関係を調整する効果も有していた。そこで，原価情報の表現様式に関するいくつかの研究結果を概観しておくことにしよう。原価情報がどのような形で提示・報告されるのかは，どのような原価計算システムを採用していたとしても直面する検討事項であり，決して軽視できるものではないであろう。

会計研究にて，情報の提示・報告方法に関する嚆矢的研究といえるのがCardinaels（2008）である。彼は，会計情報の表示形式と意思決定者の会計知識が意思決定のパフォーマンスに与える影響に注目した。先行研究が表示形式と会計知識を別個に検証しているという問題意識から，これらのジョイント効果に注目した実験が行われた。

　4年間のビジネスプログラムに在籍しABCが内容に含まれる会計コースを少なくとも2つ修了している大学生55名を被験者として，ABCによる顧客収益性分析の結果に基づいて，価格決定と資源配分の決定を行い利益の向上を目指すタスクを遂行させるという実験室実験が行われた。原価計算の知識水準の高低は，事前テストによって測定された。そして，ABCによる顧客収益性分析の結果は，表形式とグラフ形式の2つの表示形式が用意された。つまり，原価計算の知識水準の高低と分析結果の表示形式の2つの属性の組み合わせにより，被験者は全部で4つのグループに分類された。実験の結果，原価計算知識の水準が高い意思決定者は表形式の分析結果を与えた方がより多くの利益を獲得した一方で，原価計算知識の水準が低い意思決定者はグラフ形式の分析結果を与えた方がより多くの利益を獲得した。

　同一の原価情報であっても，その表示形式によって意思決定者のパフォーマンスが変わってくる可能性があること，ただし，唯一最善の提示方法があるわけではなく，意思決定者の知識水準に合わせる必要があることは，原価計算システムの設計・運用方法に対する実践的処方箋として重要であろう。

　Cardinaelsの実験結果からは，原価計算の知識水準が高くない人には，表よりもグラフの方が望ましいといえる。しかしながら，グラフといっても，その表示形式は多様である。たとえば，決算説明会資料などで売上高や利益などの時系列推移を説明する際には，棒グラフが頻繁に利用されるが，利益率や原価率の推移の説明には折れ線グラフが適用されることが多い。ただし，どのようなグラフ形式を採用するのかは，必ずしも確定しているわけではないので，形式の違いの影響を理解しておくことは重要である。Reimers and Harvey（2023）は，グラフ形式における違い（棒グラフ・折れ線グラフ・点グラフ）が時系列データの判断的予測（judgmental forecasting）に与える影響をウェブベースの実験を通じて調査している。

　過去50期間の売上高の時系列データから次の8期間の売上高推移を予測する実験によって，折れ線グラフ・ステップ折れ線グラフ・点グラフを用いた予測よりも，棒グラフを用いた予測がより低くなる傾向にあることが明らかとなった。この傾向は，時系列データのトレンドが上昇・下降いずれの場合でも観察された。また，上昇トレンドの際には，予測期間がより遠い将来になるほど，棒グラフを用いた予測がますます低くなっていく傾向があることもわかった。さらに，棒グラフを用いた場合，他のグラフを用いたときよりも，予測により多

くのノイズを加える傾向があることも明らかになった。そして，追加の実験を通じて，下から伸びる棒グラフではなく上からぶら下がる形式の棒グラフを使った場合には，もはやステップ折れ線グラフよりも低い予測がなされないことを発見した。

このように原価情報の提示方法は意思決定者の判断や決定あるいは予測に体系的に影響する可能性があるために，原価報告書を作成する人物には，提示方法の慎重な選択が求められる。

●コラム23　データの可視化

　工場現場では，生産に関連したパフォーマンス・データを掲示板などで開示しているのをよく目にすることができる。Fullerton, Kennedy, and Widener（2014）は，米国のリーン会計サミットに参加していた244社を対象とした質問票によって収集されたデータを用いて，リーン会計の効果を検証した研究である。そのリーン会計の構成要素の一つとして，VLPM（visual performance measures）を取り上げている。VLPMとは，具体的には，現場レベルで業績指標データを収集し，それらを従業員が視覚的に共有するために提示することを指している。分析の結果，リーン会計の簡便な会計システムや価値流列原価計算といった要素が，VLPMを通じて，品質や納期といった業務上のパフォーマンスの向上に結びついていることが明らかにされた。

　また，この研究の日本における追試はArai（2021）によって実施されている。群馬県内にある135の工場から得られたデータを分析した結果，Fullerton et al.（2014）と同様に，VLPMが重要であることが確認されている。さらに，新井（2021）では，Fullerton et al.（2014）が注目した非財務情報に加え，原価情報，売上高・収益情報，設備の操業度・利用度の現場への掲示という財務情報の視覚化も加味した分析を行っている。そして，高い業務パフォーマンスを実現している原価計算手続きの諸要素の組み合わせパターンのほとんどで非財務情報の視覚化が存在条件とされており，財務情報の視覚化についても，相対的に理解が容易ではない原価計算の実施を支援することを示唆する結果が得られている。

15.3　原価計算担当者に求められる知識や能力

　Cardinaels（2008）の研究結果は，原価情報を用いる利用者の知識水準が重要であることを示していた。ある程度の規模の組織になってくると，意思決定や

業績評価に原価情報を用いる利用者自らが，原価計算システムを設計・運用したり，原価データの分析を通じて有用な原価情報を作成したりするとは限らない。これらの業務は，経理・会計部門あるいは管理部門に属している原価計算の担当者によって遂行されることが多いだろう。それでは，原価計算担当者にはどのような知識や能力が求められるのだろうか。原価計算担当者のみに言及されたものではないが，「管理会計のコンピテンシー」というフレームワークが参考になるので，最後に紹介しておこう。

　日本には管理会計専門の国家公認資格は存在しないが，アメリカには米国公認管理会計士（US Certified Management Accountant：USCMA）が存在し，その職業団体として米国公認管理会計士協会（Institute of Management Accountant：IMA）が存在する。IMA は，管理会計のコンピテンシー（能力・行動特性のこと）をフレームワークとして取りまとめ，管理会計知識の実践家への普及を推進している。当該フレームワークでは，組織内で発生した原価を適切にとりまとめて記帳・分析して財務諸表に反映する原価計算に関して，以下の5つの具体的なコンピテンシー段階が示されている。なお，本講の「15.1　原価情報の特性とは」・「15.2　原価情報の提示・報告方法」で紹介した研究成果に関する知識は必ずしも明示的にフレームワークには含まれていないが，継続的にフォローし続けていくべき知識であると思われる。

① 限定的な知識（limited knowledge）
- 原価計算に関する概念と方法に関して経験が限られている。

② 基本的な知識（basic knowledge）
- 基本的な原価分類（たとえば，固定費，変動費，直接費，間接費）を認識し財務報告や在庫評価にどのように利用するかを理解している。
- 基本的な製品やサービスの原価計算をする。
- 原価集計プロセスを調整する。

③ 応用的な知識（applied knowledge）
- 会計基準に従い効果的な方法およびその企業が属する産業分野の実務を用いて原価計算を実行する。
- 経営陣に対して，原価報告書および差異分析などを提供する。
- 全部原価計算と直接原価計算の違いを理解している。
- 連産品および原価と副産物の原価を計算する。

④　専門家（skilled）

- 自社の属する産業に適した原価計算のプロセスやシステムを実行する。
- 外部財務報告が要求する目的を満たすため，適切な原価計算のアプローチを提案する。

⑤　高度専門家（expertise）

- 原価計算の方法によって影響を受ける事業上重大な意思決定が，財務諸表に与える影響を推定し分析する。
- 意思決定支援のための管理会計上の原価計算と，外部財務報告のための原価計算を調和させ，その相違を説明する。

　本書で解説してきた内容は，これらのコンピテンシーの要求全てに応えるものではないが，その基礎的な部分に関しては，かなりの部分をカバーできていると思われる。より高度な水準になるほど，各社固有の状況を踏まえた適合的な原価計算の構築が重要になるとともに，財務会計と管理会計の双方からの要請が求められている。

引用文献

Adler, P. S., and Borys, B.（1996）．Two types of bureaucracy: Enabling and coercive. *Administrative Science Quartely*, 41（1）：61-89.

Arai, K.（2021）．Lean manufacturing and performance measures: Evidence from Japanese factories. *The IUP Journal of Operations Management*, 20（2）：7-34.

Cardinaels, E.（2008）．The interplay between cost accounting knowledge and presentation formats in cost-based decision making. *Accounting, Organizations and Society*, 33：582-602.

Fullerton, R. R., Kennedy, F. A., and Widener, S. K.（2014）．Lean manufacturing and firm performance: The incremental contribution of lean management accounting practices. *Journal of Operations Management*, 32（7-8）：414-428.

Mahama, H., and Cheng, M. H.（2013）．The effect of managers' enabling perceptions on costing system use, psychological empowerment, and task performance. *Behavioral Research in Accounting*, 25（1）：89-114.

Reimers, S. and Harvey, N.（2023）．Bars, lines and points: The effect of graph format on judgmental forecasting. *International Journal of Forecasting*, 40（1）：44-61.

Wang, R. Y., and Strong, D. M.（1996）．Beyond accuracy: What data quality means to data consumers. *Journal of Management Information Systems*, 12(4)：5-33.

新井康平（2021）「製造における効果的な管理会計システムの組み合わせ：QCDに
　　よる探求」日本会計研究学会第80回全国大会フルペーパー。

岩澤佳太（2019）「原価情報品質を構成する4つの品質次元：意思決定環境と利用目
　　的による規定」『原価計算研究』43(2)：65-78.

岩澤佳太（2020）「活用される原価情報の品質：工場内アンケート調査に基づく考
　　察」『会計プログレス』21：32-45.

● 練習問題 ●

　以下の各文について，それが言及している原価情報品質の特性を，①正確性，②
簡潔性，③操作容易性，④入手容易性のなかから，選びなさい。

(1) 材料価格や製造能率に関して，原価標準の定期的見直しが全くされていない。

(2) 原価情報は集約された形でのみ提供されており，その内訳がわからず，それら
　　のデータを抽出することができない。

(3) ABCの導入によって，小ロット生産品が負担すべき製造支援関連の製造間接費
　　を大量生産品が肩代わりしていることが判明した。

(4) 現場の管理者が意思決定するために必要な原価情報にアクセスするには，上司
　　の承認が必要とされている。

(5) 比較的経験が浅く，まだ原価計算知識を十分に習得していない作業員には，グ
　　ラフを用いた情報を提供している。

【解答欄】

(1)	(2)	(3)	(4)	(5)

索　引

編著者紹介

西居　豪（にしい　たけし）

所属：専修大学商学部教授

博士（経済学）

2000 年大阪府立大学経済学部経営学科卒業，2006 年大阪府立大学大学院経済学研究科博士課程後期課程修了。専修大学商学部講師，同准教授を経て現職。専門は業績評価会計。主たる研究業績については，https://researchmap.jp/takeshi_nishii を参照。

町田　遼太（まちだ　りょうた）

所属：東京都立大学経済経営学部助教

博士（商学）

2011 年横浜市立大学国際総合科学部卒業，2019 年早稲田大学大学院商学研究科博士後期課程単位取得退学，2022 年同課程修了。早稲田大学商学学術院助手（商学部主担当），早稲田大学商学部講師（任期付）を経て現職。専門は責任会計。主たる研究業績については，https://researchmap.jp/rm0131 を参照。

上田　巧（うえだ　たくみ）

所属：株式会社 Quattro Management & Accounting 代表取締役　上田巧税理士事務所
　　　代表

公認会計士・税理士

2013 年明治大学政治経済学部経済学科卒業，2015 年早稲田大学大学院会計研究科修了，その後 PwC Japan 有限責任監査法人にて製造業の監査業務に従事。2021 年早稲田大学大学院商学研究科博士後期課程単位取得退学。この間，独立開業し現職。専門は中小企業における原価計算。

新井　康平（あらい　こうへい）

所属：大阪公立大学経営学研究科准教授

博士（経営学）

2004 年慶應義塾大学商学部商学科卒業，2009 年神戸大学大学院経営学研究科博士課程後期課程修了。甲南大学マネジメント創造学部助教，同講師，群馬大学社会情報学部講師，同准教授，大阪府立大学経済学研究科准教授，大学統合を経て現職。この間，株式会社マネジオメトリクス代表取締役，『会計科学』編集委員長などを歴任。専門は生産管理会計。主たる著書に『進化する生産管理会計』（中央経済社）がある。主たる研究業績については，https://researchmap.jp/arai_kohei を参照。

執筆者紹介

荻原　啓佑（おぎはら　けいすけ）

所属：東北大学大学院経済学研究科講師

博士（商学）

2016年早稲田大学商学部卒業，2022年早稲田大学大学院商学研究科博士後期課程修了。早稲田大学商学学術院助手（商学部主担当），同講師（任期付）を経て現職。専門領域は原価企画。主たる研究業績については，https://researchmap.jp/ko1993 を参照。

早川　翔（はやかわ　しょう）

所属：流通科学大学商学部准教授

博士（経営学）

2014年神戸大学経営学部経営学科卒業，2019年神戸大学大学院経営学研究科博士課程後期課程修了。流通科学大学講師を経て2022年より現職。専門は業績評価管理会計。主たる研究業績については，https://researchmap.jp/s_hayakawa を参照。

吉田　政之（よしだ　まさゆき）

所属：近畿大学経営学部会計学科講師

博士（経営学）

2015年神戸大学経営学部卒業，2020年神戸大学大学院経営学研究科博士課程後期課程修了。尾道市立大学経済情報学部講師を経て現職。専門はリスク情報等。主たる研究業績については，https://researchmap.jp/myosh を参照。

渡邊　直人（わたなべ　なおと）

所属：大東文化大学経営学部経営学科准教授

修士（商学）

2003年早稲田大学商学部卒業，2009年早稲田大学大学院商学研究科博士後期課程単位取得退学。首都大学東京都市教養学部経営学系助教，早稲田大学商学学術院助手，大東文化大学経営学部経営学科専任講師を経て現職。専門はバランスト・スコアカード。主たる研究業績については，https://www.daito.ac.jp/education/business_administration/professor/details_20926.html を参照。

ライブラリ 会計学15講—4

原価計算論15講

2024 年 6 月 10 日 ⓒ 　　　　　　　　　初 版 発 行

編著者　西 居　　豪　　　　発行者　森 平 敏 孝
　　　　町 田 遼 太　　　　印刷者　篠 倉 奈 緒 美
　　　　上 田　　巧　　　　製本者　小 西 惠 介
　　　　新 井 康 平

【発行】　　　　　株式会社　新世社
〒151-0051　東京都渋谷区千駄ヶ谷 1 丁目 3 番 25 号
編集　☎(03)5474-8818(代)　　サイエンスビル

【発売】　　　　　株式会社　サイエンス社
〒151-0051　東京都渋谷区千駄ヶ谷 1 丁目 3 番 25 号
営業　☎(03)5474-8500(代)　　振替 00170-7-2387
FAX　☎(03)5474 8900

印刷　㈱ディグ　　　　製本　㈱ブックアート
《検印省略》

サイエンス社・新世社のホームページのご案内
https://www.saiensu.co.jp
ご意見・ご要望は
shin@saiensu. co. jp　まで．

ISBN 978-4-88384-384-8

PRINTED IN JAPAN

ライブラリ 論点で学ぶ会計学 4

論点で学ぶ
原 価 計 算

清水 孝 著
A5判／232頁／本体2,300円（税抜き）

原価計算の規範理論である『原価計算基準』の公表から50年以上が経ち，今日の企業の生産環境は大きく変化した。その結果，理論と実務に様々な乖離が生じており，多くの企業が原価計算に対する問題に直面している。本書はこうした実態を踏まえ10の論点をピックアップし，問題の所在と背景，関連する理論を解説したうえで実務の調査・分析を紹介して，論点を説き明かしていく。一通り原価計算の学習を終えた学生や，自社の原価計算システムの更新や改定に携わる方々に最適の書。

【主要目次】

生産環境の変化と原価計算／材料費の計算／労務費の計算／製造間接費の部門別計算(1)／製造間接費の部門別計算(2)／製造間接費の予算／総合原価計算の理論と実務(1)／総合原価計算の理論と実務(2)／組別総合原価計算・等級別総合原価計算・連産品の原価計算／標準原価計算／工程別総合原価計算とERPの原価計算

発行 新世社　　　発売 サイエンス社

ライブラリ ケースブック会計学 5

ケースブック
コストマネジメント
第3版

加登 豊・李 建 著
A5判／304頁／本体2,550円（税抜き）

大学・大学院におけるコストマネジメント，原価計算，管理会計のテキストとして好評の書の最新版。本領域における様々な手法をきわめて平易な記述と図解で説明する。はじめに事例を挙げて課題を示し，課題解決に必要な知識と考え方を流れに沿って解説し，さらに理論と実務を結びつけられるよう，実際の企業事例（全30ケース）を掲載し，章末には確認テストを設けた。読みやすい2色刷。

【主要目次】
プロローグ／設備投資の経済性評価／CVP分析／予算管理／標準原価管理／在庫管理／業績評価／原価企画／環境コストマネジメント／ライフサイクル・コスティング／価格決定／バランス・スコアカード／ABC／ABM／品質コストマネジメント／制約条件の理論／財務情報分析／エピローグ

発行　新世社　　　発売　サイエンス社

税務会計論15講

髙久 隆太 著
A5判／288頁／本体2,500円（税抜き）

15講構成により税務会計の基礎的な概念を明快に説き明かす入門テキスト。大学学部で税務会計論を学ぶ学生，企業や税理士事務所等で初めて税務を担当することとなった社会人に好適。従来の税務会計論の項目に加え，租税制度や税務行政・税理士制度，近年グローバル化の進展により重要視される国際課税についても解説している。

【主要目次】
租税制度（Ⅰ）／租税制度（Ⅱ）／税務会計の基礎と法人税の概要／課税所得の計算構造／益金（Ⅰ）／益金（Ⅱ）／損金（Ⅰ）／損金（Ⅱ）／損金（Ⅲ）／損金（Ⅳ）・資産負債・純資産等／法人税額の計算，申告手続等／法人組織に関する税制／国際課税（Ⅰ）／国際課税（Ⅱ）／更正等，不服申立て，税務行政，税理士制度

発行　新世社　　発売　サイエンス社